高等学校物流与供应链管理系列教材

物流与供应链管理

贾扬蕾　许礼刚　郑珂柯　主　编

电子工业出版社

Publishing House of Electronics Industry

北京·BEIJING

内 容 简 介

本书主要论述互联网时代物流及供应链管理的新知识、新技术、新成果，结合现代信息技术，对互联网时代物流行业及企业供应链管理相关基础知识和研究成果进行了系统、深入的介绍，力求紧跟时代潮流。本书语言精练、层次清晰、通俗易懂。全书共 10 章，包括物流管理、供应链管理、物流管理战略与供应链管理战略、物流管理规划与供应链规划、仓储技术与库存管理、运输管理与配送管理、供应链信息管理、供应链合作伙伴关系管理、供应链绩效评价及激励机制、前沿物流专题。本书侧重实用性和操作性，每章均配有物流与供应链管理相关案例及思考题。

本书既可作为高等院校经济管理类专业的相关课程教材，也可作为对物流与供应链管理感兴趣的人员的入门书籍。

图书在版编目（CIP）数据

物流与供应链管理 / 贾扬蕾，许礼刚，郑珂柯主编.
北京 ： 电子工业出版社，2025. 6. -- ISBN 978-7-121
-50489-1
Ⅰ．F252.1
中国国家版本馆 CIP 数据核字第 2025S5H273 号

责任编辑：牛晓丽
印　　刷：天津嘉恒印务有限公司
装　　订：天津嘉恒印务有限公司
出版发行：电子工业出版社
　　　　　北京市海淀区万寿路 173 信箱　　　邮编：100036
开　　本：787×1092　　1/16　　印张：15.25　　字数：380 千字
版　　次：2025 年 6 月第 1 版
印　　次：2025 年 6 月第 1 次印刷
定　　价：59.80 元

凡所购买电子工业出版社图书有缺损问题，请向购买书店调换。若书店售缺，请与本社发行部联系，联系及邮购电话：（010）88254888，88258888。

质量投诉请发邮件至 zlts@phei.com.cn，盗版侵权举报请发邮件至 dbqq@phei.com.cn。

本书咨询联系方式：QQ 9616328。

前　　言

　　物流与供应链管理是企业运营中不可或缺的一部分，高效的物流与供应链管理将为企业创造更多的销售机会。供应链与供应链之间的竞争现已成为不同企业之间的重要竞争方式，具备供应链管理的能力对于企业来说至关重要。在这样的背景下，企业要想获得竞争优势，就必须对自身的供应链进行有效的管理，整合供应商、制造商、分销商和最终用户等不同主体在各个环节的活动及流程。

　　本书紧扣立德树人的根本任务，以供应链的优化和管理为核心，重点介绍物流与供应链管理的基本概念、理论体系和实践应用。本书将党的二十大报告中的新思想、新观点、新论断融入教材、融入课堂、融入实践，充分反映新时代党和国家取得的历史性成就、发生的历史性变革，充分反映中国共产党治国理政的理论成果和实践经验，激发学生的浓厚兴趣和深度思考，在潜移默化中实现培根铸魂、启智润心。

　　本书力求深入浅出，通过实践案例展开理论的讲解，追求基础理论的分析与掌握，注重实践层面的阐述和引导。本书注重体现新时代中国特色社会主义的伟大实践、成功经验和理论成果，为提出能够体现中国立场、中国智慧、中国价值的理念、主张、方案，加快推进中国自主知识体系构建做出贡献。

　　本书内容主要包括以下 5 个部分。

　　第 1 部分：第 1 章、第 2 章。主要介绍物流与供应链管理的概念和相关理论，为后续章节的学习奠定基础。

　　第 2 部分：第 3 章、第 4 章。通过对物流管理战略与供应链管理战略、物流管理规划与供应链规划进行介绍，了解如何制定企业的物流管理战略与供应链管理战略，并对物流管理和供应链进行规划。

第 3 部分：**第 5 章至第 7 章**。主要介绍仓储技术与库存管理、运输管理与配送管理、供应链信息管理等物流作业环节的管理方法和技术，帮助读者了解如何实现物流作业的优化和高效运作。

第 4 部分：**第 8 章、第 9 章**。主要介绍供应链合作伙伴关系的概念与选择，供应链绩效评价的理论基础、指标体系、主要模型，供应链激励机制等方面的内容，帮助读者了解如何对供应链合作伙伴进行选择和管理，如何实现供应链绩效评价和对供应链进行协调与激励等。

第 5 部分：**第 10 章**。主要介绍物流自动化与智能化、供应链可视化、绿色物流、应急物流等前沿物流专题，帮助读者了解物流与供应链的前沿理论与发展方向。

作为工商管理类、国际贸易等专业的主干教材，本书突出物流管理、企业管理和企业供应链管理的结合，探索挖掘第三方利润源泉的种种措施。本书将系统论作为贯穿全书的思想方法，以供应链为线索，以论述物流功能要素为重点，力图反映物流发展的前沿理论，尽量做到理论和实践相结合。本书由江西理工大学贾扬蕾副教授、许礼刚副教授，南昌影视传播职业学院郑珂柯助教共同编写。贾扬蕾和许礼刚对本书的总体框架和各章节的结构、内容进行了总策划，并对本书进行了统改和定稿，具体编写分工为：贾扬蕾编写了第 1 章至第 4 章，许礼刚编写了第 5 章至第 7 章，郑珂柯编写了第 8 章至第 10 章。在本书的编写过程中，江西理工大学研究生陈磊、郭翔、张颖、汤建国、沈敏星等在资料收集及文字整理方面做了大量工作，在此对以上同学的辛勤付出表示感谢。

本书编者贾扬蕾副教授、许礼刚副教授所在的单位江西理工大学为第一单位，郑珂柯助教所在的单位南昌影视传播职业学院为第二单位。本书的出版得到了江西理工大学教学质量工程项目、江西理工大学经济管理学院工商管理国家一流专业建设（成果）资助。在本书的编写过程中，编者收集了学校中有关的教学资料，引用和参考了许多中外专家学者的著作和科研成果。同时，为了紧跟时代发展的步伐，编者从互联网上选取了大量案例作为分析材料。在此，谨对原作者、案例撰写者表示最诚挚的谢意。

由于编者水平有限，书中疏漏之处在所难免，有些内容可能不够完善，真诚欢迎专家、读者批评指正。

编者

2025 年 1 月

目　　录

第1章

物流管理

本章学习目标

1. 理解物流的概念与分类。

2. 掌握物流的功能要素与价值。

3. 理解物流管理的定义、目标与分类及现代物流管理的特征。

4. 了解国际物流的发展趋势。

案例导入：EMS 的物流管理

中国邮政速递物流股份有限公司（下文简称"中国邮政速递物流"）是经国务院批准，由中国邮政集团于 2010 年 6 月联合各省邮政公司共同发起设立的国有股份制公司，是中国经营历史最悠久、规模最大、网络覆盖范围最广、业务品种最丰富的快递物流综合服务提供商。

中国邮政速递物流在 31 个省（自治区、直辖市）设立全资子公司，并拥有中国邮政航空有限责任公司、中邮物流有限责任公司等子公司。截至 2020 年年底，公司注册资本 250 亿元，员工近 16 万人，业务范围遍及 31 个省（自治区、直辖市）的所有市县乡（镇），通达全球 200 多个国家和地区，自营营业网点近 9000 个。

中国邮政速递物流主要经营国内速递、国际速递、合同物流等业务，国内、国际速递服务涵盖卓越、标准、经济三种不同时限水平及代收货款等增值服务，合同物流涵盖仓储、运输等供应链全过程。中国邮政速递物流拥有享誉全球的"EMS"特快专递品牌和国内知名的"CNPL"物流品牌。

（1）EMS 数据库的建立。数据库是邮政企业赖以生存的黄金宝库，因此数据库的建立至关重要。在收到客户委托时，中国邮政速递物流网点工作人员填写回执单，客户终端作业人员根据回执单上的信息将相关信息输入计算机、录入数据库。利用特有的邮政编码资源，按照从邮政编码到邮政编码的方式计算承诺时限。此外,中国邮政速递物流还可以从邮寄的详情单中获得客户的数据资料,从而整理成中国邮政速递物流客户数据库。其建立数据库的原则是:尽可能将客户资料完整保存下来,将自身获得的内部客户资料与通过其他渠道获得的资料区分开,以便针对不同的客户群体开展后续的营销及推广服务。

(2)条码(Bar Code)技术和RFID(射频识别)技术的运用。邮件上粘有条码单据,货物从营业厅到运输、储存,再到接收,都可以通过条码实现数据共享,使数据传输更方便、快捷、准确。在分拣运输中,利用条码在很短时间内将大批量货物准确无误地装到指定的车厢和航班;在仓储配送中,通过条码可以把邮包存入指定的仓库、配送中心、货架;在货物通道中,利用一组扫描器对邮包进行扫描,将邮包上条码反映的信息传送给主机或控制系统。但是,由于条码识别技术自身固有的局限性,如识别距离近,识读效果受光遮盖、褶皱和污损的影响严重,需要逐件人工扫描等,因而在总包的交接和分拣过程中难以实现自动化处理,限制了邮件传递速度和业务管理水平的进一步提高。而RFID技术具有远距离、非视线识别,高速、多标签批量识别,无须人工干预,信息可擦写,可工作于各种恶劣环境等特点,非常适合用于邮政生产作业。因此,中国邮政第十个"五年计划"的科技发展规划将RFID技术应用作为新技术应用的重点之一。2005年年初,国家"863"计划项目"无线射频关键技术研究与开发"启动,在科技部和中国科学院的支持下,中国邮政以速递总包处理业务为突破口,选择上海作为试点,进行了"射频识别技术在上海邮政速递总包处理中的应用"实验。2005年12月,项目通过初验,正式投入试运行。此外,RFID技术可以用于总包接收、总包开拆、总包分发、出口总包发运交接等。

(3)GPS(Global Positioning System,全球定位系统)的运用。邮政在运输过程中使用GPS进行导航、监控,满足限时、快件追踪、快件查询、监控调度、业务分散与交叉、基础信息管理等的行业需求。利用GPS进行路径规划,避免绕道、减少私载,提高了配件、取件速度,降低了成本,使运输路程更合理,从而保证邮件合理、安全、及时、有序送达与揽收,降低运输成本和提高配送效率。此外,利用GPS还实现了以下功能:拍摄功能、配送调度功能、车辆运行监管功能、油量监测功能、丰富统计报表功能、防盗报警功能、车辆电话功能、轨道黑匣子功能、通信功能、车辆监听功能等。

(4)EDI(Electronic Data Interchange,电子数据交换)在EMS国际速寄邮件中的使用。目前,邮政综合网建设不断深入,系统功能不断完善,为EDI电子报关系统的建设提供了必要的基础平台,从而更好地解决了信息采集、传递、处理、转换、反馈等问题。而且,EDI电子报关模式应用现代计算机、网络通信等先进技术,使报关的单证数据标准化、信息化、网络化,并发挥电子信息传输快捷、准确、方便的优势,使报关信息先于实物到达。在实物的运输过程中,海关就可以完成电子报关信息的审核、布控等作业,不仅提高了报关、通关的速度,而且加强了风险管理,具有方便、高效、成本低等特点。

(5)EMS快递查询服务。EMS快递查询服务是中国邮政速递物流通过领先的信息处理能力建立的实时信息查询系统。中国邮政速递物流建立了以国内300多个城市为核心的信息处理平台，与万国邮政联盟（UPU）查询系统链接，可实现 EMS 邮件的全球跟踪查询。建立了网站、短信（5185）、客服电话（11185）三位一体的实时信息查询系统。通过 EMS 官网查询，可以实时跟踪邮件、了解全程信息。其查询方式有：第一，营业窗口。在交寄邮件的营业厅办理查询手续。客户需提供邮件详情单、寄件人存联或邮件收据。第二，综合查询平台。这主要是通过集成多家快递公司快递跟踪查询服务的网站，提供一个统一的查询入口，在输入相关查询码之后，后台调用相关快递公司的查询功能进行查询并给客户返回结果。第三，快递查询接口。通过快递查询接口进行查询，是通过调用综合查询平台对外开放的应用程序接口（Application Program Interface，API）进行查询的方式。电子商务网站、企业管理系统等第三方开发者能够通过调用这些 API 与开放了自身数据的快递查询平台进行交互，以获得快递查询的方法与数据，并基于这些 API 开发自己的快递查询应用程序，从而实现不用登录快递官网或综合查询平台就能实现查询快递的功能。第四，手机客户端。利用手机客户端查询，客户只要在相应的查询框内输入快件号就能知道物品所在位置，及时对物品进行跟踪了解。同时，也可以利用手机客户端进行计费查询，包括首重费用、续重费用及从出发地到目的地的价格等多种费用查询。价格在计费板块中一目了然。服务范围板块中详细标明了快递公司的服务派送范围，方便查询。客户也可以在客户服务中提出建议，如果对服务有不满意的地方，可以在投诉栏中直接投诉。第五，手机短信。手机短信订阅跟踪已成为一种新兴的快递查询方式，并且具有随时随地、贴心提前提醒收货等特点。

资料来源：根据中国邮政速递物流股份有限公司官方网站及百度文库有关资料整理，有删减。

思考题

1. 数据库的建立对 EMS 的物流过程有哪些具体影响？

2. 分析 EMS 快递查询服务的优缺点，并提出改进建议。

1.1 物流概述

1.1.1 物流的定义

1）国外对物流的定义

目前，物流还没有一个统一的定义，各国的专家学者和相关组织机构从不同的角度给出了不同的定义。同时，物流还是一个发展中的概念，随着理论和实践的发展，物流的定义也将不断地发生变化。国外比较有代表性的物流定义主要有以下几个。

（1）美国对物流的定义

2002 年，美国物流管理协会（CLM）将物流定义为："物流是供应链运作的一部分，是以满足顾客要求为目的，对货物、服务和相关信息在产出地和消费地之间实现高效且经济的正向和反向的流动和储存所进行的计划、执行和控制过程。"

（2）日本对物流的定义

在日本，不同学者对物流有不同的定义，最有代表性的是 1981 年日本日通综合研究所给出的物流定义："物流是将货物由供应者向需求者的物理性位移，是创造时间价值和场所价值的经济活动，包括包装、搬运、保管、库存管理、流通加工、运输、配送等活动。"

（3）欧洲对物流的定义

1994 年，欧洲物流协会（ELA）发表的《物流术语》中将物流定义为："物流是在一个系统内对人员及/或商品的运输、安排及与此相关的支持活动的计划、执行与控制，以达到特定的目的。"

（4）加拿大对物流的定义

1985 年，加拿大物流管理协会（CALM）给出的定义为："物流是对原材料、在制品库存、产成品及相关信息从起运地到消费地的有效率的、成本有效益的流动和储存进行计划、执行与控制，以满足顾客需求的过程。"

2）我国对物流的定义

根据中华人民共和国国家标准《物流术语》（GB/T 18354—2021），物流的定义为：根据实际需要，将运输、储存、装卸、搬运、包装、流通加工、配送、信息处理等基本功能实施有机结合，使物品从供应地向接受地进行实体流动的过程。

1.1.2　物流的分类

1）按照物流所起的作用分类

（1）生产物流（Production Logistics）

生产物流是生产企业内部进行的涉及原材料、在制品、半成品、产成品等的物流活动。

（2）供应物流（Supply Logistics）

供应物流是为生产企业提供原材料、零部件或其他物料时所发生的物流活动。

（3）销售物流（Distribution Logistics）

销售物流是企业在销售商品过程中所发生的物流活动。

（4）逆向物流（Reverse Logistics）

逆向物流是为恢复物品价值、循环利用或合理处置，对原材料、零部件、在制品及产成品从供应链下游节点向上游节点反向流动，或按特定的渠道或方式归集到指定地点所进行的物流活动。

（5）废弃物物流（Waste Logistics）

废弃物物流是将经济活动或人民生活中失去原有使用价值的物品，根据实际需要进行收集、分类、加工、包装、搬运、储存等，并分送到专门处理场所的物流活动。

2）按照物流活动的空间范围分类

（1）国际物流（International Logistics）

国际物流就是跨越不同国家（地区）之间的物流活动。

（2）国内物流（National Logistics）

为国家的整体利益服务并在国家自己的领地范围内开展的物流活动称为国内物流，国内物流作为国民经济的一个重要方面，应该纳入国家总体规划。

（3）区域物流（Regional Logistics）

区域物流研究的一个重点是城市物流。一个城市的发展规划不但要直接规划物流设施及物流项目，如建公路、建桥梁、建物流园区、建仓库等，而且需要以物流为约束条件来规划整个市区，如工厂、住宅、车站、机场等。

3）按照物流系统的性质分类

（1）社会物流（External Logistics）

社会物流是指以全社会为范畴、面向广大用户的物流活动。它带有宏观性和广泛性，涉及商品流通领域发生的所有物流活动。社会物流不仅仅是单一企业的内部物流，而是跨越不同企业、涉及整个社会的物流活动。

（2）行业物流（Industrial Logistics）

在一个行业内部发生的物流活动被称为行业物流。

（3）企业物流（Enterprise Logistics）

企业物流是指生产和流通企业围绕其经营活动所发生的物流活动。

（4）自营物流（Self-support Logistics）

自营物流是指企业以自我提供的方式实现物流服务。

（5）外包物流（Outsourcing Logistics）

外包物流是指企业的物流业务承包给别人去完成的物流服务。这些承包者可以是生产企业、流通企业、专业物流企业、第三方物流企业或个体经营者。

（6）第三方物流（Third-party Logistics，3PL）

第三方物流是由独立于物流服务供需双方之外且以物流服务为主营业务的组织提供物流服务的模式。

1.1.3　物流的功能要素

1）运输

运输是物流系统的核心功能，实现物品在地理空间上的位移。中华人民共和国国家标准《物流术语》（GB/T 18354—2021）对运输的定义是：利用载运工具、设施设备及人力等运力资源，使货物在较大空间上产生位置移动的活动。

运输在物流系统中提供两大功能：物品转移、物品储存。物品转移是运输的主要功能。运输利用的是时间资源、财物资源和环境资源，只有当运输确实提高了物品价值时，这种物品转移才是有效的。运输的主要目的是以最少的时间、财务和环境资源成本将物品从供应地转移到需要的地点，且希望物品的损失成本最低。

将运输车辆作为储存设施，对物品进行临时储存只是一个附属的运输功能。如果转移中的物品需要短时间储存，之后将重新转移，这种储存是必要的。因为将物品卸下来再装上去的成本可能超过将物品储存在运输工具上的成本，这时，就可以利用运输的这种物品储存的功能。

常见的运输方式有 5 种，包括公路运输、铁路运输、水路运输、航空运输、管道运输。每种运输方式都有其独特的优势和局限性，选择合适的运输方式取决于物品的性质、目的地及成本效益。

2）储存

储存也称为保管，是为了克服生产和消费在时间上的距离而形成的。物品通过储存活动产生了商品的时间效用。保管活动是指借助各种仓库完成物品的保管、保养、堆码、维护等工作，以使物品使用价值的下降幅度降低到最小。保管的管理要求合理确定仓库的库存量、建立各种物品的保管制度、确定保管流程、改进保管设施和保管技术等。储存也是物流系统的核心功能，储存活动与运输活动共同构成了物流的两大支柱。

中华人民共和国国家标准《物流术语》（GB/T 18354—2021）对储存的定义是：贮藏、保护、管理物品。

储存的作用体现在以下几方面。

（1）储存能够创造时间价值。在社会经济生活中，许多商品的生产与消费之间客观地存在着时间差异，需要通过物流的储存功能去产生这种时间差，从而使商品在其处于更高价值的时间去实现价值，这一过程中产生的商品价值的增量即物流所创造的时间价值。

（2）储存可以降低成本，提高效率。大规模、整车运输会提升运输的经济性。在供应物流方面，企业从多个供应商分别小批量购买原材料并运至仓库，然后将其拼箱并整车运输至工厂。由于整车运输费率低于零担运输费率，因此这将大大降低运输成本，提高运输效率。在销售物流方面，企业将各工厂的产品大批量运到市场仓库，然后根据客户的要求，小批量运到市场或客户。此外，各种运输工具的运量相差很大，它们之间进行转运，在运输能力上是很不匹配的，因此仓库还具有调节运力差异的作用。

（3）调节供应和需求，为销售服务。由于生产和消费之间存在时间或空间上的差异，商品的储存可以提高其自身的时间效用，调节均衡生产和集中消费或均衡消费，以及集中生产在时间上的矛盾，使生产和消费协调起来。

3）包装

包装是物流的基本功能要素之一。中华人民共和国国家标准《物流术语》（GB/T 18354—2021）中将包装定义为：为在流通过程中保护产品、方便储运、促进销售，按一定技术方法而采用的容器、材料及辅助物等的总体名称。包装的功能归纳起来有以下三点。

（1）保护功能。包装的保护功能即保护产品不受损伤的功能，它体现了包装的主要目的。

（2）方便功能。包装具有方便流通、方便消费的功能。合理的包装可以为物流全过程提供巨大的方便，从而提升物流的效果。

（3）销售功能。包装具有促进产品销售的功能。在商业交易中，促进产品销售的手段有很多，其中包装的装潢设计比较重要。优美的包装能激起人们的购买欲望。包装的外形是产品很好的宣传品。

综上所述，包装的保护功能和方便功能是与物流密切相关的两大功能，而销售功能与商流相关。在物流管理领域，包装合理化是有效提高物流效率、降低成本、减少环境影响、提升客户满意度的一项至关重要的措施。

4）装卸搬运

装卸搬运是物流的主要功能之一。装卸搬运活动渗透到物流各领域、各环节，是物流顺利进行的关键。装卸搬运伴随着物流的始终，联系着物流的其他功能，成为提高物流效率、降低物流成本、改善物流条件、保证物流质量的主要物流环节之一。

中华人民共和国国家标准《物流术语》（GB/T 18354—2021）对装卸的定义是：在运输工具间或运输工具与存放场地（仓库）间，以人力或机械方式对物品进行载上载入或卸下卸出的作业过程。对搬运的定义是：在同一场所内，以人力或机械方式对物品进行空间移动的作业过程。

与生产或流通领域的其他活动相比，装卸搬运具有作业量大、对象复杂、作业不平衡等特点。

5）配送

配送是目前普遍采用的合理高效的现代化物流方式。中华人民共和国国家标准《物流术语》（GB/T 18354—2021）对配送的定义如下：根据客户要求，对物品进行分类、拣选、集货、包装、组配等作业，并按时送达指定地点的物流活动。

配送是物流活动中一种特殊的、综合的活动，它将商流与物流紧密结合起来，既包括了商流活动，也包含了物流活动中的若干功能要素，是物流的一个缩影或是某个小范围中全部物流活动的体现，也有人称配送是物流活动的"小物流"。一般的配送集装卸搬运、包装、储存、运输于一身，通过一系列的物流活动将货物送达目的地；特殊的配送还要进行流通加工活动，其目的是安全、准确、优质服务和较低的物流费用。

配送的作用主要体现在以下几个方面。

（1）促进物流资源的合理配置。通过配送，可以优化物流资源的分配，提高物流效率。

（2）降低物流成本。配送通过集中进货和发货，降低了单位存货成本，从而降低了物流成本。

（3）衔接干线运输与末端运输。配送在干线运输和末端运输之间起到桥梁作用，确保物流的连续性和高效性。

（4）降低生产企业的库存量。通过配送中心的准时配送，企业可以实现低库存或零库存，降低库存费用。

（5）提高送货效率。配送通过集中送货，提高了送货的效率和可靠性。

（6）提高供应的保证程度。配送中心通常储备量较大，降低了因库存不足导致的供应中断风险。

配送在现代物流中扮演着重要角色，通过优化资源配置、降低成本和提高效率，促进了物流系统的整体优化和经济效益的提升。

6）流通加工

流通加工是物流中具有一定特殊意义的物流形式。一般来说，生产是指通过改变物的形式和性质创造产品的价值和使用价值，而流通则是指保持物的原有形式和性质，以完成其所有权的转移和空间形式的位移。物流的包装、储存、运输、装卸搬运等功能，虽然具备生产的性质，但是往往并不改变物流对象的物理、化学属性。为了提高物流速度和产品的利用率，在产品进入流通领域后，还需要按照用户的要求进行一定的加工，即在产品从生产者向消费者流动的过程中，为了促进销售、维护产品质量、实现物流的高效率所采取的使产品发生物理和化学变化的功能，这就是流通加工。

中华人民共和国国家标准《物流术语》（GB/T 18354—2021）对流通加工的定义是：根据顾客的需要，在流通过程中对产品实施的简单加工作业活动的总称。

7）物流信息

中华人民共和国国家标准《物流术语》（GB/T 18354—2021）对物流信息的定义是：反映物流各种活动内容的知识、资料、图像、数据的总称。

物流信息是指组织物流活动所必需的，或者物流活动中所生成的各种有关信息。它与运输、储存、装卸搬运、包装、流通加工、配送等功能结合在一起，共同保证物流活动的顺畅进行。作为物流系统中的一个特殊子系统，物流信息的功能总是伴随其他物流功能的运行而产生，又不断对其他物流功能及整个物流活动起支撑保障作用。

物流信息技术是应用于物流作业环节中的各种现代信息技术的总称，是物流现代化的重要技术基础，也是物流技术领域发展最快的研究方向之一。计算机及其网络技术的进步使物流信息技术发展到了一个全新的高度。目前经常采用的物流信息技术包括条码、EDI、电子订货系统（Electronic Order System，EOS）、销售时点系统（Point of Sale，POS）等。

1.1.4　物流的作用与价值

随着现代物流的发展，人们越来越认识到物流对于企业生产经营的重要性。可以说，离开了物流，任何企业的生产经营活动都不能正常完成。物流作为企业生产经营活动的必要环节，不仅能保证企业生产经营活动的连续、稳定运转，还能帮助企业降低成本、增加利润，进而提高企业竞争力。

1）物流的作用

（1）物流是企业生产经营的前提保证

在现代企业的生产经营活动中，物流贯穿从原料采购到加工制造，直到将产成品送达客户手中的全过程。其中每个环节都必须经过物流活动才能有效完成。例如，采购环节涉及原料的运输、储存、装卸搬运等物流活动，只有按质、按量、按时将原料送到生产线上才能保证生产线的稳定运行；生产环节涉及上下工序之间零部件、半成品的搬运等物流活动，只有上下工序之间有效衔接，才能保证生产线连续不断地运转；销售环节涉及产成品的运输、储存、装卸搬运、包装、流通加工等物流活动，只有保证了销售物流的顺畅，才能顺利地将产品销售出去。另外，各环节之间也需要通过物流活动有效地衔接起来，因此可以说，物流是企业生产经营活动连续、稳定运转的前提保证，企业生产经营的任何一个环节都需要物流活动。

（2）物流是企业的"第三利润源"

在实体经济中，物流成本是企业成本体系中的重要部分，物流也被称为企业的"第三利润源"。中国宏观经济研究院综合运输研究所研究员、物流室副主任陆成云在 2024 年接受记者采访时表示，目前我国物流总费用与 GDP 的比率达 14.4%，即每产生百元 GDP，就需要 14.4 元的物流成本支撑。降低我国物流成本水平，对于推动经济增长具有巨大的战略价值。物流活动的合理化不仅能消除企业生产经营中不必要的物流环节、提高企业生产经营的效率，同时还能帮助企业降低生产经营成本，从而为企业创造更多的利润。

（3）物流是提升企业竞争力的法宝

在现在的经济环境下，企业之间的竞争越来越激烈。合理的物流活动能够帮助企业降低成本，进而让利于客户，通过价格竞争吸引更多的客户。另外，快速有效的物流活动还能保证企业将产品及时、准确地送到客户手中，更好地满足客户需求，从而提升企业形象，提升企业竞争力。

2）物流的价值

物流至今共经历了七次价值发现。

第一次价值发现发生在第二次世界大战期间，又称为物流系统功能价值的发现。美国在第二次世界大战中首次采用了应用托盘、叉车的后勤军事系统，该系统贯穿了军事物资从单元组合（集装）的装卸活动到高效连贯地搬运、运输、储存、再运输和再搬运，直到按指定军事目标到达目的地的整个过程，有效地支撑了庞大的战争机器的运作。

第二次价值发现发生在第二次世界大战之后，又称为物流经济活动价值的发现。第二次世界大战之后，美国将大量的军事技术和军事组织方式转移到民间活动中，物流系统的思想方法和相关技术、相关管理方式成功地实现了"军转民"，使物流不仅有非常重要的军事价值，而且具备非常重要的经济活动价值，可以广泛地应用于经济领域，企业基于此产生了一些新的管理思想和结构模式。

第三次价值发现发生在 20 世纪 50 年代之后，又称为物流利润价值的发现。20 世纪 50 年代之后，许多经济发达国家进入大量生产、大量销售的时代，开始面对一个"无限的市场"，只要能够快速地、顺利地实现产品向用户转移，就能够获取利润。有些企业发现采用物流技术和物流管理方式能够快速地将产品送达用户手中，有效地增强企业活力，提高企业的效率，增加企业的利润。于是，物流在企业界被视为"第三利润源"。

第四次价值发现发生在 20 世纪 70 年代初期，又称为物流成本价值的发现。1973 年，日美等国爆发了"第一次石油危机"——以石油为首的能源、原料、材料、劳动力价格全面上涨。此时许多经济学家预言，由于传统的第一、第二利润源已经变成了企业的成本负担，将出现世界范围的长期的经济衰退。但是这种现象并没有持久，因为日韩等国家的企业发现物流领域有非常大的降低成本空间。他们充分利用物流系统技术和物流管理方式，有效地弥补了原料、能源、材料、劳动力成本上扬的压力，从而使人们认识到物流还具有非常重要的降低成本的价值。

第五次价值发现发生在 20 世纪 70 年代后期，又称为物流环境价值的发现。20 世纪 70 年代后期，许多现代工业化城市交通阻塞、混乱，污染加重。后来人们开发物流系统，企业广泛推动物流合理化和普遍实施系统物流管理，有效地降低了成本，合理地、节约地完成了资源配置任务，物流装备得到了全面系统开发，装备的效率大大提升而能耗大大降低。物流对改善环境、降低污染、实施可持续发展的作用凸显。

第六次价值发现发生在 20 世纪 80 年代，又称为物流服务价值的发现。20 世纪 80 年代，日本企业率先在物流领域中应用了广泛配送方式和更先进的"准时供应系统""零库存系统"等。这个改变得益于两个支持因素：一个是在现代信息技术下建立的稳定有效的"供应链"，另一个是远远超出"售后服务水平"、贴近用户的服务。

第七次价值发现发生在 20 世纪 90 年代后期，又称为物流国民经济价值的发现。1997 年爆发的亚洲金融危机证实了以物流为重要支柱产业的新加坡有较强的抵御经济危机的能力。例如，受金融风暴影响较大的马来西亚的经济增长率为-6.8%，泰国的经济增长率为-8%，东盟的经济增长率为-9.4%，新加坡的经济增长率则实现了 1.5%的正增长。这说明物流不仅对企业有非常重要的意义，而且对国家经济发展有完善机构设置、提高国民经济总体质量和抗御经济危机的作用。

物流管理是增值性经济活动，从物的流转、运动等角度来说，物流可以创造时间价值、场所价值、加工价值。

（1）物流创造时间价值

"物"从供给者到需求者存在一定的时间差，通过改变这一时间差所创造的价值称为"时间价值"，又称"时间效用"。在物流活动中，有时候需要延长时间以获取时间价值，有时候需要缩短时间以获取时间价值。通过物流活动获得时间价值的形式有缩短时间差创造价值、弥补时间差创造价值、延长时间差创造价值三种。

（2）物流创造场所价值

由于"物"的供给者和需求者往往处于不同的场所，通过物流改变这一场所的差别，从而创造的价值称为"场所价值"，又称"空间效用"。物流创造场所价值是由现代社会产业结构、社会分工决定的，其具体形式有从集中生产场所流入分散需求场所创造价值、从分散生产场所流入集中需求场所创造价值、从低价值生产地流入高价值需求地创造价值三种。

（3）物流创造加工价值

加工是生产领域常用的手段，并不是物流的本来职能。但是，现代物流的一个重要特点是根据自身的优势从事一定的补充性的加工活动，根据物流对象的特性，按照用户的要求进行生产辅助加工，这种带有完善、补充、增加性质的流通加工活动给"物"增添了新的附加值。物流创造加工价值有局限性，它不能取代正常的生产活动，只是生产过程在流通领域的补充和完善。

1.2 物流管理概述

1.2.1 物流管理的定义

根据中华人民共和国国家标准《物流术语》（GB/T 18354—2021），物流管理的定义为：为达到既定的目标，从物流全过程出发，对相关物流活动进行的计划、组织、协调与控制。

物流管理的内容从基本过程、组成要素和管理职能等方面来看，主要包括以下三大部分。

（1）对物流活动诸环节的管理。包括对运输、仓储、装卸搬运、包装、流通加工、配送等环节的管理。

（2）对物流各活动过程中诸要素的管理。包括对人、财、物、物流设备、方法和信息等的管理。

（3）对物流活动中具体职能的管理。主要包括对物流计划、质量、技术、经济等的管理。

1.2.2 物流管理的历史演进

从 20 世纪初"物流"概念产生至今的时间里，物流及其管理活动经历了各种各样的变化和发展。一方面表现为物流一词从"Physical Distribution"（实物分配）演变为现今的"Logistics"（物流），另一方面表现为物流管理的飞速发展推动了物流研究和物流实践的发展。最突出的是现代物流管理已经成为管理学科中一个非常重要的分支。表 1-1 列出了美国物流概念的历史演进过程。

表 1-1 美国物流概念的历史演进过程

时　间	定义的内容	备　注
1901 年	约翰·F. 克罗韦尔首先研究了物流问题。他在为美国政府提供的《行业协会关于农产品配送报告》的第一部分中研究了影响农产品配送成本的因素	—
1905 年	昌西·B. 贝克少校提出，"那个与军备的移动和供应相关的战争的艺术的分支就叫'物流'。"在战争开始前，军事后勤部门要为参战人员提供弹药和装备；在战争开始后，军事物资和装备必须保持可以一直供应的状态	—
1915 年	阿奇·肖在 1915 年哈佛大学出版社出版的《市场流通中的若干问题》一书中说道，"物流（the physical distribution of goods）是与创造需求不同的一个问题，是为计划、执行和控制原材料、在制品库存以及制成品从起源地到消费地的有效率的流动而进行的两种或多种活动的集成"	—
1935 年	物流（Physical Distribution）是包含于销售中的物质资料和服务，与从生产地到消费地点的流动过程相伴随的各种活动	由美国营销协会提出
第二次世界大战期间	在第二次世界大战期间，美国海军因军事上的需要，提出了实物配送理论，即对军事物流的供应实行后勤管理，并取得了显著成效。随后，美国社会开始出现后勤管理或后勤保障，并在企业中逐步演变为商业后勤和流通后勤	—
20 世纪 50 年代	唐纳德·鲍尔索克斯提出了物流模型	—
1963 年	物流是为了计划、执行和控制原材料、在制品库存及制成品从起源地到消费地的有效率的流动而进行的两种或多种活动的集成。这些活动可能包括但不限于：客户服务、需求预测、交通、库存控制、物料搬运、订货处理、零件及服务支持、工厂与仓库选址、采购、包装、退货处理、废弃物回收、运输和仓储管理	由美国实物配送管理协会（NCPDM）提出
1986 年	物流是对货物、服务及相关信息从起源地到消费地的有效率、有效益的流动和储存进行计划、执行和控制，以满足客户需求的过程。该过程包括进向（inbound）、去向（outbound）、内部和外部的移动以及以环境保护为目的的物料回收	1986 年，NCPDM 更名为美国物流管理协会（CLM）
1992 年	物流是以满足客户需求为目的，对产品、服务及相关信息从供应地到消费地的高效率、低成本的流动和储存而进行的计划、执行和控制	由 CLM 修改

续表

时　间	定义的内容	备　注
1998 年	物流是供应链过程的一部分，是对货物、服务及相关信息从起源地到消费地的有效率、有效益的流动和储存进行计划、执行和控制，以满足客户需求	—
2002 年	物流是供应链过程的一部分，是对货物、服务及相关信息从起源地到消费地的有效率、有效益的正反向流动和储存进行计划、执行和控制，以满足客户需求	—
2003 年	物流管理是供应链管理的一部分，是对货物、服务及相关信息从起源地到消费地的有效率、有效益的正反向流动和储存进行计划、执行和控制，以满足客户需求	—

我国的物流业从 20 世纪 90 年代末开始兴起。中华人民共和国国家标准《物流术语》（GB/T 18354—2001）和新修订的《物流术语》（GB/T 18354—2021）对物流方面的有关术语进行了统一。其中，物流的定义是：根据实际需要，将运输、储存、装卸、搬运、包装、流通加工、配送、信息处理等基本功能实施有机结合，使物品从供应地向接收地进行实体流动的过程。

随着企业经营管理理念的变化，现代物流的概念也在不断发展。

1.2.3　物流管理的目标与分类

1）物流管理的目标

在企业运作中，物流是将企业的原料采购、生产、销售等各环节有效衔接的桥梁与纽带。企业物流管理的目标在于帮助企业实现以最低的总成本创造最高的客户价值，具体体现在以下几个方面。

（1）服务最优

企业实施物流管理的首要目标之一是实现企业各部门之间及上下游企业之间协调一致的运作，从而保证自身达到令客户满意的服务水平，保留现有客户，吸引潜在客户，并不断提高客户对企业的忠诚度，最终实现企业价值的最大化。

那么企业需要为客户提供怎样的服务，才能不断增强客户的满意度呢？最重要的是要合理规划物流流程，尽量做到物流合理化，从而为客户提供更加快捷、更加便利、更加准确的产品递送服务，避免因物流管理不当而造成的送货延迟、货物损坏、货物投递错误等现象。"准时制物流"就体现了服务最优的目标。

（2）快速反应

快速反应是指按照客户的要求，将客户需要的产品快速送达指定的地点。这一目标体现着企业能否及时满足客户需求的能力，是服务性目标的延伸。现代企业之间的竞争实质上是时间的竞争，这就要求企业要尽可能地缩减不必要的物流环节，努力在最短的时间内完成物流作业，最大限度地缩短从客户发出订单到获得满意交货的时间周期，从而实现快速有效的客户反应，更快、更好地满足客户需求。"直达物流""准时制物流"（JIT 物流）就是这一目标的具体体现。

（3）总成本最低化

企业提供良好的服务，不仅体现在要快速响应客户需求，让客户快捷、方便地获得需要的正确的产品上，同时还要考虑到让客户获得更多的实惠。也就是说，要通过良好的物流管理或物流运作降低产品的成本和价格，最终让利于消费者。沃尔玛连锁超市就是通过强大的物流配送系统的支撑做到了"天天平价"。

需要强调的是，总成本最低化目标并不是单纯地追求运输费用最低化或库存成本最低化，而是要实现产品总成本最低化，其中包括物流成本，这就对企业的物流运作提出了更高的要求。

（4）库存合理化

库存是指为了使生产正常而不间断地进行或为了及时满足客户的订货需求而设置的必要的产品储备。按照准时制的管理思想，库存是闲置的资源，是不确定性的产物，不能立即为企业创造效益。然而，没有库存又会导致缺货，从而使企业失去客户。因此，为了及时满足客户的需求，同时又不至于导致货物积压，企业必须设立合理的库存，即在保障供给的前提下保持最低的库存水平。

库存合理化目标实质上是把存货减少到与客户服务目标一致的最低水平。这样既能满足客户需求，避免缺货；同时又能加快库存资金的周转，使企业分摊在存货上的资金得到最充分的利用。

（5）物流质量最优

产品从生产领域进入消费领域，中间要经过多次不同情况、不同条件的运输、储存、装卸搬运、堆码等各种物流作业，不正确、不规范的物流作业往往导致产品发生不同程度的损坏，最终使企业花费更多的费用完成产品的交付。因此，物流质量管理是发展和维持全面质量管理的主要组成部分。达到并保持物流质量最优的水平，也是物流管理的重要目标之一。这一目标的实现必须从原材料、零部件供应的零缺陷开始，直至实现物流管理全过程、全方位质量的最优化。

2）物流管理的分类

物流作业管理、物流成本管理、物流服务管理是最基本的物流管理。

（1）物流作业管理

随着物流管理越来越被重视，物流作业管理也成为现代物流管理的重要组成部分。物流作业管理是对具体的物流作业展开的一系列管理工作，强调低成本、高质量和快速响应；在作业分析的基础上对物流作业流程进行改善，实行有效的作业管理，从而实现物流总成本最低化和作业流程最优的目标。

物流作业管理构成了现代物流管理的基础，其他层面的物流管理围绕物流作业管理开展，或者在物流作业管理的基础上进行延伸。物流作业管理包括如下内容。

① 运输管理。运输管理要注重考虑运输费用、运输时间、运输环节、运输能力、运输频率，以及产品的安全性、适用性和到货的准确性等因素。运输管理的本质是选择恰当的运输方式，努力以最低的成本及时地将产品送达目的地。

② 储存管理。储存管理主要由接货管理、保管管理、发货管理构成。

③ 包装管理。包装管理应适应企业物流作业、商品保护、形象展示和促进销售的需要，用科学的方法确定包装组合，并尽可能适应时代发展潮流。

④ 装卸搬运管理。装卸搬运管理主要是在加强产品保护和防损的前提下，充分发挥器械效能，运用高效的机械加快作业速度，以加快物流速度。装卸搬运是衔接性的物流作业活动。

⑤ 流通加工管理。流通加工管理侧重两个层面，一是加工中心自身的管理，二是加工与运输、储存、装卸搬运、配送等物流作业环节的作业整合问题。

⑥ 配送管理。从广义上讲，配送管理包括了配送中心的选择和优化布局、配送机械（车辆）的合理配置与调度，以及配送作业流程的制定与优化等内容。从狭义上讲，配送管理主要是指配送作业管理。广义的配送管理更多地体现在前期决策上，而狭义的配送管理更多地体现在日常管理上。

（2）物流成本管理

物流成本管理是对物流相关费用进行的计划、协调与控制。物流成本管理就是通过成本去管理物流，即管理的对象是物流而不是成本。物流成本管理可以说是以成本为手段的物流管理方法。所谓成本，就是用金钱去评价某种活动，比如，用金钱去评价运输活动，其结果就是运输成本。第一，成本能真实地反映活动的实态；第二，成本可以成为评价所有活动的共同尺度。用成本这个统一的尺度来评价各种活动，可以把性质不同的活动放到同一个场合进行比较、分析，决定优劣，利用这一点，可以轻易地计算出盈亏，且效果显著。

（3）物流服务管理

现代物流管理以客户满意为第一目标，物流服务管理已经成为现代物流管理中的一项重要内容。物流服务的本质是满足客户的需求，现代物流强调服务功能，是坚持以客户需求为导向的具体表现。同时，物流服务作为客户服务的一个重要的组成部分，在现代分销中发挥着极其重要的作用。

1.2.4　现代物流管理的特征

物流业是经济发展到一定阶段、社会分工不断深化的产物。传统上，物流活动分散在不同的经济部门、不同的企业及企业组织内部不同的职能部门之中。随着经济的快速发展、科学技术水平的提高及工业化进程的加快，大规模生产、大量消费使得经济中的物流规模日趋庞大和复杂，传统的、分散进行的物流活动已远远不能适应现代经济发展的要求，物流活动的低效率和高额成本已经成为影响经济运行效率和社会再生产顺利进行的制约因素，并被视为"经济的黑暗大陆"。从 20 世纪 50 年代到 70 年代，围绕企业生产经营活动中的物资管理和产品分销，发达国家的企业开始注重和强化对物流活动的科学管理，在降低物流成本方面取得了显著成效。20 世纪 80 年代以后，随着经济全球化持续发展、科学技术水平不断提高、专业化分工进一步深化，美国和欧洲的一些发达国家开始了一场对各种物流功能和要素进行整合的物流革命。首先是企业内部物流资源的整合和一体化，形成了以企业为核心的物流系统，物流管理也随之成为企业内的一个独立部门和职能领域。在此之后，物流资源整合和一体化不再仅仅局限于企业层面，而是转移到相互联系、分工协作的整条产业链上，形成了以供应链管理为核心的社会化物流系统，物流活动逐步从生产、交易和消费过程中分离出来，成为一种专业化的、由独立的经济组织承担的新型经济活动。在此基础上，发达国家的经济中出现了为工商企业和消费者提供专业化物流服务的企业，即第三方物流企业。各种专业化物流企业的大量涌现及它们表现出来的快速发展趋势表明，专业化物流服务作为一个新的专业化分工领域，已经发展成为一个新兴的产业部门和国民经济的重要组成部分。

随着现代物流的发展，现代物流管理表现出许多特点，可归纳为以下几个方面。

1）物流管理方法的现代化

管理科学是随着经济和社会的进步不断发展起来的，随之产生了各种先进的管理方法，如供应链管理。因此，在物流管理中，应随时掌握物流管理方法的现代化发展趋势，并应用先进的技术。例如，格兰仕公司应用先进的物流管理技术（包括信息技术、系统规划技术、智能决策技术等），取得了良好的效益。

2）物流管理目标的整体化

物流管理的目标是实现物流系统整体最优，而不是单个目标最优。它是通过统筹、协调和合理规划物流管理的各要素，控制整个商品的流动，以达到效益最大和成本最小的目的，同时满足用户需求不断变化的客观要求。这样，可以形成一个高效的、通畅的、可调控的流通体系，可以减少流通环节，节约流通费用，避免各要素之间的矛盾与冲突，实现科学的物流管理，提高流通的效率和效益（张亦驰，2001）。

3）物流管理组织的网络化

物流的网络经济特性是指随着运输网络的扩大，网络的生产能力迅速提升，业务组织成本不断下降，需求快速增长，供给能力的增长和需求互相激励，形成企业规模经济和行业规模经济（颜飞，王建伟，2008）。具体包括物流线路密度经济和物流网络的幅员（size）经济，如特定产品的线路密度经济、多产品的线路通过密度经济、载运工具载运能力经济、车（船、机）队规模经济、港站（枢纽）处理能力经济、线路延长的运输距离经济和由物流网络幅员扩大带来的多产品经济。物流网络要有网点，网点间必须通过共同的业务目标联系起来。国内领先的物流企业都有遍布全国乃至世界的网络运营体系。

物流网络化的基础是信息化。这里所说的网络化有两层含义：第一层含义是指物流配送系统的计算机通信网络，主要指物流配送中心与供应商、制造商及下游客户之间的计算机网络化。

例如，物流配送中心向供应商提交订单这个过程就可以通过网络自动实现，物流配送中心通过计算机网络收集下游客户订单的过程也可以自动完成。第二层含义是指组织的网络化，主要包括企业内部组织的网络化和企业之间的网络化。

随着市场竞争的加剧，越来越多的生产企业呈现出集中化趋势，采取低成本扩张等方式迅速壮大企业实力。一方面，企业生产规模越来越大，产品要经过各种途径送达全国乃至世界各地的客户手中，需要网络化的物流企业作为其分销网络的组成部分，帮助销售产品和拓展市场；另一方面，竞争导致产品本身成本的压缩空间减小，企业希望通过物流企业的规模效益和综合服务降低物流的总成本，从而提高市场竞争力。因此，构建具有网络化和信息化特征的综合物流体系成为历史发展的必然。

4）物流管理运作的柔性化

柔性化原本是为实现"以客户需求为中心"的宗旨在生产领域提出的，但要真正做到柔性化（即真正根据客户需求的变化灵活调节生产工艺），没有配套的柔性化物流系统是不可能实现的。20 世纪 90 年代，国际生产领域纷纷推出了柔性制造系统（Flexible Manufacturing System，FMS）、计算机集成制造系统（Computer Integrated Manufacturing System，CIMS）、敏捷制造（Agile Manufacturing，AM）、企业资源计划（Enterprise Resource Planning，ERP）、大规模定制（Mass Customization，MC）及供应链管理等概念和技术。这些概念和技术的实质是将生产和流通进行集成，根据需求方的需求组织生产，安排物流活动。柔性化的物流正是适应生产、流通与消费的需求发展起来的一种新型物流模式。这就要求物流配送中心根据"多品种、小批量、多批次、短周期"的消费需求特点灵活组织和实施物流作业。

5）物流管理组织的标准化

物流标准化是指以物流为一个大系统，制定系统内部设施、机械装备、专用工具等各分系统的技术标准；制定系统内部分领域（如包装、装卸、运输等方面）的工作标准；以系统为出发点，研究各分系统与分领域中的技术标准与工作标准的配合性，并按配合性的要求统一整个物流系统的标准；研究物流系统与相关其他系统的配合性，进一步谋求物流大系统标准的统一。随着全球经济一体化的不断发展，各国都很重视本国物流与国际物流衔接，在本国物流管理的发展初期就努力做到本国物流标准与国际物流标准化体系保持一致。否则，不但会加大国际交往的技术难度，而且在关税及运费基础上增加了因标准化系统不统一而产生的损失，使外贸成本增加。因此，物流管理组织的标准化问题将越来越受到重视，相信未来这一问题将得到很好的解决。

6）物流管理服务的社会化

随着市场经济的发展，专业化分工越来越细，促进了物流管理服务的社会化。一家生产企业生产某种产品，除了一些主要部件由自己生产，大多数部件是外购的。生产企业与零售商所需的原材料、中间产品、最终产品大部分由专业的第三方物流企业提供，以实现少库存或零库存。这种第三方物流企业不仅可以进行集约化物流，通过在一定半径之内实现合理化物流，从而有效降低物流费用，而且可以节约大量的社会流动资金，实现资金流动的合理化，既能提高经济效益，又能提高社会效益。可见，完善和发展第三方物流是流通社会化的必然趋势。

1.3   国际物流的发展阶段与发展趋势

1.3.1   国际物流的发展阶段

国际物流的发展经历了量的发展、质的发展、信息化高速发展三大历史阶段

1）第一阶段（20世纪50年代至80年代初）——量的发展

第二次世界大战以前，国际间已有不少的经济交往，但是无论从数量上还是从质量上来讲，都没有将伴随国际贸易的物流放在主要地位。第二次世界大战后，国际间经济交往日益频繁，尤其是20世纪70年代石油危机爆发后，国际贸易量变得非常大，交易水平和质量要求也越来越高，原有的运输观念已经不能适应国际贸易的新要求、系统化物流就此进入国际领域。同时，物流设施和物流技术得到了发展，一些企业建立配送中心，运用电子计算机进行管理，出现了立体无人仓库，某些国家还建立了本国的物流标准。

20世纪60年代，出现了大型物流工具，如20万吨级油轮、10万吨级矿石船等。20世纪70年代，由于石油危机的影响，船舶大型化趋势随物流规模的增加而进一步加强；同时，大数量、高服务型物流从石油、矿山等物流领域向物流难度最大的中、小件杂货领域倾斜，其标志是国际集装箱及国际集装箱船的大发展，国际间各主要航线的定期班轮都投入了集装箱船。20世纪70年代中后期，国际物流的质量要求和速度要求进一步提高，在这个时期，国际物流领域出现了航空物流大幅度增加的新形势，同时还出现了更高水平的国际联运。

2）第二阶段（20世纪80年代至90年代初）——质的发展

随着国际经济往来的日益密切和科学技术的不断发展，物流的国际化趋势开始成为世界性的共同问题。进入20世纪80年代，美国经济陷入低迷，工商业企业在强调降低成本、扩大销售、改进服务的同时必须改善国际物流管理。此时，经济正在高速发展的日本则以贸易立国，实现与其对外贸易相适应的物流的国际化，并采取了建立物流信息网络、加强物流全面质量管理等一系列措施，提高了其物流国际化的效率。

这一阶段的物流规模变化不大，主要着力于解决"小批量、高频度、多品种"物流，出现了许多同城配送企业。同时，物流的机械化、自动化水平得到了显著提高，并出现了许多物流新技术和新方法。最突出的特色是在国际物流领域首次出现并使用EDI系统。中国远洋运输集团公司于1991年5月与美国通用电气信息公司正式签署协议，通过后者的EDI增值服务网进行舱单、船图、箱管等数据的EDI传送，成为我国国内首家采用EDI的公司。可以说国际物流已开始进入物流信息时代。

3）第三阶段（20世纪90年代至今）——信息化高速发展

这一阶段，各国政府及相关企业已充分认识到国际物流的重要性，信息技术也已在国际物流领域得到普遍应用。以中国为例，中国海关建立了"H2000 通关系统"，大大简化了进出口企业各种海关手续，提高了货物通关效率；政府带头建立的"中国电子口岸"为海关、税务、交通、保税监管等政府机关核查联网数据，为企业网上办理进出口业务提供了有效的信息平台。

各大物流企业纷纷投巨资建立物流信息系统，中外运采用了 ES/1 系统中的 AWMTPL 功能，实现了第三方物流运作；"中海 2000 物流管理信息系统"是现代物流企业综合物流业务管理信息系统，现已在全国很多物流企业中得到运用。与此同时，物流信息系统供应商之间的竞争加剧，并且已经开始从单纯的信息系统供应转变为参与物流业务的运营。另外，基于互联网的电子商务的发展加快了世界经济的一体化，使国际物流在整个商务活动中占有举足轻重的地位。可以说这一阶段是国际物流信息化高度发展的时代。

1.3.2 国际物流的发展趋势

1）物流企业向信息化、网络化、集约化方向发展

物流企业的信息化已经成为我国物流业更新改造的根本方向之一，我国的国际物流企业作为国际物流的供应商，正逐渐搭建在全球范围内提供国际物流服务的网络平台。现代国际物流服务不仅要有传统的国际物流服务的粗放式延伸，更重要的是要有现代国际物流服务的集约式扩张，国际物流的发展也是国际物流供求合同各方不断协同共进的结果。

2）第三方物流快速发展，逐渐占据主导地位

第三方物流是指独立于供需双方，为客户提供专项或全面的物流系统设计及系统运营的物流服务模式。第三方物流服务的提供者就是一个为外部客户管理、控制和提供物流服务的企业或公司。它们并不参与客户企业的经营业务，仅是第三方，但作为供应链的合作伙伴、战略联盟，它们通过提供一整套物流服务来提高供应链的竞争优势。

国际上大多数第三方物流企业是由传统的"类物流业"为起点发展起来的，如仓储业、运输业、空运、海运、货运代理和企业内部的物流部门等。在国际物流不断发展的环境下，它们根据客户的不同需要，在传统业务服务的基础上，通过增加服务内容、提升服务质量，为客户提供各具特色的物流服务，扩展物流服务的业务链，进而向第三方物流服务提供商转化。目前全球的第三方物流市场具有潜力大、渐进性、增长率高的特征，这种状况使第三方物流企业拥有大量的服务客户，并使第三方物流在国际物流服务中占据主导地位。

3）业务不断多元化，增值服务不断增加

在经济发达国家和地区，随着电子商务、网络技术及物流全球化的迅速发展，物流服务向上下游延伸与拓展，呈现相互融合的趋势。这一趋势促使物流企业的业务模式向着多元化的方向发展。

此外，现在的物流服务已经远远超出了传统意义上的货物运送、仓储或者寄存等基本的物流服务。对于现代物流企业来说，传统的业务形式已经无法满足客户的需求和适应企业竞争的需要，所以一方面要增加新的业务内容，扩大业务范围；另一方面要不断地推陈出新，为客户提供增值性服务，提高竞争能力。

不论是海运、空运还是陆运，几乎所有和物流有关的企业或公司都在想方设法地提供增值服务。全球性的运输公司和快递企业选择为客户提供一站式服务，它们的服务涵盖了每件产品从采购到制造、仓储入库、外包装、配给、发送和管理返修及再循环的全过程。例如，传统的物流企业——船运公司现在不仅负责运输货物，还提供诸如打制商业发票、为货物投买保险和管理运输全程的服务，即提供完整的供应链物流管理服务，使客户可以在第一时间追踪到自己货物的方位、准确进程和实际费用。

4）绿色物流、低碳物流成为国际物流追求的要求

物流促进了经济的发展，同时也给自然环境带来了许多不利的影响，如运输工具的噪声、污染排放等。在绿色经济、低碳经济时代，任何产业的发展应优先考虑环境问题，国际物流的发展也不例外。需要从环境角度对国际物流体系进行改造，在抑制物流对环境造成危害的同时形成一种适应时代进步、促进经济与消费健康、具备持续发展的国际物流系统。这种国际物流系统是建立在维护环境和可持续发展基础之上的，能够改变以往发展与物流、消费生活与物流的单向作用关系，即向绿色物流、低碳物流转变，以顺应时代对国际物流发展的要求。

5）跨国公司成为发展国际物流的主要力量

跨国公司是当今推动国际物流发展的主要力量。在经济全球化的今天，任何一种经济潮流都离不开跨国公司的推动。跨国公司在规模和地域上的强大优势使其成为国际物流服务最重要的需求者和供应者，比如美国沃尔玛、日本丰田、美国通用、德国大众等诸多大型跨国集团都是国际物流服务的需求大户，同时，UPS、FedEx、马士基、TNT 等国际物流巨头又是国际物流的重要供应者。

案例思考：现代物流的发展

现代物流作为一种先进的管理思想、管理理念和管理技术，受到世界各国政府、企业和学术界的高度重视。事实上，作为 Logistics 意义上的现代物流是在科学信息技术革命、政府管制放松、质量创新理念推广、企业战略联盟的兴起等基础上发展起来的。这些因素相互影响、相互作用、相互联系，促使企业决策者探寻新技术、新手段、新思想，加快了现代物流发展进程，推动物流各种基本要素的集成。美国在 20 世纪 50 年代至 60 年代期间将 Logistics 作为"企业商务物流"运用于企业经营管理实践中，20 世纪 70 年代开始全面走向现代物流。日本自 20 世纪 80 年代后全面发展现代物流。现代物流的发展历史至今不过半个世纪，但是它在以美国、日本和欧洲为首的发达国家和地区已经进入成熟期。现代物流的技术运用日益广泛，理念与思想深入人心，概念与内涵不断丰富，体现了美国、日本与欧洲的现代经济和现代管理的风貌特征。

1）美国强调"企业物流"

美国在发展物流的过程中一直把物流作为企业战略的核心组成部分,高度重视并努力发展。20 世纪 50 年代后,现代市场营销观念改变了美国企业经营管理的行为,促使企业意识到客户满意是实现企业利润的唯一手段,是保障企业生存发展的唯一路径。现代的客户满意是企业可持续发展必需的行为规范,并作为企业经营管理行为的理念和哲学而被赋予时代使命。因此,美国企业特别强调物流的服务保障职能,并通过物流的服务保障增强企业竞争力,增加企业利润。以客户满意为理念的企业物流深刻地影响了美国物流的研究和实践,使美国的物流发展历史成为一部以企业物流发展为核心的历史。1963 年成立的美国实物配送管理协会在 1985 年改名为美国物流管理协会,从一个侧面说明了美国物流是围绕企业物流理念的升级和企业物流技术的进步发展起来的,是在追求客户服务竞争的企业物流管理的基础上发展起来的。

2）日本强调"物流系统"

日本物流概念形成的历史比美国晚得多,但是在政府和企业的共同推动下,物流理念的提升和物流功能的整合进行得很快,现代物流发展十分迅速,并形成了自身独特的经验和方法,成为现代物流方面的先进国家。20 世纪 50 年代中后期,日本从美国引入物流概念,把物流理解为"各种活动综合体",包含了运输、配送、保管库存、装卸、包装、流通加工和信息活动等基本活动。20 世纪 60 年代,通商产业省(简称"通产省",现在叫经济产业省)发表了《关于流通活动系统化》,提出为了适应流通活动高度化和效率化,要把整个流通活动作为一个系统来考虑,把物流基本功能作为一个整体来把握。20 世纪 70 年代,运输省(现在叫国土交通省)发表了《走向物流系统化的道路》,认为物流系统是经济社会的子系统,提出构建理想的物流系统的思路。从此,在日本,从政府层面到行业层面再到企业层面开始全面构建物流系统。在政府层面,日本由专门的行政部门,即通产省和运输省来行使物流行政管理职能,制定物流政策和法令。在行业层面,日本物流管理协会(JCLM)和日本物资流通协会(JPDMA)于 1992 年合并为日本物流系统协会(JILS),突出"物流系统"的观念。在企业层面,日本企业高度重视物流,积极投资物流体系的建设,构筑与大量生产、大量销售相适应的物流设施,形成了多渠道、多层次、多形式的综合物流网络体系。

3）欧洲强调"综合物流"

在欧洲的物流观念中,始终强调综合的观念,重视发展社会化、专业化物流,提倡第三方物流服务的理念。成本中心观念导致欧洲盛行供应链管理,供应链理论和技术应用相当出色,提高采购、生产、销售各个环节之间的效率成为欧洲物流发展的重点。欧洲的许多企业通过直接控制供应链,降低物流成本,提高物流效益;通过把供应链上的物流和其他企业经营管理要素纳入一个整体的思考系统中,进行系统规划,促使"功能性"的物流系统成为重要部门,大大提高了物流一体化程度,综合物流成为欧洲物流发展的重要特征;通过把 SCM(Supply Chain Management,供应链管理)和 ECR(Efficient Consumer Response,高效消费者响应)作为企业"价值创造链",强化物流作用。随着欧盟的诞生、欧洲共同市场的形成,欧洲物流呈现企业物流社会化、国际化的趋势,第三方物流的应用水平高于美国和日本。在大型物流企业规模扩张的趋势中，一个以市场需求为导向，以客户需求为中心，供应商、制造商、中间商和相关服务商有机结合的完整网络结构正在欧洲形成。

综上所述，现代物流在以美国、日本和欧洲为首的发达国家和地区呈现出不同的发展轨迹，特征与风貌各有千秋，发展中国家可以借鉴、学习的经验主要有以下三点。

（1）现代物流体现的是系统化的思想，追求的是系统最优，实现的是企业效益和社会效益。

（2）现代物流活动是企业行为，第三方物流成为现代物流发展的动力。

（3）在现代物流发展过程中，政府的作用是举足轻重的，政府的物流发展政策、措施决定了现代物流发展的方向。

资料来源：百度文库。

思考题

1. 物流管理的主要特征有哪些？
2. 国际物流的发展趋势是什么？

第 2 章
供应链管理

本章学习目标

1. 深入理解供应链的定义及其特征。
2. 掌握供应链的分类及其结构模型。
3. 熟悉供应链管理的目标、原则与特征。
4. 了解物流管理与供应链管理的关系。

案例导入：中远海运物流供应链"一站2.0"上线

随着数字经济进入新的发展阶段，继续加快国际物流体系建设，不断优化物流数字化服务能力已经成为大势所趋。物流供应链平台作为"互联网+物流"的新兴业态，在智慧物流的构建中扮演了十分重要的角色。

在中远海运集团"数字智能"赛道发展战略的指引下，中远海运物流供应链于2023年完成了"一站物流供应链在线解决方案平台"（以下简称"一站"）建设及首个版本"一站1.0"的上线运行，其中包含一站车、一站仓、一站通、一站达四个产品，标志着数字化供应链服务实现从0到1的突破。

为了持续优化"一站"用户使用体验与平台服务能力，中远海运物流供应链深化落实数字化规划，聚焦"一站"平台实现"从1到N"的新发展，深度挖掘物流供应链各环节的角色需求，在2024年上半年完成"一站2.0"版本的上线工作，从三个方面加速平台升级，赋予物流供应链服务新的能力与价值。

1）新的平台产品

基于"一站1.0"的产品配置，"一站2.0"继续完善产品图谱，将"一站检"（检验、检测业务）、"一站供"（船舶备件物流与船舶物资供给业务）纳入一站产品服务体系中，进一步丰富产品类别，完善服务内容。截至 2024 年 4 月，平台完成了近 4000 个物流产品的集成和串联，建设起物流供应链生态体系平台化雏形。此外，"一站 2.0"的交互方式也焕然一新，加入一键搜索、产品收藏、订单追踪、历史足迹等多种新功能，用户可通过这些入口实现对产品的精确查找与管理，大幅提升了交互效率，在践行"以客户为中心"的同时，为平台用户带来了更加直观、便捷的操作体验。

2）新的服务理念

"一站 2.0"初创原子化服务理念，将六大类业务产品分解定制出最小服务单元，这些服务单元涵盖了入库、装箱、装卸、查验、仓储、出库等 88 项最基本的业务操作，它们能够建立耦合关系，进而全面、敏捷、灵活地满足各类用户需求。

原子化服务对不同的用户角色输出了不同的价值内容。

面对物流供应商（或运力方），"一站 2.0"统一各业务分类、订单、流程特征，结合高自由度的云架构搭建供应链物流服务云工厂，将最"简单"的原子化服务重构排列，对不同产品进行高效配置，协助运力方将物流产品标准化、灵活化并重构上架。在实际业务处理中，通过平台制定的标准化协同原则，支持供应商在一票订单中进行多产品原子化服务、多业务主体的协同履约和结算服务。

面对货主等核心用户，"一站 2.0"利用其极度精细的原子化服务单元对应用户多样化需求，灵活、敏捷地完成用户个性化服务定制。同时，平台支持不同复杂程度的物流产品组合，用户登录"一站"就像进入物流服务超市一般：用户可以在需要单一服务产品时，从不同物流供应商中择优选择；也可以在下单包含多样化物流能力的端到端业务时，选择多个产品融合的服务套餐。从满足业务流程闭环，到理解用户实际需要，原子化的灵活搭配让需求更自由，协同更高效。

3）新的智能应用

"一站 2.0"致力于通过智能化技术的引入与研发丰富物流供应链解决方案的服务特色。平台以自身业务资源、交互记录为基础，通过大量数据的积累，利用 RFM、AISAS 等先进的模型分析、模拟用户行为，绘制多维度用户画像，结合数字化技术搭建"千人千面"服务资源库，基于用户偏好和趋向优化产品并实现按需推送、精准服务。此外，全面即时的服务费率，为平台用户提供透明可控的交易保障；完整透明的可视订单，让业务生命在动态地图上清晰可见，实现了物流全过程的可视化、透明化和智能化管理。"一站 2.0"带来的不仅仅是更贴合需求的服务内容，还将智能化注入物流的各个环节。

"一站 2.0"上线是实现中远海运物流供应链数字化发展规划的重要里程碑。它让物流学会了"思考"，能够更好地整合和优化物流资源，提升服务质量，拓展业务领域。在未来，"一站 2.0"还会在实践中继续完善自身能力，提升服务价值，持续不断地为用户提供优质、高效、全面的物流供应链解决方案。

资料来源：《物流时代周刊》官方公众号。

思考题

中远海运物流供应链"一站 2.0"从哪些方面解决了平台用户的什么需求?

19 世纪末 20 世纪初,弗雷德里克·W. 泰勒的科学管理理论极大地影响了企业管理活动。从那时起,企业管理从经验型管理上升到科学管理,逐步建立了严密的组织管理体系。那时的经济发展比较缓慢,企业面对的是一个以卖方市场为特征的环境。企业为了最大限度地占领市场、增加产品的产出和销售,就必须加强对生产的管理和控制,基本上采取"纵向一体化"管理模式(国内将这种管理模式形象地称为"大而全、小而全")。在这种管理模式下,企业构建了一整套的原材料、半成品或零部件的生产体系,企业在整个产业链上下游各个环节"自产自用"的比例非常高(即产业链上下游是隶属关系,"纵向一体化"由此而来),其目的是加强对原材料供应产品制造、分销和销售全过程的控制,使企业最大限度地提高生产效率和产出,能够在市场竞争中掌握主动权,获得最大利润。这种模式在传统的、市场需求相对稳定的竞争环境中有存在的合理性,但是随着社会的发展,这种模式逐渐显现无法适应市场需求变化的弊端。

进入 20 世纪 90 年代以后,随着人类社会进入信息化时代,信息技术和生产快速发展,客户消费水平不断提高,企业之间竞争加剧,加上政治、经济、社会环境的巨大变化,需求的不确定性大大增加,需求日益多样化与个性化,客户更加强调体验。在激烈的市场竞争中,面对变化迅速且无法预测的全球市场,工业化时代形成的传统的生产与经营样式对全球市场的响应越来越迟缓和被动。为了摆脱困境,企业采取了许多先进的单项制造技术和管理方法,如计算机辅助设计(Computer-aided Design,CAD)、柔性制造系统(FMS)、准时制(Just-in-time,JIT)生产、制造资源计划(Manufacturing Resource Planning,MRP-Ⅱ)和企业资源计划(ERP)等,这些方法取得了一定的实效,但在经营的灵活性、对客户需求响应的敏捷性等方面还是不能很好地满足适应市场变化的要求。随着不断的深入了解和研究,人们终于意识到问题不在于具体的制造技术与管理方法,而在于企业仍囿于传统管理模式。

因此,越来越多的企业开始对传统管理模式进行改革或改造,将原来由企业自己生产零部件的业务外包出去,充分利用外部资源,形成一种平等合作关系,使产业链的上下游从过去的隶属关系(纵向一体化)变成了今天的平等合作关系,人们形象地称之为"横向一体化"。20 世纪 90 年代前后,出现了供应链管理的概念,这其实就是横向一体化思想的体现。

2.1　供应链概述

2.1.1　供应链的定义

供应链(Supply Chain)的概念最初是从扩大生产概念发展来的,它将企业的生产活动进行了前伸和后延。很多学者对供应链的定义就是基于这一认识的,比如卡维纳托将供应链定义为从企业到最终用户的整个过程中所发生的购买活动、附加值活动和营销活动。李和比灵顿也有类似的定义：供应链是一个企业获取原料，生产半成品或最终产品，并通过销售渠道把产品送达消费者的网络工具。

但是这些定义更多的是将供应链看作制造企业的一个内部运作过程，注重单个企业的内部操作层面，具有一定的局限性。后来很多学者对供应链的定义进行了拓展，他们不仅注意到企业之间的相互关系及企业的外部环境，还注意到围绕核心企业所构成的网络关系。例如，史蒂文斯认为，通过增值过程和分销渠道控制从供应商到用户的流就是供应链，它开始于供应的源点，结束于消费的终点。伊文斯认为，供应链管理是通过前馈的信息流和反馈的物料流及信息流，将供应商、制造商、分销商、零售商，直到最终用户连成一个整体的模式。哈里森将供应链定义为，供应链是执行采购原材料，将它们转换为中间产品和成品，并且将成品销售到用户的功能网链。

中华人民共和国国家标准《物流术语》（GB/T 18354—2021）中将供应链定义为：生产及流通过程中，围绕核心企业的核心产品或服务，由所涉及的原材料供应商、制造商、分销商、零售商直到最终用户等形成的网链结构。

马士华教授总结前人对供应链的认识，在其编著的《供应链管理》一书中对供应链进行了定义，这也是目前学术界及实业界比较通用的供应链的概念，即供应链是围绕核心企业，通过对信息流、物流、资金流的控制，从采购原材料开始，制成中间产品以及最终产品，最后由销售网络把产品送到消费者手中的将供应商、制造商、分销商、零售商直到最终用户连成一个整体的功能网链结构模式。

《国务院办公厅关于积极推进供应链创新与应用的指导意见》将供应链视为一种组织形态，即供应链是以客户需求为导向，以提高质量和效率为目标，以整合资源为手段，实现产品设计、采购、生产、销售、服务等全过程高效协同的组织形态。

从以上对供应链的定义可以总结出以下几点。

1）供应链是一个系统，是人类生产活动和整个经济活动中的客观存在

人类生产和生活的必需品，都要经历从最初的原材料生产、零部件加工、产品装配、分销、零售直到最终消费这一过程，这里既有物质材料的生产和消费，也有非物质形态（如服务）产品的生产（提供服务）和消费（享受服务）。

2）供应链是由相关企业构成的

供应链包含所有涉及向最终用户提供产品和服务的企业，从最初的原材料供应商开始，到中间的制造商、组装商、分销商和零售商，直到最终用户。

3）供应链中存在核心企业

核心企业主导供应链的构建，它可能是制造企业，也可能是零售或其他类型的企业，这要视该企业在供应链中的作用而定。

4）供应链是一种网络

供应链是不同企业间的信息流、物流、资金流的交换与流动构成的网络，这个网络使供应链上的企业通过计划、生产、存储、分销、服务等活动形成衔接，从而使供应链能够满足内外部用户的需求。

5）供应链是一条增值链

供应链管理通过优化信息流、物流和资金流，从采购原材料开始，制成中间产品及最终产品，并通过销售网络将产品送达用户手中。这一过程中，供应商、制造商、分销商、零售商和最终用户被连成一个整体性的功能网链结构，每个环节都为产品增值做出贡献。

6）供应链是一个平台

大数据、人工智能、5G、区块链等赋能技术不断与传统技术、产业进行融合与协同，为将供应链升级改造，为供应链平台提供了契机。供应链平台为价值链的重组，也为后面的供应链平台生态圈的一体化与信息平台的建设提供了基础框架的保障。

7）供应链是一个生态系统

在网络化、动态化、虚实结合的供应链基础上，基于相互交叉、相互补充的供需关系，形成了成员间相互依赖、关联互动、共生共存的供应链生态系统。

2.1.2 供应链的分类

1）按供应链的业务范围分类

按供应链的业务范围分类，供应链可以分为内部供应链和外部供应链。内部供应链是指企业内部产品生产和流通过程中涉及的采购部门、生产部门、仓储部门、销售部门等组成的供需网络。

外部供应链是指企业外部的，与企业相关的产品生产和流通过程中涉及的原材料供应商、生产厂商、第三方物流供应商、零售商及最终用户组成的供需网络。

2）按供应链的网状结构分类

按供应链的网状结构分类，供应链可以分为 V 型供应链、A 型供应链和介于上述两种模式之间的 T 型供应链。

（1）V 型供应链，又称发散型供应链，是供应链网状结构中最基础的结构。在 V 型供应链中，原材料比较单一，但采购批量较大，经过企业加工后转化为中间产品，提供给其他企业作为原材料。石油、化工、钢铁和纺织行业的供应链是典型的 V 型供应链（见图 2-1）。

（2）A 型供应链，又称会聚型供应链。在这种供应链中，核心企业往往为供应链的最终用户服务，业务本质上是围绕订单和用户驱动展开的。在制造、组装和总装时，A 型供应链遇到一个与 V 型供应链相反的问题，即为了满足相对少数的用户的需求和用户订单时，需要从大量的供应商处采购原材料。这是一种典型的会聚型的供应链网络。航空制造及汽车制造等行业的供应链是典型的 A 型供应链（见图 2-2）。

（3）T 型供应链介于 V 型供应链和 A 型供应链之间。T 型供应链的企业根据现存的订单确定通用件，并通过对通用件的制造标准化来降低复杂程度。这种情形在接近最终用户的行业中普遍存在，如医药保健品、汽车备件、电子产品、食品和饮料等行业；在那些为总装配提供零部件的公司中也同样存在，如为汽车、电子器械和飞机主机厂商提供零部件的企业。这些企业从与它们情形相似的供应商处采购大量的物料，为大量的最终用户与合作伙伴提供构件和套件。T 型供应链如图 2-3 所示。

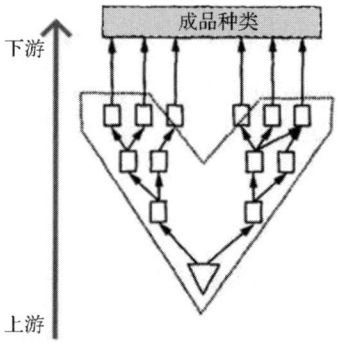

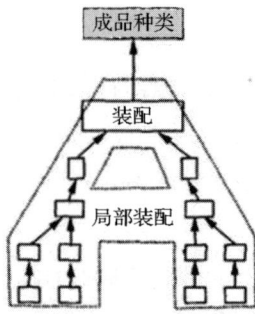

| 图2-1　V型供应链 | 图2-2　A型供应链 | 图2-3　T型供应链 |

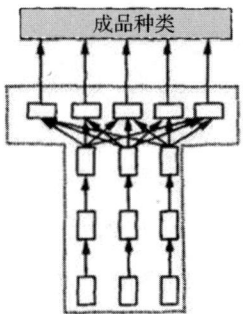

3）按供应链存在的稳定性分类

按供应链存在的稳定性分类，供应链可以分为稳定的供应链和动态的供应链。基于相对稳定、单一的市场需求组成的供应链的稳定性较强，基于相对频繁变化的、复杂的需求组成的供应链的动态性较高。在实际管理运作中，需要根据不断变化的需求相应地改变供应链的组成。

2.1.3　供应链的特征与结构模型

1）供应链的特征

（1）整体性

供应链是一个有机的整体，是合作伙伴间的功能集成，而不是简单叠加。如果企业要打造真正的以供应链为核心的市场能力，就必须从末端的供应控制开始，一直到前端的消费者，在整个供应链流程上不断优化、建设和集成外部资源。供应链系统的整体功能集中表现在供应链的综合竞争能力上，这种综合竞争能力是任何一个单独的供应链成员企业都不具有的。

（2）层次性

运作单元、业务流程、成员企业、供应链系统构成了供应链不同层次上的主体，每个主体都具有自己的目标、经营策略、内部结构和生存动力。供应链是一个系统，也是它所从属的更大系统的组成部分；每个供应链成员企业都是一个系统，也是供应链系统的组成部分，它们往往分布于不同的行业、不同的区域或不同的阶段，各自自成体系地承担着在供应链中的不同工序；同时，每个供应链成员企业为实现自身运作单元、业务流程，又可能构筑一条相应的分支供应链，从而形成多层次、多维度、多功能、多目标的立体网链。从系统层次性的角度来理解，相对于传统的基于单个企业的管理模式而言，供应链管理是一种针对更大系统（企业群）的管理模式。

（3）目的性

供应链系统有着明确的目的，就是在复杂多变的竞争环境下，以最低的成本、最快的速度、最好的质量为客户提供最满意的产品和服务，通过不断提高客户的满意度来赢得市场。这也是供应链各成员企业的共同目的。可以说，供应链的形成、存在、重构都是基于最终用户的需求而发生的，这种需求拉动是供应链里流动的物流、信息流、知识流、资金流等相互交换、运作，实现对市场的迅速、有效反应的驱动源。

（4）适应性

数字经济驱动下，供应链系统的外部环境时刻都在发生变化，供应链内部的成员具有不稳定性，成员间也具有不稳定性。此外，自然灾害和各类突发事件都可能导致供应链中断。在这种动态性的供应链中，是否具有快速恢复和应变的能力至关重要。供应链适应性是指供应链能够适应需求变化、供应中断或其他外部环境的变化。供应链适应性可以定义为调整供应链结构、功能和行为以满足最终用户需求变化的能力。供应链适应性更加强调以变应变、洞悉变化的生存之道，在智能化、数字化、可视化能力基础上增强供应链可感知能力、可调节能力，推动效率型供应链或响应型供应链向着适应性供应链方向发展。这里的适应性具有更加丰富的内涵，具体包含了稳健性、敏捷性、韧性、柔性、自组织性等不同方面。

（5）进化性

供应链的生态系统将在不断适应内外部环境大量、持续的变化中形成协同进化，以变异性和选择性保留两种机制保持着向结构更复杂、功能更强大的方向变化的趋势。供应链进化性的特点体现在三个层面，即供应链中产品包的进化、供应链成员的进化、生态系统的进化，并以此为基础进化出一批新业态、新体系结构、新商业模式。

（6）复杂性

供应链的复杂性体现为成员企业间的不同竞争合作关系。供应链是由多个企业组成的虚拟组织，这些具有独立经济利益的单个企业是供应链运作的主体。一方面，各企业追求自身利益的最大化，使得个体目标与整体目标可能发生冲突；另一方面，各企业处于同一供应链上，任何企业既要实现利润最大化，又必须以整条供应链的价值增值为基础。这就导致各企业间存在不同程度的竞争合作关系。例如，各企业间的关系可能是合作性的，也可能是竞争性的，或者是交易性的；而它们之间的合作可能是战略性合作，也可能是技术性合作，还可能是物流操作合作。

（7）风险性

供应链是一个复杂的体系，影响其运作过程的各种内部、外部因素有很多，其必然存在各种风险。这些风险可以影响甚至破坏供应链的安全运行，造成供应链效率下降、成本增加，严重时甚至可以导致供应链失败或解体，使供应链整体及各成员企业达不到预期目标，比如由供应链内部因素构成的内生风险，包括道德风险、信息传递风险、采购风险、生产风险、物流运作风险等；由供应链外部因素构成的外在风险，包括市场需求不确定、经济周期、政策风险、意外灾祸风险等。

2）供应链的结构模型

为有效构建供应链，了解和掌握供应链的结构模型十分必要。从企业与企业之间关系的角度考查，供应链的结构模型主要包括链状结构模型、网状结构模型等。

（1）链状结构模型

结合供应链的定义，可以直观地得出链状结构模型（见图2-4）。链状结构模型描述了供应链的基本组成和轮廓，清楚地表明了产品的最初来源是自然界，比如矿山、森林、湖泊等，最终流向最终用户。供应链核心企业的产品因用户需求而生产，最终经过供应链送到用户手中并被消费掉。产品从自然界历经供应商、制造商和分销商多级传递到用户手中，并在传递过程中完成了产品加工、产品装配、产品形成等转换活动，被用户消费掉的最终产品仍回到自然界，完成了物质循环的过程，如图2-4中虚线所示。

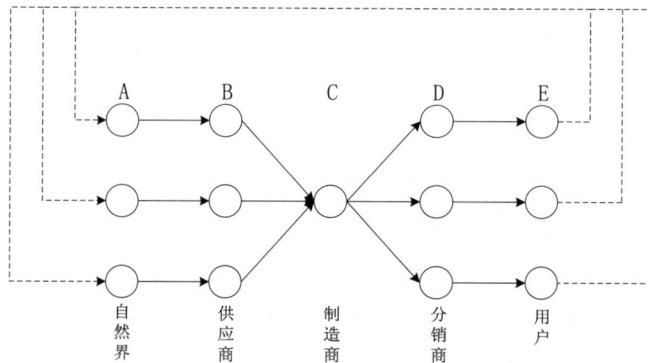

图2-4 链状结构模型

显然，链状结构模型是一个简单的静态模型，表明了供应链的基本组成和轮廓概貌，它可以进一步简化成串行链状结构模型（见图2-5）。串行链状结构模型是链状结构模型的进一步抽象，它把供应链上的一个个企业抽象成一个个节点，并用字母或数字表示它们。这些节点以一定的方式和次序连接成串，构成一条图形学上的供应链。在串行链状结构模型中，假定C为制造商（核心企业），B为供应商，D为分销商；若假定B为制造商（核心企业），则A为供应商，C为分销商。在这个模型中，产品的最初来源（自然界）、最终去向（用户）及产品的物质循环过程都被隐含或抽象掉了，因为从供应链研究的一般化角度出发，把自然界和用户融入供应链模型中通常没有太大的作用。串行链状结构模型着重对供应链的中间过程进行研究。

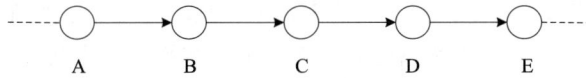

图2-5　串行链状结构模型

当然，利用链状结构模型还可以分析供应链的方向和供应链的层级。供应链的方向即物流的方向。以制造商为核心企业的供应链，距离制造商最近的供应商和分销商为一级供应商和一级分销商。

一般而言，物流的方向都是从供应商流向制造商，再流向分销商，最后到达用户的。在特殊情况下，如销售退货、损坏赔偿等，物流在供应链上的流向与一般情况下的流向相反，形成逆向物流。在如图 2-5 所示的串行链状结构模型中，箭头方向表示供应链的方向。

在串行链状结构模型中，如果定义 C 为供应链的核心企业（制造商），从核心企业的上游企业来看，就可以相应地认为 B 为一级供应商，A 为二级供应商，依次可定义三级供应商、四级供应商……同样地，从核心企业的下游企业来看，可以认为 D 为一级分销商，E 为二级分销商，依次定义三级分销商、四级分销商……一般而言，如果要从整体上了解一家企业所在行业供应链的运行状态，应尽可能深入地考查多级供应商或分销商。

（2）网状结构模型

串行链状结构模型代表了特殊、抽象的供应链，事实上制造商 C 的供应商可能不止一家，而是有 B_1，B_2，…，B_n 等 n 家，分销商也可能有 D_1，D_2…，D_m 等 m 家，动态地考虑，C 也可能有 C_1，C_2，…，C_k 等 k 家。这样，串行链状结构模型就可以转变为网状结构模型（见图 2-6）。网状结构模型更能说明现实世界中产品的复杂供应关系。理论上该模型可以涵盖世界上所有企业，每一个企业都可以看作模型中的一个节点并与其他节点存在着不断变化、或强或弱的联系。网状结构模型对各节点的供应关系的描述性很强，适合用于对供应关系的宏观把握，具体还可以从结构特性、入点和出点、供应链子网、虚拟企业几个角度详细说明。

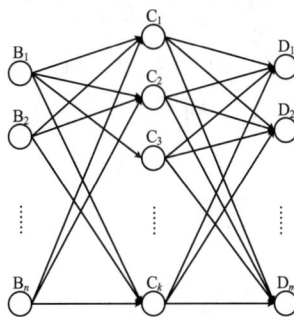

图2-6　网状结构模型

① 结构特性。网状结构模型呈现层次性、双向性、多级性、动态性、跨地区性等结构特性。其中层次性是指从组织边界的角度看，供应链的成员可以通过不同的组织边界体现出来。双向

性表现为横纵两个方面：从横向看，供应链成员之间既相互竞争又相互合作；从纵向看，供应链的网络结构就是供应链结构，反映原材料供应商——制造商——分销商——用户的物流、信息流、资金流和商流的过程。多级性是指随着供应、生产和销售关系的复杂化，供应链网络的成员越来越多，成员之间关系呈现多级关系。动态性是指供应链网络中某一成员在业务方面的细微调整会引起整个供应链网络的结构变动，而且供应链成员之间、供应链之间的关系要根据用户需求的变化做出适应性调整。跨地区性是指在供应链的结构模型中，业务实体超越了空间的限制，随着世界各地的供应商、制造商和分销商被连在一起，形成了全球供应链网络。

② 入点和出点。现实中，网状结构模型的资源流是有向流动的，即从一个节点流向另一个节点，资源流从某些节点补充流入，再从某些节点分流流出。本书将这些资源流进入的节点称为入点，将资源流流出的节点称为出点。矿山、油田、橡胶园等原始材料提供者是入点，用户是出点。有些企业既为入点又为出点，针对这种情况，出于表达的简化，将代表该类型企业的节点一分为二，变成两个节点，一个为入点，一个为出点，甚至一分为三或更多，并将其框起来。例如，在图2-7中，A_1为入点，A_2为出点。

同样地，如果有的企业对于另一家企业而言，既为供应商又为分销商，也可将该企业一分为二，变成两个节点：一个节点表示供应商，一个节点表示分销商，甚至一分为三或更多，并将其框起来。例如，在图2-8中，B_1是供应商，B_2是分销商。

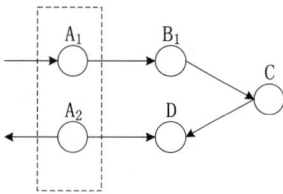

图2-7　同为出入点的企业　　　　　　图2-8　同为供应商及分销商的企业

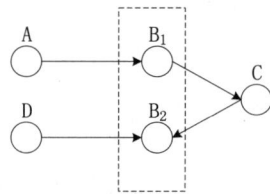

③ 供应链子网。有些集团型企业的规模非常大，内部结构也非常复杂，与其他企业关联的只是该集团的子部门，且集团内部也存在着产品供应关系。此时，仅用一个节点来表示这些复杂关系显然不行，这就需要将表示这家企业的节点分解成很多相互联系的小节点，这些小节点构成了一个网，称为供应链子网（见图2-9）。在引入供应链子网的概念后，研究图2-9中C与D的联系时，只需要考虑C_1与D的联系，而不需要考虑C_2、C_3等与D的联系，从而避免了无价值的研究。

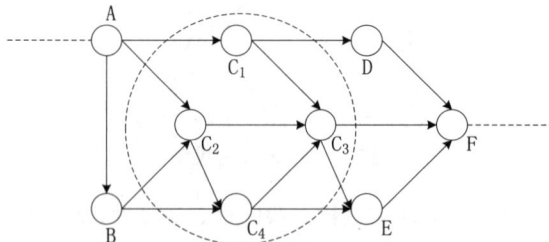

图2-9　供应链子网

④ 虚拟企业。通过对供应链子网概念的拓展，可以把供应链网络上为了完成共同目标且通力合作并实现各自利益的企业形象地看作一个整体企业，即虚拟企业，它的网状模型如图 2-10 所示。虚拟企业是在经济交往中，一些独立企业为了共同的利益和目标在特定时间内结成的相互协作的利益共同体。

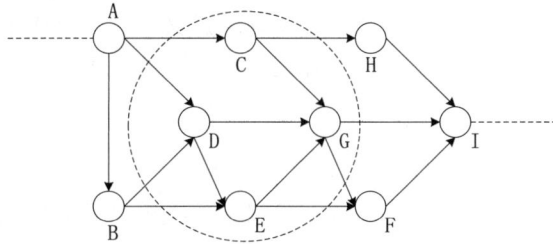

图2-10　虚拟企业的网状模型

现有的供应链虚拟企业可以分为以下几种类型。一是网络型虚拟企业，主要运用技术、电子货币等先进的技术手段提供商品和服务，如网上购物、网上书店、网上银行等网上服务功能。它们省略了传统企业的面对面选购、支付等职能及相应的部门，如阿里巴巴、亚马逊书店等。二是品牌型虚拟企业，其是以商品品牌和服务品牌资源为核心，省略了生产等部分职能而组建的虚拟企业，如耐克公司、波音公司等。三是联盟型虚拟企业，它们主要是由两个或两个以上的具有资源互补优势的企业，为实现共同的战略目标，通过各种协议或契约约定共享利益与风险，经营权与所有权分离的松散型联合体。联盟型虚拟企业保留了传统企业的内部设置，却没有完整地执行这些功能的组织，仅保留企业中具有优势的核心功能，而将其他的功能虚拟化。需要注意的是，虚拟企业组建和存在的目的是获取通过相互协作而产生的利益，一旦这个目的已经完成或利益不存在，虚拟企业便不复存在，而新的动态企业联盟将伴随其他利益目标产生。

2.2　供应链管理概述

2.2.1　供应链管理的定义

供应链管理就是实现供应链优化运作的过程，它以最少的成本，使从原材料采购开始到满足最终用户需求的所有过程（包括工作流、实物流、资金流和信息流）均能有效地进行，把合适的产品、以合理的价格，及时送到消费者手上。

2.2.2　供应链管理的目标与原则

1）供应链管理的目标

供应链管理的目标即通过调和总成本最低化、客户服务最优化、总库存最小化、总周期最短化、物流质量最优化等目标之间的冲突，实现供应链绩效最大化。

（1）总成本最低化

采购成本、制造成本、运输成本、库存成本及供应链物流的其他成本费用都是相互联系的。为了实现有效的供应链管理，必须将各成员作为一个有机整体来考虑，使实体供应物流、制造装配物流与实体分销物流之间达到高度均衡。从这一意义出发，总成本最低化目标并不是指运输费用或库存成本或其他任何供应链物流运作与管理活动的成本最低，而是指整个供应链的运作与管理的所有成本的总和最低。

（2）客户服务最优化

在激烈的市场竞争时代，许多企业都能在价格和质量等方面提供类似的产品，因此优质的客户服务能给企业带来独特的竞争优势。企业提供的客户服务水平直接影响它的市场份额和运作总成本，最终影响其整体利润。供应链管理的目标之一是通过上下游企业协调一致的运作，达到客户满意的服务水平，吸引并保留客户，最终实现企业价值的最大化。

（3）总库存最小化

传统的管理思想认为，库存是维系生产与销售的必要措施，因而企业与其上下游企业在不同的市场环境下只是实现了库存的转移，整个社会库存总量并未减少。按照准时制（JIT）管理思想，库存是不确定性的产物，任何库存都是浪费，因此要将整个供应链的库存控制在最低。"零库存"反映的就是这一目标的理想状态。所以，总库存最小化目标的达成有赖于实现对整个供应链的库存水平与库存变化的最优控制，而不只是单个成员企业库存的最小化。

（4）总周期最短化

一般而言，大多数物流活动的过程是以时间为衡量标准的。对于同样一件货物的物流活动，人们往往认为花费时间较少或者速度较快的方案是最优的。这样一个方案与另一个方案的竞争实质上就是时间的竞争，哪个方案花费的时间最少，它就最容易被客户接受，或者能够使客户快速做出反应。因此，供应链与供应链之间的竞争实质上也是时间的竞争，看哪条供应链最先感受到、服务到终端客户，即实现快速有效的客户反应，最大限度地缩短从客户发出订单到实现满意交货的整个供应链的总周期。

（5）物流质量最优化

物流质量不仅是现代企业根据物流运作规律确定的物流工作的量优标准，而且应该体现物流服务的客户期望满足的程度。结合供应链管理的思想和目标，此处的物流质量往往是物流服务质量。因为供应链管理达到并保持物流服务质量最优化也是供应链管理的重要目标，而这一目标的实现必须从原材料、零部件供应的零缺陷开始，直至实现供应链管理全过程、全方位质量的最优化。

2）供应链管理的原则

美国安德森公司提出了供应链管理的 7 项原则。

（1）根据客户所需的服务特性划分客户群

传统意义上的市场划分基于企业自身的状况如行业、产品、分销渠道等，然后企业对同区域的客户提供相同水平的服务。供应链管理则强调企业应根据客户的状况和需求决定服务方式和服务水平。

（2）根据客户需求和企业可获利情况设计企业的后勤网络

例如，一家造纸公司发现两个客户群存在截然不同的服务需求，大型印刷企业允许存在较长的提前期，小型印刷企业则要求在 24 小时内供货。因此建议大型印刷企业建立 3 个大型分销中心，为小型印刷企业设计 46 个紧缺物品快速反应中心。

（3）收集市场的需求信息

供应链中的企业需要收集市场的需求信息以应对市场需求的波动，尤其是销售部门和运营部门必须及时掌握市场的需求信息，并及时发现需求的变化，对企业生产计划做出调整。

（4）时间延迟

由于市场需求的剧烈波动，企业面对的是一个变化迅速且无法预测的买方市场，因此，距离客户接受最终产品和服务的时间越长，需求预测就越不准确，而企业还不得不维持较大的中间库存。例如，一家洗涤用品生产企业在实施大批量生产的时候，首先在企业内将产品加工好，然后通过零售商完成最终的销售。零售商销售洗涤用品时，无论怎么增加规格品种，也无法满足客户的个性化需求，致使很多客户流失。后来，企业实施延迟制造策略，只负责大批量生产洗涤用品，而将包装工序下移到零售商，通过合作完成包装工序。零售商根据客户的需求完全个性化地组合包装，最大限度地满足不同客户的需要。企业也从减少流程、增加批量、降低成本中获得好处。

（5）相互协作

迫使供应商相互压价，固然会使企业在价格上受益，但是相互协作可以降低整个供应链的成本，企业将会获得更大的收益，而且这种收益是长期的。

（6）在整个供应链领域内建立信息系统

信息系统首先应该处理日常事务和电子商务，然后支持多层次的决策信息，如需求计划和资源规划，最后根据大部分来自企业之外的信息进行前瞻性的决策分析。

（7）建立整个供应链的绩效考核准则

在建立绩效考核时要注意从整个供应链的角度考虑问题，供应链的绩效考核标准不是局部个别企业的孤立标准，供应链的最终验收标准是客户的满意度。

2.2.3 供应链管理的特征与内容

1）供应链管理的特征

供应链管理就是优化和改进供应链活动，其对象是供应链成员和它们之间的"流"，应用的方法是集成和协同，目标是以最小的成本满足最终用户和消费者的需求，最终提高供应链的整体竞争能力。供应链管理是一种先进的管理理念，它的先进性体现在：以最终用户和消费者的需求为导向，以满足最终用户和消费者的需求来运作。供应链管理具有以下几种特征。

（1）供应链管理实现了对节点企业整体的全过程战略管理

传统的管理模式往往以企业的职能部门为基础，由于各企业之间、企业内部职能部门之间的性质、目标不同，导致了相互之间的利益冲突，各企业之间、企业内部职能部门之间无法完全发挥它们的职能，因而很难实现整体目标优化。供应链是由供应商、制造商、分销商、零售商、客户和服务商组成的链状结构，链中各环节不是彼此分割的，而是环环相扣的。

供应链管理把物流、信息流、资金流、业务流和价值流的管理贯穿供应链的全过程。它覆盖了整个物流，从原材料和零部件的采购与供应、产品制造、运输与仓储到销售各种职能领域。它要求各节点企业之间实现信息共享、风险共担、利益共存，并从战略的高度来认识供应链管理的重要性和必要性，从而真正实现整体的有效管理。

（2）供应链管理是一种集成化的管理模式

供应链管理的关键是采用集成的思想和方法。它是一种从供应商开始，经制造商、分销商、零售商直到最终用户的全要素、全过程的集成化管理模式，是一种新的管理策略。它把不同的企业集成起来以提升整个供应链的效率，注重企业之间的协同合作，以达到整体最优。

（3）供应链管理提出了全新的库存观念

传统的观念认为，库存是维系生产与销售的必要措施，是一种必要的成本。而供应链管理使核心企业与其上下游企业之间在不同的市场环境下实现了库存的转移，降低了企业的库存成本。这也要求供应链上的各个成员企业建立战略合作关系，通过快速反应降低库存总成本。

（4）供应链管理始终坚持以客户为中心

无论构成供应链的节点企业的数量有多少，也无论供应链节点企业的类型如何，供应链的形成都是以最终用户和消费者的需求为导向的。正是由于有了最终用户和消费者的需求，才有了供应链的存在，只有满足了最终用户和消费者的需求，才能体现供应链的价值。

2）供应链管理的内容

供应链管理是核心企业进行内部和外部协同的过程，涉及供应链内部各相关职能企业和上下游节点企业，是一项复杂的系统管理工作。供应链管理的主要活动包括对供应链战略、计划和运作的管理，对供应链的各项职能、环节和关系的管理，以及对供应链绩效的管理等。作为供应链中各节点企业相关运营活动的协调方法，供应链管理的主要内容包括以下几个方面。

（1）供应链战略管理

供应链管理目前已经上升到企业战略管理的层面，因此，企业在选择和构建供应链时，必须从企业发展战略（即企业经营思想指导下的企业文化发展战略、组织战略、技术开发与应用战略、绩效管理战略等）的高度及这些战略的具体实施等方面考虑。供应链战略管理主要是指确定供应链的战略定位及相应的供应链结构，包括总体布局、资源配置、流程设置等，解决生产和仓储设施的地址与规模的确定、产品生产与存储的设施分配、运输模式的选择、信息系统的选择等战略性问题。

（2）供应链运作管理

供应链运作管理主要是对决定供应链订单履行绩效的采购、生产、物流三大要素的管理采购，确保购进的产品或服务能满足企业的生产经营活动要求。生产，将原材料转变成对客户有价值的产品或服务；物流，通过运输和仓储等活动，保证在内部有可用的原材料供生产运作，在外部能供应产品，确保客户在任意时间和地点都可以购买。当采购、生产、物流在供应链战略指导下和谐运作时，供应链将会为最终用户送去最好的产品和服务。

（3）供应链关系管理

供应链关系管理主要是指通过将核心企业职能间与供应链成员企业间的主要业务职能和业务流程整合成一个有机、高效的业务模式，实现供应链的一体化运作。为此，需要进行供应链企业内和企业间协同，实现信息共享与供应链可视化。通过协调供应链各节点企业，改变传统的企业间进行交易时的"单向有利"意识，使节点企业在协调合作的基础上进行交易，从而有效地降低供应链整体的交易成本，实现供应链的全局最优化，使供应链上的节点企业增加收益，同时达到双赢的目的。

（4）供应链信息管理

供应链信息管理的基础是构建信息平台，实现供应链的信息共享，通过企业资源计划（ERP）和供应商管理库存（Vendor Managed Inventory，VMI）等系统的应用，将供求信息及时、准确地传递到相关节点企业，从技术上实现与供应链其他成员企业的集成化和一体化。信息的处理质量和速度是企业能否在供应链中获益的关键，也是企业能否提高供应链整体效益的关键。因此，供应链信息管理是供应链管理的重要内容之一。

（5）供应链绩效管理

供应链绩效是指供应链的整体运作效率，供应链绩效管理是对供应链流程的动态评价，也称供应链绩效评价。供应链绩效管理是实现供应链优化和有效激励的基础，其首要工作是建立供应链绩效指标体系，这一指标体系不仅要包括供应链职能绩效指标，而且要包括供应链综合绩效指标，以便全面反映供应链的状况。供应链绩效管理是围绕供应链的目标，对供应链中的各个环节进行的事前、事中和事后的分析评价。目前常用的供应链绩效管理方法有平衡记分法、关键绩效指标法、标杆超越法等，这些方法可以组合使用，以提高供应链绩效管理的科学性。

（6）供应链风险管理

供应链风险管理是指通过供应链节点企业之间的协同来识别和管理供应链内在和外在的风险，以保持供应链的连贯性，避免由于供应链中断带来的用户信任和股东价值的损失。信息不对称、信息扭曲、市场不确定性，以及其他政治、经济、法律等因素，会导致供应链上节点企业产生运作风险，必须采取一定的措施尽可能地规避这些风险。例如，通过提高信息透明度和共享性优化合同模式，建立监督控制机制，在供应链节点企业合作的各个方面、各个阶段建立有效的激励机制，促使节点企业间真诚合作。供应链风险管理过程包括理解供应链、改进供应链、识别供应链关键路径、管理供应链关键路径、实行供应链可视化、建立供应链连贯性小组与供应商及用户协同。为了更好地管理供应链风险，需要从供应链再造、供应链协同、供应链敏捷性、供应链风险管理文化等方面构建弹性供应链。

从供应链管理的具体运作来看，供应链管理主要涉及需求、生产计划、物流管理、供应管理、逆向物流五个领域。此外，如图 2-11 所示，集成化供应链管理是以同步化、集成化生产计划为指导，以各种技术为支持，以 Internet/Intranet（互联网/企业内部网）为依托，围绕供应、生产、物流、需求来实施的。供应链管理的目标是在总成本最低化和客户服务最优化这两个目标之间寻求平衡。在实际管理工作中，供应链管理关注的领域不仅仅是物料在供应链中的流动，除了包括企业内部与企业之间的运输问题和实物分销，供应链管理还包括以下内容。

① 物料在供应链上的实体流动管理。

② 战略性供应商和客户合作伙伴关系管理。

③ 供应链产品需求预测和计划。

④ 供应链的设计（全球网络的节点规划与选址）。

⑤ 企业内部及企业之间物料供应与需求管理。

⑥ 基于供应链管理的产品设计与制造管理、产品生产集成化计划、产品跟踪和设计。

⑦ 基于供应链的客户服务和物流（运输、库存、包装等）管理。

⑧ 企业间资金流管理（汇率、成本等问题）。

⑨ 基于 Internet/Intranet 的供应链交互信息管理。

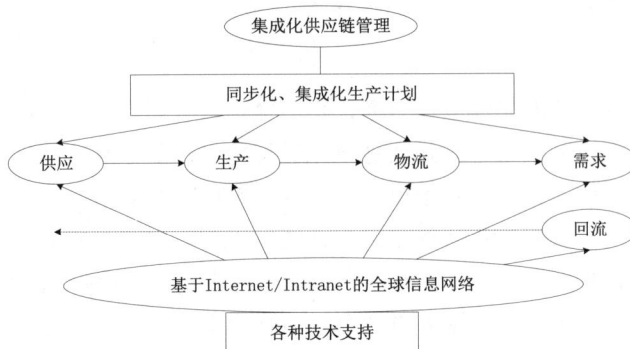

图2-11　集成化供应链管理

2.3　物流管理与供应链管理的关系

2.3.1　物流管理与供应链管理的区别

一般而言，供应链管理涉及制造问题和物流问题。物流管理涉及企业的非制造领域问题。具体来看，供应链管理与物流管理之间的区别表现在以下几个方面。

1）范围不同

从范围来看，供应链管理打破了企业之间的界限，将许多物流以外的功能整合起来，其功能超越了企业物流的范围。众所周知，强大的产品开发能力可以成为企业有别于其他企业的竞争优势，乃至成为促使其长期发展的核心竞争能力。而在产品开发过程中，需要涉及方方面面的业务关系，包括营销理念、研发组织形式、制造能力、物流能力、筹资能力等，这些业务关系不仅仅是一个企业内部的，往往还涉及企业的众多供应商或经销商，以便缩短新产品进入市场的周期。这些都是供应链管理要整合的内容。显然，单从一家企业的物流管理的角度来考虑，很难想象能将这么多的业务关系联系在一起。

2）对一体化的理解不同

从学科发展角度来看，供应链管理不能简单地理解为一体化的物流管理。一体化的物流管理分为内部一体化和外部一体化两个阶段。目前，即使是在物流管理发展较早的国家，许多企业也仅仅处于内部一体化的阶段，或者刚刚认识到结合企业外部力量的重要性。也正因为这样，一些学者提出了"供应链管理"这一概念，以使那些领导管理方法先进的企业率先实施的外部一体化战略区别于传统企业内部的物流管理。

3）研究者的范围不同

供应链管理的研究者的范围也比物流管理更广泛。除了物流管理领域的研究者，还有许多制造与运作管理的研究者也使用和研究供应链管理。他们对供应链管理研究的推进和重视绝不亚于物流管理的研究者们。

4）学科体系的基础不同

供应链管理思想的形成和发展是建立在多个学科体系（系统论、企业管理等）基础上的，其理论根基远远超越了传统物流管理的范围。正因为如此，供应链管理还涉及许多制造管理的理论和内容。它的内涵比传统的物流管理更丰富，覆盖面更广泛，但对企业内部单个物流环节的关注就不如传统物流管理那么集中、细致了。

5）优化的范围不同

供应链管理把对成本有影响的每一方，以及在产品满足客户需求的过程中起作用的每一方都考虑在内，其管理的范围不仅包括采购/销售物流和生产物流，还包括回收物流、退货物流、废弃物物流等。并且，采购/销售物流不仅是单阶段的物流（如供应商到制造商、制造商到批发商、批发商到零售商、零售商到客户的相对独立的采购/销售物流活动），而且包括供应链渠道内成员从原材料获取到最终用户产品分销整个过程的采购/销售物流活动。物流管理只考虑自己路径范围内的业务,其管理的主要对象是采购/销售物流和生产物流,追求局部利益最大化。物流管理主要涉及组织内部商品流动的最优化,供应链管理则强调仅重视组织内部的合作和最优化是不够的,还必须重视组织外部供应链上下游企业的合作及整条供应链的最优化。

6)管理的角度不同

首先,物流管理主要从一家企业的角度考虑供应、存储和分销,把其他企业当作接口来处理,没有深层次理解其他企业内的操作,企业之间只是简单的业务合作关系。供应链管理的节点企业之间是战略合作伙伴关系,要求对供应链所有节点企业的活动进行紧密的协作和控制,它们形成了一个动态联盟,具有"双赢"关系。其次,物流管理强调一家企业的局部性能优先,并且采用运筹学的方法分别独立研究相关的问题。通常,这些问题被独立地从它们的环境中分离出来,不考虑与其他企业功能的关系。供应链管理则将每家企业当作供应网络中的节点,在信息技术支持下采用综合的方法研究相关的问题,通过紧密的功能协调追求多家企业的全局性能优化。最后,物流管理经常是面向操作层次的,而供应链管理更关心战略性的问题,侧重于解决全局模型、信息集成、组织结构和战略联盟等方面的问题。

2.3.2　供应链环境下物流管理的特点

在全球供应链一体化的大趋势下,物流管理也具有新的时代特征,主要表现在以下几个方面。

1)物流运作的效率和效益取决于上下游企业

有些企业可能会认为,物流运作仅与物流服务提供商的服务效率有关。实际上,在供应链环境下,要想使物流对市场需求做出快速反应,离不开供应链节点上的企业同步采取行动,需要加强彼此间的协调与合作。具体来说,就是要求供应链的上下游企业根据最终需求市场的信息制订统一有序的采购、生产和分销配送计划,使物流有序地在上下游企业间流转。

2)物流运作强调稳定性与弹性的平衡

供应链管理特别强调对客户需求的快速响应。客户需求是千差万别的,面对不同的客户,物流体系必须具有足够的弹性,以尽快响应不同的客户需求;同时,还要维持相对稳定的运营系统,以保证较高的服务质量和服务水平。

3)物流运作离不开信息技术的支撑

信息技术是供应链管理的重要支撑,信息共享是实现供应链业务流程一体化的重要手段。物流运作本身离不开信息技术的支撑,供应链环境下的物流管理更是如此。通过信息技术,生产企业可以有效地沟通供应链上下游企业之间的物流订单信息,并在信息系统的支撑下完成订货、生产、运输、仓储、流通加工等功能的一体化,使物流管理统一,响应敏捷。

4)物流活动的不可控性和变异性较高

在供应链环境下,物流活动的不可控性和变异性较高的原因有三:第一,由于物流经常直接面对终端客户，而客户具有分布不均、消费时间随意等特点，因此存在着多种不确定性；第二，客户的需求日益呈现多样化、个性化的趋势，导致变异性较高，从而给物流标准化运作带来了一定难度；第三，在许多供应链特别是全球供应链的物流运作中，物流的过程较长，运作过程中存在许多的不确定因素，导致了物流活动的不可控性。

案例思考：波音航空材料供应链管理实现集约优势

面对飞机制造这一极其复杂的系统工程，波音公司在整合利用全球资源方面长期是航空制造企业的典范。在 1998 年之前，波音公司由于供应商众多且缺乏统一协调，原材料供应领域的牛鞭效应凸显，面临着材料成本不稳定、配送成本高、信息流分散等诸多问题。为此，1998 年，波音公司（以下简称"波音"）启动了新的原材料采购战略，同时携手德国工业巨头蒂森克虏伯公司，开启了波音航空原材料供应集成管理的新纪元。1998 年，波音与蒂森克虏伯签订长期协议，由蒂森克虏伯旗下服务板块的材料北美公司的 TMX Aerospace（以下简称"TMX"）部门独家为波音提供原材料供应服务，包括协调全球航空制造的订单管理、采购、仓储、材料加工、包装和交付等，优化波音供应链的材料和信息流。如今，TMX 帮助波音与全球 550 多家供应商进行协调沟通并为其独家供应材料。

在 TMX 成立之前，波音的原材料供应商、分销商、零部件供应商是独立工作的，供应链的不同层级之间几乎没有沟通，如何进行高效的供应链管理以保障原材料供应成了一项巨大的挑战。针对波音原材料供应领域的痛点，TMX 从以下三个维度开展了供应链集成服务。

（1）统一谈判。针对材料成本不稳定的问题，波音与金属原材料厂进行集中谈判，签订长期协议。由于波音本身体量庞大，集中谈判的规模效应明显，材料价格下降，其稳定性也得到了保障。波音根据自身需求和对供应链信息的掌控能力，对材料需求有了更准确的预测。

（2）统一仓储配送及增值服务。针对服务成本高的问题，TMX 提供了统一的仓储和配送服务及相关的增值服务。TMX 会管理所有材料的仓储和配送信息，并安排材料供应商向波音各层级的制造供应商配送材料。借助集成的信息系统，通过优化的精益操作准时制配送（Just In Time Distribution，简称"JIT 配送"），最大限度地提高库存周转率，确保统一和安全的供应。同时，TMX 还为供应商提供一系列增值服务，包括：前期材料加工处理服务，根据零件供应商的需求提供他们所需的精确材料，从而帮客户节省时间，降低材料报废率，提高资产利用率；套件交付（Kitting）和组件装配服务（Sub-assembly），材料和零件可以在 TMX 的仓库进行套件交付和装配，以最大化地提高后续工作的效率；物流运输服务，零件和材料可以从 TMX 的仓库直接运输到生产设施，这些齐配套件和材料通常会被打上标签并按定制要求包装好，通过小推车直接送到后续的加工操作点；成品供应链管理及第三方物流（3PL）服务，TMX 通过最新的仓储信息系统改善供应链的信息流，使得物流信息随时可见。

（3）统一信息管理。针对信息流复杂的问题，TMX 采用了先进的定制化订单和数据管理系统来管理订单和供应链中的其他数据，包括采购、供应商管理、材料仓储、材料加工、包装、配送等；通过统一的信息化管理提高数据的透明度，实现及时配送，降低管理成本。定制化的信息管理解决方案提高了数据的可视性和对数据的分析能力，使客户能够专注于生产。

可见，蒂森克虏伯的供应链服务是在自身能力基础上按照客户需求进行定制化生产设计的。除了核心服务内容，它还能提供仓储、物流等第三方服务，与各个制造商、工厂密切合作，提供原材料采购、库存运输、交付等服务。另外，其增值服务包括：原材料加工服务，根据客户需求进行加工和尺寸匹配；组装配套和成品供应链服务，可以帮助客户提高效率，缩短周期。它与客户的联系十分紧密，其可以通过强大的全球网络提升本地服务响应度，快速响应生产和组装流程，提升供应链的可视性和透明度，以保证交货的准时性与供应链的安全性。

以蒂森克虏伯的供应商管理库存（VMI）物料管理及上线服务为例，客户面临供应链复杂度提升导致管理难度增加的挑战，如库存超安全线、产生应急事件费用、生产时间浪费、生产提前期过长甚至产线停产等问题，严重延误整机组装。蒂森克虏伯根据客户需求量身定制并基于系统和运营流程提出解决方案：利用开放系统传递需求，提升库存水平可视性，以便于监控；仓储、检查、包装等流程靠近客户所在地；JIT 交付与精准物料上线相结合；建立关键绩效指标（KPI）用于监控和开发流程；开展采购、供应商管理、运输、清关服务等。

在蒂森克虏伯为波音开展材料供应链集成服务之后，波音的零件供应商不再需要同众多的材料供应商和分销商打交道，只需要向 TMX 下订单即可购得波音加工零件所需的材料，而这些材料在下订单之前就已经被波音买下，并设定好了价格。通过 TMX，波音公司的供应商可以用相对稳定和透明的价格买下这些材料。这一模式一直延续至今。

资料来源：《中国航空报》2020 年 10 月 16 日 A01、A06 版。

思考题

1. 波音公司是如何有效降低供应链的复杂度来实现集约优势的？

2. 本案例给中国航空业的供应链管理带来了怎样的启示？

第3章
物流管理战略与供应链管理战略

本章学习目标

1. 理解战略的概念、层次和特点。
2. 掌握物流管理战略的目标及框架。
3. 理解并应用物流管理战略的分类。
4. 掌握供应链管理战略的目标及开发模型。
5. 了解供应链管理战略的发展趋势。

案例导入：华为的供应链管理战略

1）企业背景

华为技术有限公司（以下简称"华为"）于 1987 年正式注册成立，总部位于中国广东省深圳市龙岗区，是一家生产、销售通信设备的民营通信科技公司。华为是全球领先的信息与通信技术（Information and Communication Technology，ICT）解决方案供应商，专注于 ICT 领域，坚持稳健经营、持续创新、开放合作，在电信运营商、企业、终端和云计算等领域中具有端到端的解决方案优势，为运营商客户、企业客户和消费者提供有竞争力的 ICT 解决方案、产品和服务，并致力于实现未来信息社会，构建更美好的全连接世界。

2013 年，华为首次超越全球第一大电信设备商爱立信，在《财富》世界 500 强名单中排名第 315 位。截至 2016 年年底，华为员工总数超过 17 万人，华为的产品和解决方案已经被应用于全球 170 多个国家和地区，服务全球运营商 50 强中的 45 家及全球 1/3 的人口。2017 年，华为名列 "2017 年 BrandZ 最具价值全球品牌 100 强" 第 49 位。2018 年，华为在《财富》世界500 强名单中排名第 72 位，居 2018 年 "中国 500 最具价值品牌" 第 6 位，在世界品牌实验室编制的"2018 世界品牌 500 强"中排名第 58 位。2018 年 2 月，华为和沃达丰完成首次 5G 通话测试。2019 年 8 月 9 日，华为正式发布鸿蒙系统。2019 年 8 月 22 日，华为投资控股有限公司以 7212 亿元营收排名"2019 中国民营企业 500 强"第 1 位。

2）企业危机

自从 2018 年贸易摩擦升级，华为等国内高科技企业/公司就一直处于风口浪尖。特别是自 2019 年 5 月以来，来自外部的"极限施压"让国人捏了一把汗。2019 年 5 月 15 日，美国商务部正式将华为列入"实体清单"，禁止美国企业向华为出售相关技术和产品。面对极端的生存考验，华为并未陷入绝境，而是连续出招化解危机。为什么华为能够对抗来自西方强国的封锁？其中，长期坚持硬科技创新（如自行研发芯片）是一个决定性的因素。除此之外，在危机降临之前，华为在供应链管理方面采取的措施也为化解危机争取了时间。

3）华为的供应链管理措施

20 世纪 90 年代后期，由于导入了 IBM 的集成化供应链流程，华为更快实现了从百亿级到千亿级的跨越。进入 21 世纪后，华为进入手机终端行业后，部门协作、供应链协同的挑战更大，开始重新审视端对端的流程，对供应链管理做了进一步优化。

（1）"体量为王"：华为之所以让很多西方企业下不了"断供"的决心，其中的一个原因在于它的采购量足够大，对方无法放弃这样一个重要的大客户。据报道，华为被列入"实体清单"之后，硅谷多家半导体企业的股价大跌。为降低销量下降带来的损失，很多芯片公司加班加点，尽可能在禁令生效之前向华为多供货。有体量就有话语权，这也是供应链的基本原理之一。

（2）"内外有别"：在这个全球化时代，再强的制造企业也不可能包办全部零部件的生产。因此，科学制定"自制或外包"（Make or Buy）决策，对公司而言具有重要战略意义。华为一方面将"海思"芯片设计等核心技术牢牢掌握在手中，另一方面在非战略领域中做了很多外包，其中包括由代工工厂生产零部件。即使在代工合作中，华为也坚持拥有对模具等核心资产的所有权，这使得华为在某些合作无法继续时，可以迅速找到新的代工工厂并投入生产，保证零部件生产的稳定性。

（3）"驾驭风险"：在充满不确定性的时代，风险可能来源于政治、经济、商业、自然环境等许多方面，所以企业必须具备很强的风险管理能力。优秀企业不仅需要规避重复发生的重大风险，也要为偶发性的高风险事件制定预案，并持续监控其他风险因素。

2018 年 4 月中兴危机爆发之后，华为就对风险做出识别和预判，已经意识到芯片供应链上潜藏的危机，提前准备了半年以上的芯片库存。

（4）"精准运作"：高水准企业的一切都要用数据说话，重大决定的背后都有数学计算机等工具的支持。在华为内部，许多核心的物流和供应链流程建立了复杂的数学模型，为降本增效提供数字化依据。为了进一步获得理论知识的武装，华为甚至在欧洲成立了多家数学研究所，开展纯数学研究。从 2012 年起，华为内部建立了"诺亚方舟"实验室，其研究方向包括计算机视觉、高速计算、自然语言处理等，用数学和计算机知识来支持企业运作。

（5）"借用外脑"：为了在科技方面持续领先，华为与国内外知名大学积极合作，无论是产品研发还是运营流程都采取开放创新的态度，充分吸收先进知识。同时，华为虚心地向知名咨询公司学习，通过与 IBM 等公司长期合作，打造了 IPD/ISC 等业界最佳实践案例。

（6）"和合共生"：企业必须充分意识到物流和供应链的重要性，只有和供应链合作伙伴一起成长，确保必要投入，才能获得长期回报。作为世界顶级制造型企业，华为必须打造世界级的物流和供应链服务，才能在产品质量、客户服务水平等方面形成核心竞争力。如果只懂得用"压缩物流成本"等简单粗暴的手段降低经营支出，一味压缩合作伙伴的生存空间，最终受损的是制造企业自身。

资料来源：深圳市原飞航物流有限公司官方网站。

思考题

1. 为了帮助企业更好地实现转型升级，制造业可以从华为案例中吸取哪些经验？

2. 华为在供应链管理方面采取了哪些重要措施？

3.1　战略概述

3.1.1　战略的概念

20 世纪 80 年代以后，战略日益引起企业和学者的关注，加拿大麦吉尔大学的明兹伯格教授在对以往的战略理论进行梳理和深入研究的基础上，将人们对战略的各种定义概括为"5P"。明兹伯格认为，人们在谈论战略时都是在谈论"5P"中的某一个或者某几个。战略的含义是多重的，既要仔细体会每一种含义，又要有整体观念。

（1）战略是一种计划（Plan）。它是一种有意识、有计划的行动程序，是一种处理某种局势的方针。将战略作为一种计划对待，是强调战略是一种为实现特定目标而进行的有意识的活动。它是组织领导人为组织确定的方向，以及围绕该方向进行的一系列活动。根据这个定义，战略具有两个基本属性：一是战略是在企业开展经营活动之前制定的，二是战略是有意识、有目的地开发和制订的计划。明兹伯格还引用了彼得·德鲁克的话："战略是一种统一的、综合的、一体化的计划，用来实现企业的基本目标。"

（2）战略是一种计谋（Ploy）。这主要是指通过规划企业的战略或者战略意图，向竞争对手宣示本企业的竞争意愿和决心，以及即将采取的相应的竞争性行动，以期形成对竞争对手的威胁。此时，战略强调的不是竞争性行动本身，而是要阻止竞争对手正在准备中、有可能对本企业造成关键打击的那些战略性行为。战略的这一理解和运用在军事上称为"威慑性战略"，如大型军事演习。"战略是一种计谋"的概念直接表现出企业之间的竞争关系，即企业采用包括威胁在内的各种手段来取得竞争优势。

（3）战略是一种模式（Pattern）。明兹伯格引用了钱德勒在其《战略与结构》一书中的观点：战略是企业为实现战略目标而进行的重要决策、采取的途径和行动，以及为实现战略目标而对企业主要资源进行分配的一种模式。这种定义将战略视为一系列的行为。也就是说，无论企业是否对战略有所考虑，只要有具体的经营行为，就有战略。战略作为一种计划与作为一种模式的两种定义是相互独立的。在实践中，计划往往在最后没有得到实施，计划的战略或设计的战略就变成了没有实现的战略。"战略是一种模式"的概念将战略视为行动的结果，这种行动可能事先并没有计划，但是最后却实现了，因此成了已实现的战略。已设计的战略与已实现的战略之间是准备实施的战略，即那些已经设计出来、即将实现的战略。突发形成的战略则是指那些预先没有计划、自发产生的战略。

（4）战略是一种定位（Position）。明兹伯格指出，战略可以包括产品与过程、客户与市场、企业的社会责任与自身利益等任何活动及行为。最重要的是，战略应该能够使企业在环境中正确地确定自己的位置，从而使上述各项活动及行为在正确的定位下进行。这种意义上的战略成为企业与环境之间的纽带。根据这一概念，首先，战略要确定企业应该进入的业务领域。其次，战略要确定企业在选定的业务领域内进行竞争或运作的方式。最后，通过战略的实施，企业能处于恰当的位置，确保自身的生存和发展。将战略作为一种定位来考虑，也包括通过正确配置企业资源形成企业特有竞争优势的考虑。

（5）战略是一种观念（Perspective）。这种定义强调的是企业高层管理人员，特别是企业董事会成员的整体个性对组织特性形成的影响，以及组织特性差异对企业存在的目的、企业的社会形象和发展远景的影响。首先，战略观念存在于战略者的头脑中，是战略者的独特性和想象力的体现。其次，战略观念被组织成员共享，构成组织文化的一部分，影响组织成员的意图和行动。战略过程的有效性取决于战略观念的共享程度及共同的战略观念转化为共同行动的程度。根据战略观念的概念，组织在其观念范围内发展和定位的改变比较容易实现，而超出观念允许范围的改变则困难得多。因此，"战略是一种观念"的概念提出了战略变革的界限，超过这一界限的战略变革的困难程度和对组织的影响不亚于一场重大的革命。

3.1.2　战略的层次

企业的战略不仅要确定企业的整体目标及实现这些目标的方法，而且要确定企业内的每一个层次、每一类业务及每个部门的目标和实现方法。因此，企业的战略一般可以分为三个层次，即企业战略、经营战略、职能战略。

1）企业战略

企业战略即企业总体战略，是企业的战略总纲，是企业最高层次的战略，是企业最高管理层指导和控制企业一切行为的最高行动纲领。企业战略包括发展战略、稳定战略、组合战略等，其中最重要的是发展战略。发展战略需要决定企业向什么方向发展（是在原行业中进行产品或市场扩张，还是进入新的业务领域），以及用什么方式发展（在内部创业、并购、合资等发展方式中做出战略选择）。企业战略需要做出的重要决策有：企业整体业务组合和核心业务的决策、战略业务单元（Strategic Business Unit，SBU）及其资源分配的决策、建立战略控制机构的决策。值得注意的是，企业战略与企业的组织形态有密切的关系。当企业的组织形态相对简单，经营业务和目标相对单一时，企业战略就是企业主要经营业务的战略，也就是经营战略。当企业的组织形态为了适应环境而趋向复杂化时，企业战略也就相应复杂化了。另外，企业战略是企业为适应所处环境变化的需要提出来的，它对企业的组织形态也有一定作用，会要求企业的组织形态在一定时期内做出相应的调整。

2）经营战略

经营战略又称事业部战略，也就是我们常说的竞争战略，它回答这样的问题：在企业战略确定的前提下，我们在每个事业领域里应当如何竞争？经营战略主要包括的战略决策有：确定业务的实现目标与发展方向，以及本业务活动与企业内其他业务活动的关系，包括需要与企业内其他业务共享的资源种类和活动方向；确定业务的涵盖范围；确定业务的核心活动方向、基本竞争战略种类及获得和控制价值的方式；确定业务内各项职能活动对该业务的作用，协调、统一业务中各职能战略之间的发展关系；确定业务内资源的分配和平衡方式，建立对业务内各项资源使用效果的控制和评价机制；制订实现业务发展目标的计划，并确定计划期和计划执行人等。对于只经营一种事业的小型组织或不从事多元化经营的大型组织，经营战略与企业战略是一回事。对于拥有多种事业的组织，每个经营部门会有自己的战略，这种战略规定该经营部门提供的产品或服务及向哪些客户提供产品或服务等。当一个组织从事多种不同的事业时，建立战略事业单位更便于计划和控制。战略事业单位代表一种单一的事业或者相关的事业组织，每个战略事业单位应当有自己独特的使命和竞争对手，这使得其有自己独立于组织内其他事业单位的战略。

3）职能战略

职能战略又称职能部门战略，是为了贯彻、实施和支持企业战略与经营战略而在企业特定的职能管理领域制定的战略。职能战略一般可以分为营销战略、人力资源战略、财务战略、生产战略、研发战略等。职能战略直接处理各个职能领域之内的问题，如提高市场及营销系统的效率、提升客户服务质量及客户满意度、提高特定产品或服务的市场占有率等。职能战略需要解决的主要问题有：经营战略对各个职能的具体要求、各职能活动之间的关系、发掘企业的核心竞争力、职能活动的组织安排、确定某些重点扶植的活动及项目、确定职能的发展方向和资源分配。

3.1.3　战略的特点

战略的特点有以下五点。

（1）全局性。全局性是战略的根本特点。战略以全局为研究对象，确定总体目标，规定总体行动和追求的总体效果。

（2）长远性。战略的着眼点是未来而不是现在，谋求的是长远利益，而不是眼前利益。

（3）纲领性。纲领性体现在战略确定了未来的发展方向和目标，是原则性和总体性的规定，能对所有行动起到强有力的指引和号召作用，是对未来的粗线条设计，是对未来成败的总体谋划，而不纠缠于现实的细枝末节。

（4）风险性。战略是对未来发展方向和目标的谋划，而未来是不确定的，因此，战略必然具有一定的风险性。

（5）创新性。战略是根据特定的内外部环境对发展方向、目标、模式和行动等进行的独特安排，是具有创新性的。

3.2 物流管理战略概述

物流管理是指在社会再生产过程中，根据物质资料实体流动的规律，应用管理的基本原理和科学方法对物流活动进行计划、组织、指挥、协调、控制和监督，使各项物流活动实现最佳的协调与配合，以降低物流成本，提高物流效率和经济效益。物流管理是建立在系统论、信息论和控制论基础上的专业学科。

物流管理战略是指通过物流战略设计、战略实施、战略评价与控制等环节调节物流资源、组织结构等，最终实现物流系统宗旨和战略目标的一系列动态过程的总和。

3.2.1 物流管理战略的目标

1）降低成本

降低成本是物流管理中至关重要的一个方面，它涉及优化各个环节，包括运输、库存、生产、采购等，以实现资源的最有效利用和减轻企业负担。在制定物流管理战略时，需要对各种备选方案进行综合评估，比如在确定仓库选址方案时需要考虑地理位置、成本、运作效率等因素；在选取合适的运输方式时需要考虑运费、时效、安全性等因素。在追求成本最小化的过程中，重要的是要保持系统的服务水平不变，确保客户需求得到满足。

降低成本的基本目标是获取最大利润。企业在降低成本的同时也需要考虑如何提高效率、提升服务质量，以提升市场竞争力和客户满意度。通过优化物流管理、提高生产效率、降低库存水平等手段，企业可以降低运营成本、提高盈利能力，从而实现可持续发展。因此，在管理实践中，企业需要不断研究和改进各项策略和方法，以不断优化成本管理，实现经济效益和社会效益的双赢。

2）减少资本占用

减少资本占用在物流系统中是一项关键策略，其核心概念是最大限度地降低直接投资，以取得最优的投资回报率。企业通过减少在物流系统中所需的资本投入，可以有效地优化资源配置，提高自身的灵活性和盈利能力。例如，采取直接向客户供货的方式可以减少库存环节，从而降低对资本的占用；另外，委托第三方提供物流服务也能显著减少对硬件设施的投资。与高额投资方案相比，虽然变动成本可能会上升，但是如果这种成本的增长价值超过了投资的减少价值，那就可能导致得不偿失的情况出现。因此，投资回报率是评估此类战略有效性的重要指标之一。企业在制定物流管理战略时应全面考虑资本占用、投资回报率及成本效益等因素，以实现最佳的经济效益和企业价值的最大化。

3）改进服务

这一目标基于"企业的收入与提供的物流服务水平有直接关系"的观点。提高服务水平通常会导致成本显著增加，但是这种投入可能会带来超过成本增加的收入增长，因此在实施此类战略时需要谨慎地权衡利弊。企业需要通过评估提高服务水平能否带来更高的收入来决定是否值得投入。权衡成本与利润之间的关系对企业的发展至关重要。

评估的方法可以从提高服务水平能否吸引更多客户、提升品牌忠诚度、增加销售额等方面进行考量。通过有效的服务战略，企业可以提供与竞争对手差异化的服务水平，从而吸引更多客户、提高市场份额、增强竞争力。有效的服务战略不仅可以提升客户满意度，还可以为企业赢得口碑和信誉，进而实现可持续的盈利。因此，在制定物流服务战略时，企业应该注重提升服务质量与用户体验，以实现客户价值最大化和企业利润最大化的双赢局面。

3.2.2　物流管理战略的框架

1）全局性战略

物流管理的最终目标是满足客户需求，这也是全局性战略的目标。实现这一目标需要从多个方面进行全局性的规划和战略部署。首先，物流管理需要与供应链管理、生产计划等其他相关领域进行紧密协作，确保不同环节之间的有效衔接和顺畅运作。其次，物流管理需要不断优化运输、仓储、配送等环节，提高效率和降低成本，从而提升整体业务的竞争力。另外，物流管理还需要根据市场需求和行业变化进行灵活调整与优化，以保持在竞争激烈的市场环境中的竞争优势。同时，物流管理还需要关注环保、可持续发展等社会责任问题，积极推动绿色物流和可持续发展。

2）结构性战略

在物流管理中，除了全局性战略，结构性战略也是至关重要的。结构性战略是指在物流管理中建立合理的组织结构和管理控制系统，以支持企业战略目标的实现。这包括物流网络设计、仓储系统建立、运输方式选择等方面的策略。在制定结构性战略时，首先，需要根据企业规模、业务范围和目标市场等因素设计适合的物流网络，包括仓储中心与配送中心布局、运输路线规划等。合理的物流网络设计可以提高物流效率、降低成本，并确保产品能够及时、准确地送达目的地。其次，结构性战略还包括建立高效的仓储系统，这包括仓储管理、库存控制、物流信息系统搭建等方面的策略。通过优化仓储系统，企业可以缩短仓库内部的操作时间、提高货物周转率、减少库存积压，从而降低库存成本并提高服务水平。最后，结构性战略还涉及选择适当的运输方式，即企业需根据货物的特性、目的地、交付时间等因素选择最合适的运输方式，如公路运输、铁路运输、航空运输等，以确保货物能够以最快速度送到客户手中。

3）功能性战略

在物流管理中，功能性战略是指优化和改进物流管理中的各项具体功能和流程，以提高效率、降低成本、增强服务水平的战略。功能性战略包括但不限于仓储管理、运输管理、订单处理、库存控制、物流信息系统搭建等方面的策略。仓储管理是功能性战略中一个非常重要的功能。通过优化仓库布局、提高仓储设备利用率、实施先进的仓储管理系统等措施，企业可以充分利用仓库空间，提高货物周转速度，减少错发漏发，从而降低库存成本和提高仓储效率。运输管理也是功能性战略中的一个关键功能。通过选择合适的运输方式和运输供应商、优化运输路线、提高运输车辆利用率、实施跟踪监控系统等措施，企业可以提高物流运输效率、降低运输成本，确保货物按时送到客户手中。订单处理和库存控制也是功能性战略中的重要方面。通过建立高效的订单处理系统和库存管理体系，企业可以准确掌握订单信息和库存状况，保证货物的流转畅通，避免出现库存积压或缺货现象，从而提高交付准时率和客户满意度。物流信息系统搭建在功能性战略中也有着重要的地位。通过引入先进的物流信息系统实现对物流过程的实时监控和数据分析，管理者可以及时发现问题、优化流程，提高数据准确性和决策效率，从而提升整体物流效率和服务水平。

4）基础性战略

基础性战略在物流管理中同样重要。基础性战略是指建立健全的基础设施和支撑系统，以确保物流运营的稳定和持续的战略，这包括物流设施建设、技术设备投入、人才培养等方面的战略。在物流管理中，健全的物流设施建设是基础性战略的关键，这包括仓库、配送中心、运输设施等各种物流基础设施的建设和完善。合理的物流设施布局和设备配置可以提高物流效率、降低运营成本，同时也可以提升服务水平、满足客户需求。技术设备投入也是基础性战略中的重要组成部分。随着科技的不断发展，物流管理也需要不断引入先进的技术设备，如物流信息系统、自动化仓储设备、智能运输工具等，以提高系统的自动化程度和运作效率，降低人为错误率，提升整体物流管理水平。在基础性战略中，人才培养也是至关重要的。培养具有物流专业知识和技能的人才，加强团队协作和沟通能力，提高员工绩效和满意度，对于物流运营的顺利进行至关重要。只有拥有高素质的团队才能支撑起高效的物流运作。

3.2.3　物流管理战略的分类

物流管理战略可以分为三类：基于时间的物流管理战略、基于成本的物流管理战略、基于客户的物流管理战略。

1）基于时间的物流管理战略

信息与通信技术的发展及信息交换成本的下降，使基于时间的物流管理战略得到广泛应用。物流经理开始运用信息与通信技术来提高物流运作的效率及准确性。例如，通过信息共享提高预测的准确性，降低对地区配送中心库存配置的依赖性，从而减少库存。因为物流经理能迅速地获取有关销售活动的准确信息，所以其能对物流运作进行控制、加以改进。通过实时跟踪库存和运输状态，企业能够全面掌控供应链动态、快速应对突发情况。同时，准确的需求预测和补货计划能帮助企业减少库存积压、降低资金占用、提高库存周转率。

基于时间的物流战略是指在适当的时间完成一定的作业，以降低物流的总成本，其包括延迟战略和运输集中战略。

（1）延迟战略

延迟的概念其实很早就出现了，后来，延迟战略在物流运作中得到了真正的运用。延迟战略可以降低物流预测的风险。在传统物流的运作安排中，运输和储存是通过对未来业务量的预测来进行的。如果将产品的最后生产和配送延迟到收到客户订单后进行，那么因预测风险产生的库存积压就可以减少甚至消除。延迟战略有两种：生产延迟（形态延迟）和物流延迟（时间延迟）。

① 生产延迟。全球化的竞争迫切要求企业引进能提升灵活性而保持成本及质量不变的新生产技术。灵活生产重视对客户的反应，以反应为基础的生产能力将重点放在适应客户需求的灵活性上。生产延迟主张根据订单安排产品的生产，即在获知客户的精确需求和购买意向之前，不做任何准备工作，也不采购零部件。在现实中，企业按照订单生产的梦想并不是新的，其新颖之处在于生产延迟能够达到这种目标而不牺牲效率。因此，企业在实施延迟生产时面临的挑战在于控制采购、生产及物流之间的定量交换成本，以及在预估生产和由于引入柔性程序而失去规模经济之间的成本与风险的利益互换。生产批量的大小要求流水线结构及相关的采购费用与之相配，在有关制成品库存的堆积中实现成本与风险的平衡。在传统的功能管理中，生产计划用来实现最低的单位生产成本。从综合的角度看，企业希望以最低的总成本达到客户期望的满意度，这就要求生产延迟，以使整个企业更有效率。

生产延迟的影响有两个方面。首先，销售预测的不同产品的种类减少，从而降低物流故障的风险。其次，也许更加重要的影响是，企业更多地使用物流设施和渠道关系来进行轻型生产和最后的集中组装。在某些行业中，传统物流库存的使命正在迅速发生改变，以适应生产延迟。

② 物流延迟。在许多方面，物流延迟和生产延迟正好相反。物流延迟的基本观念是在一个或多个战略地点对全部产品进行预估，将库存部署延迟到收到客户订单后。一旦物流程序被启动，所有的努力都将被用来尽快推动产品向客户方向移动。在这种观念之下，配送的预测性质被彻底删除，但是企业仍保留着大量生产的规模经济。物流延迟的潜力随着加工和传送能力的增长，以及具有高度精确性和快速性的订单发送而得到提高。物流延迟以快速的订单发送代替在当地市场仓库里部署预测库存。与生产延迟不同，系统利用物流延迟在保持完全的生产规模经济的同时，利用直接装运的能力满足客户服务要求。

生产延迟及物流延迟为减少预期生产与市场承诺提供了不同方法，两者均服务于减少预测。这两种类型的延迟战略以不同的方式降低了风险。其中，生产延迟集中于产品，在物流系统中移动标准零部件并根据客户的特殊要求修改。物流延迟集中于时间，在中央库存区域储存不同产品，并在收到客户订单时快速做出反应。集中库存减少了用来满足所有市场区域要求的存货数量。企业采用哪种类型的延迟战略取决于数量、价值、竞争主动性、规模经济，以及客户期望的发送速度和一致性。在某些情况下，企业可组合使用两种不同类型的延迟战略。

（2）运输集中战略

运输集中战略的主要思想是将小批量运输合并成大批量运输，产生的原因是现行的运输成本——费率结构中存在大量的规模经济。采用运输集中战略，可将即时到达的订单和稍后到达的订单合并，使平均运输量增大，从而降低单位货物运输成本。但需要解决因为运输时间延迟而造成的客户服务水平下降的问题。运输集中战略的实现可以采用以下方式：利用配送中心在特定日期集中运输，在固定的送货日期发货至特定市场、预先汇集；由货运代理、仓储或运输公司为同一市场的多个货主安排集中运输。

2）基于成本的物流管理战略

基于成本的物流管理战略旨在降低物流运营中的总成本，并通过有效管理成本提高企业的竞争力。以下是一些基于成本的物流管理战略。

（1）优化运输成本。物流运输是物流管理中最主要的成本之一。通过优化运输路线、选择合适的运输方式（如陆运、海运、空运）、运输合同谈判、采用物流技术等手段，可以有效降低运输成本。

（2）降低库存成本。库存管理是物流管理中的一个关键环节，过多的库存会增加库存成本，过少的库存则会影响交货时间。通过实施精准的需求预测、采用先进的库存管理技术、与供应商建立合作关系等方式，可以有效降低库存成本。

（3）提高仓储效率。仓储是物流管理中一个重要环节，有效的仓储管理可以降低仓储成本、提高物流效率。通过优化仓库布局、采用自动化设备、实施仓储管理系统等方式，可以提高仓储效率、降低成本。

（4）优化供应链成本。供应链管理是物流管理的核心内容之一，通过优化供应链的各个环节，如采购、生产、物流、销售等，可以降低整个供应链的成本。通过与供应商建立长期合作关系、提高供应链的透明度、整合供应链信息等方式，可以降低供应链成本。

（5）管理人力成本。人力成本是企业物流管理中一个重要的成本项目。通过优化人力资源配置、提高员工的培训水平和工作效率、采用智能化技术等方式，可以有效降低人力成本。

3）基于客户的物流管理战略

基于客户的物流管理战略指以满足客户需求和提供优质客户服务为核心，通过对客户需求的准确理解和有效响应来优化物流管理。以下是一些基于客户的物流管理战略。

（1）客户需求分析。深入了解客户的需求，包括产品特性、交货时间、定制要求等，通过市场调研、数据分析等方式获取客户需求的准确信息。

（2）客户关系管理。建立良好的客户关系，包括与客户的密切沟通、及时回应客户问题和反馈、提供个性化的物流解决方案等，以提高客户忠诚度和满意度。

（3）快速响应能力。建立敏捷的物流供应链，能够迅速响应客户需求的变化，包括快速处理订单、灵活调整生产计划和库存管理、提供快速准确的物流配送等。

（4）定制化物流解决方案。根据客户的特定需求提供个性化的物流解决方案，比如定制包装、特殊运输要求、快速配送等，以满足客户的个性化需求。

（5）售后服务。提供优质的售后服务，包括及时处理客户投诉、提供售后支持和维修服务等，以确保客户满意度和持续合作关系。

3.2.4　具体的物流管理战略

1）采购管理战略

采购管理是指为保障企业物资供应而对企业的整个采购活动进行的计划、组织、指挥、协调和控制活动。因此，企业采购管理战略的目的是保障供应、满足生产经营需要，其作为企业管理系统的一个重要子系统，同时也是企业战略管理的重要组成部分，一般由企业的中高层管理人员负责。采购管理战略旨在充分利用企业内部和外部的优势，以双赢采购为宗旨，注重发展与供应商的长期战略合作关系，由此形成了新经济形势下的一种新型采购管理模式。它不但面向全体采购人员，而且面向企业或组织中的其他人员，其任务是推进采购决策落地，指导所有的采购活动，通过整合企业所有的资源满足企业的物资供应需求，确保企业经营管理战略目标的实现。要做好物流采购管理工作，采购部门必须和企业内部的各个部门密切合作。采购管理战略的内容如下。

（1）采购市场分析

采购市场分析就是要进行采购对象的市场供求分析和供应商分析，进而制定价格策略和采购策略。

（2）需求分析

需求分析就是要弄清企业需要采购什么品种、需要采购多少，什么时候需要什么品种、需要多少等问题。企业的物资采购供应部门应当掌握企业的物资需求情况，制订物资需求计划，从而为制订科学合理的采购订货计划做准备。

（3）资源市场分析

资源市场分析就是根据企业需要的物资品种，分析资源市场的情况，包括资源分布情况、供应商情况、品种与质量情况、价格情况、交通运输情况等。资源市场分析的重点是供应商分析和品种分析，分析的目的是为制订采购订货计划做准备。

（4）采购制度建设

采购制度建设是指通过制定采购工作管理目标、供应商选择制度、采购作用制度等，规范采购程序与采购人员行为，以实现采购运行机制科学化、合理化。采购制度各细则包括物资采购入库验收管理规定、公司中进口物资采购供应规定、公司采购规程、采购工作实施办法、物料与采购管理工作内容、国内物资采购供应规定、设备引进管理条例、标准采购作业程序、标准采购作业细则等。

（5）采购组织管理

采购组织管理是采购管理最基本的组成部分，为了做好企业复杂繁多的采购管理工作，需要有一个合理的管理机制和一个精干的管理组织机构，以及一些能干的管理人员和操作人员。采购部门是企业为了进行采购活动以保证生产运作顺利进行而建立的一个组织。随着企业与市场的联系日益紧密，采购部门的工作状况直接影响一家企业的资金流、业务流程和竞争优势。企业目前普遍采用的采购组织有集中型、分散型、复合型等类别。采购组织的设计、建立和运行需要同物流管理和供应链管理结合起来考虑。

（6）采购合同管理

采购合同是需求方向供应商采购货品时，双方签订的具有法律效力的书面文件，它确认了供需双方之间的购销关系和权利与义务。

（7）采购战略管理

采购战略包括采购品种战略决策、供应商战略决策、采购方式及其选择、跨国采购战略等。采购战略管理要求企业根据需求品种和供应商的情况，制订切实可行的采购订货计划，包括选择供应商、供应品种，制定具体的订货策略、运输进货策略，制订具体的实施进度计划等，系统解决什么时候订货、订购什么、订购多少、向谁订、怎样订、怎样进货、怎样支付等一些具体的计划问题。

（8）采购计划实施

采购计划实施就是将上面制订的采购订货计划落实到人，根据既定的进度实施计划。具体包括联系指定的供应商、进行贸易谈判、签订订货合同、运输进货、到货验收入库、支付货款、善后处理等。企业可通过这些具体活动完成一次完整的采购活动。

（9）采购评价

采购评价就是在一次采购完成后对这次采购的评估，或者是月末、季末、年末对一定时期内的采购活动的总结评估，主要包括评估采购活动的效果、总结经验教训、找出问题、提出改进方法等。通过总结评估，企业可肯定成绩、发现问题、制定措施、改进工作，从而不断提高采购管理水平。

（10）常用的采购策略

① 集中采购。集中采购是指将同一种类的物料或产品的采购集中到一个或少数几个采购部门或个人，由其进行管理和决策，从而实现规模效益和集中优势。集中采购通常适用于需要大量采购且具有相似采购需求的物料或产品。

②　战略采购。战略采购是一种基于长期合作和合作关系的采购策略，通过和供应商建立战略合作伙伴关系共同优化供应链，实现共赢。战略采购注重供应链的整体效益和长期发展，而不仅仅是价格竞争。

③　分散采购。分散采购是指将采购活动分散到各个部门或地区，由其进行独立的采购决策和执行。分散采购通常适用于不同种类的物料或产品，或者在不同地区有独立的采购需求的情况。

④　跨界采购。跨界采购是指跨越不同行业或领域进行采购，以实现资源共享、成本优化或技术创新。跨界采购可以拓展采购范围，促进企业的发展和竞争力的提升。

⑤　优选供应商。优选供应商是指企业通过评估和筛选，选择最优质、最具竞争力的供应商进行合作。优选供应商可以帮助企业建立稳定的供应链，提高采购效率和供应质量。

⑥　零库存采购。零库存采购是一种精益采购的策略，旨在降低库存水平和库存成本，通过精确定量、及时采购来满足生产和销售的需求，减少库存滞销和资金占用问题。

2）仓储管理战略

仓储是利用仓库存放、储存未即时使用的物品的行为。仓储的战略角色正从长期储存原材料及产成品的场所，转变为以缩短周转时间、降低存货率、控制成本和提升客户服务为目标的物流环节。仓储能使原材料、工业货物和产品生产产生时间效用。仓储管理战略涉及物权、数量、规模、储量和位置，比如仓库应该是什么类型、在哪里建造、设置多少个、每个有多大、储存什么物品等。

由于仓储具有多种形式，因此企业必须根据物资需求及订购的特点采取不同的方法来控制仓储系统。为做好仓储系统控制，首先要积累有关物资需求的历史统计资料，掌握计划期的生产消耗情况，预测计划期的物资需求量规律；其次要了解不同物资的提前订货时间；最后要分析与仓储有关的各项费用，制定合理的仓储策略，如确定仓储系统何时进行补充（订货）及每次补充（订货）的数量。仓储策略是由仓储系统的管理人员制定的，因此，采用何种策略，既取决于所存储的物资本身，又带有一定的人为因素。

（1）订货批量

仓储系统根据需求，为补充某种物资的库存量而向供应商一次订货或采购的数量称为订货批量。

（2）报警点

报警点又称订货点（s）。报警点库存量和提前订货时间是对应的，当库存量下降到报警点时，必须立即订货。在所订的物资到达或入库之前，库存量应能按既定的服务水平满足提前订货时间的需求。

（3）安全库存量

安全库存量又称保险储备量。由于需求量和提前订货时间都可能是随机变量，因此，其波动幅度可能大大超过平均值。为了预防或减少这种随机性导致的缺货，必须准备一部分库存量，这部分库存量称为安全库存量。只有当出现缺货情况时才会动用安全库存量。

（4）最高库存量

在提前订货时间可以忽略不计的仓储模型中，最高库存量（S）指每次到货后达到的库存量。当存在提前订货时，最高库存量指发出订货要求后库存应该达到的库存量，由于此时并未实际到货，因此最高库存量又称名义库存量。

（5）最低库存量

最低库存量一般指实际的库存最低数量。

（6）平均库存量

平均库存量是指库存保有的平均库存量。当存在报警点（s）时，平均库存量=Q/2+s。其中Q为订货批量，又称周转库存，通常为经济订货批量。

（7）订货间隔期

订货间隔期是指两次订货的时间间隔或订货合同中规定的两次进货之间的时间间隔。

（8）记账间隔期

记账间隔期（R）是指库存记账制度中的间断记账所规定的时间，即每隔R时间，整理平时积欠下来的发料原始凭证，进行记账，得到账面结存数以检查库存量。

（9）常用的仓储策略

① 定量订购制。定量订购制泛指通过公式计算或经验求得报警点和每次订货量，并且每当库存量下降到一定点时，就进行订货的仓储策略。通常使用（Q，s）、（S，s）及（R，S，s）制等。

（Q，s）制。采用这种策略需要确定订货批量（Q）和报警点（s）两个参数。（Q，s）制属于连续监控制（又称永续盘点制），即每供给一次就结算一次账，得出一个新的账面数字并和报警点（s）进行比较，当库存量达到s时，就立即以Q进行订货。

（S，s）制。这种策略是（Q，s）制的改进，需要确定最高库存量（S）及报警点（s）两个参数。（S，s）制属于连续监控制，每当库存量达到或低于s时，就立即订货，使订货后的库存量达到S。因此，每次订货的数量Q是不固定的。

（R，S，s）制。这种策略需要确定记账间隔期（R）、最高库存量（S）和报警点（s）三个参数。（R，S，s）制属于间隔监控制，即每隔R时间整理账面，检查库存，当库存等于或低于s时，应立即订货，使订货后库存量达到S。订货量的大小等于最高库存量减去检查时的库存量，因此每次实际订购量是不同的，当检查实际库存量高于s时，不采取订货措施。

② 定期订购制。定期订购制即每经过一段固定的时间间隔（T）（又称订购周期）就补充订货，使库存量达到某种水平的仓储策略。常用的策略有（T，S）制。

（T，S）制需要确定订购周期（T）和最高库存量（S）两个参数。（T，S）制属于间隔监控制，即每隔 T 时间检查库存，根据剩余库存量和估计的需求量确定订货批量（Q），使库存量恢复到最高库存量（S）。

3）配送战略与运输管理战略

配送是指在经济合理区域范围内，根据客户的订货要求对物品进行拣选、加工、包装、分割及组配等作业，并按时送达指定地点的物流活动。具体包括在配送中心或其他物流节点进行货物配备，并以最合理的方式送达客户手中。配送是物流体系的一个缩影，是物流的一项终端活动，它使物流服务更加贴近市场和客户。

配送战略是在采用上述配送模式和服务方式的基础上，为了既能满足客户需求，又不至于增加太多成本而采取的具体措施。可供选择的主要配送战略有混合战略、转运战略、延迟战略、集运战略、差异化战略、合并战略等。

（1）混合战略

混合战略是指配送业务的一部分由企业自身完成的战略。这种战略的基本思想是：如果配送活动全部由企业自身完成或者完全外包给第三方物流企业，虽易形成规模经济、使管理简化，但也可能因出现产品品种多样、规格不一、销量不一等情况而导致规模不经济。因此，采用混合战略，合理分配企业自营配送和第三方外包的比例，可使配送成本最低。

（2）转运战略

转运是指为了满足应急需要，在同一层次的物流中心之间进行货物调度的运输。这种情况通常发生在因预测不准确导致配送以后，各需求点上的商品不符合实际需求，需要进行调整时。转运是零售层次上经常使用的补救办法。

（3）延迟战略

在现代信息技术支持下的物流系统中，人们借助信息技术快速获得需求信息，可使产品的最后制造和配送延期至收到客户的订单后再进行，从而减少或消除不合适的生产和库存。这种推迟生产或配送的行为就是延迟，前者称为生产延迟，后者称为物流延迟。本书讲的物流延迟，实际是指运输延迟和配送延迟。显然，物流延迟对配送系统的结构、功能和目标都会产生积极的影响。延迟改变了配送系统的预估性，比如对生产企业零部件的"零库存"配送就是应用延迟战略的结果。

（4）集运战略

根据"二律背反"原理，一种物流技术的应用会产生一些有利的优势，同时也会带来不足，物流延迟也是如此。延迟克服了预估导致的库存量大的不足，但是同时会影响运输规模效益的实现。集运则是在延迟技术下继续维持运输规模效益而采用的一种技术。

集运是指为了扩大运输规模，采取相应措施，使一次装运数量达到足够多的运输策略。集运通常采用的措施有：在一定区域内集中小批量客户的货物进行配送；在有选择的日期对特定的市场送货；通过联营送货或利用第三方物流企业提供的物流服务，扩大运输规模。

（5）差异化战略

差异化战略的指导思想是：产品特征不同，客户服务水平也不同。当企业有多种产品时，不应按统一标准的客户服务水平对所有产品进行配送，而应按产品的特点、销售水平设置不同的库存、不同的运输方式及不同的储存地点。例如，沃尔玛共有六种形式的配送中心，即干货配送中心、食品配送中心、山姆会员店配送中心、服装配送中心、进口商品配送中心、出口商品配送中心，可根据产品种类及服务方式的不同进行差异化配送。

（6）合并战略

合并战略包含两个层次，一是配送方法上的合并，二是共同配送。

① 配送方法上的合并。企业在安排车辆完成配送任务时，要充分利用车辆的容积和载重，做到满载满装。由于产品品种繁多，不仅包装形态、储运性能不一，在容重方面也相差甚远。不论是容重大的货物使车辆容积空余很多，还是容重小的货物未达到车辆载重，这两种情况都造成了浪费。实行合理的轻重装配、容积大小不同的货物搭配装车，可以取得更好的效果。

② 共同配送。共同配送也称共享第三方物流服务，指多个客户联合起来共同由一个第三方物流企业来提供配送服务。它是在配送中心统一计划、统一调度的情况下展开的。共同配送不仅整合了所有参与企业的商品资源与配送线路资源，还整合了客户资源和第三方物流企业的车辆和库房资源，是实现高度集约化的首选。

运输管理战略包括对运输方式（自营或外包）、运输载体和运输路线的决策，如果是外包运输，还涉及承运人的选择。

3.3 供应链管理战略概述

中华人民共和国国家标准《物流术语》（GB/T 18354—2021）对供应链管理的定义为：从供应链整体目标出发，对供应链中采购、生产、销售各环节的商流、物流、信息流及资金流进行统一计划、组织、协调、控制的活动和过程。

马士华教授将供应管理定义为：以客户的需求为前提，通过供应链内各企业间的紧密合作，有效地为客户创造更多附加值，对从原材料供应商、中间生产过程直到销售网络的各个环节进行协调，对企业实体、信息及资金的双向流动进行协调与管理，强调对客户需求的响应速度及集成，提高供应链中各个企业对实时信息的可见度，最终达到提高整体效率的目的。

供应链管理战略就是要从企业发展战略的高度考虑供应链管理中事关全局的核心问题，比如实施战略的制定问题、运作方式的选择问题、信息支持系统的建立问题等。

3.3.1 供应链管理战略的目标

1）优化供应链网络

优化供应链网络是供应链管理战略中的关键目标之一。通过优化供应链网络，企业可以有效提高运作效率、降低运营成本、提升供应链的响应能力和客户满意度。优化供应链网络涉及整个供应链中的各个环节和关键节点，需要综合考虑和调整，以实现整体效益的最大化。综合而言，对供应链网络进行全面优化，不仅可以帮助企业在竞争激烈的市场中立于不败之地，还可以为企业提供持续增长和发展的动力。因此，在制定供应链管理战略时，企业应将优化供应链网络视为重要目标，并持续不断地完善和优化供应链网络结构与运作流程。

2）需求管理计划

需求管理计划是供应链管理中的重要组成部分，一个有效的需求管理计划可以帮助企业更好地满足市场需求，降低库存和运营成本，提高客户满意度。综合而言，一个完善的需求管理计划应当包括市场需求分析、需求规划、需求预测、需求协调、库存管理与订单管理、绩效评估与调整等内容。通过制订科学合理的需求管理计划，企业可以更好地与市场对接，优化供应链运作，提高客户满意度，实现持续发展和获得竞争优势。因此，在供应链管理中，企业应高度重视需求管理计划的制订和执行。

3）供应链协同管理

供应链协同管理是指企业通过有效地整合供应链各环节的资源、信息和流程，实现供应链各个参与方之间的紧密合作与协调，以提升整个供应链的运作效率、降低成本、提升灵活性和满足客户需求。通过有效的供应链协同管理，企业可以优化供应链运作、提高整体效率、降低成本和提升客户满意度，从而增强市场竞争力，实现可持续发展。因此，企业在制定供应链管理战略时应高度重视供应链协同管理，促进供应链参与方之间的协同合作和资源整合，以实现整个供应链的优化与协同效益。

4）可持续发展

供应链的可持续发展涵盖环境保护、社会责任、能源节约等方面，旨在以确保供应链的长期稳定和可持续发展。可持续发展是指在满足当前需求的同时，重视对未来社会、经济和环境的影响，以确保资源的可持续利用和保护环境的可持续性。在供应链管理中，实现可持续发展意味着企业在物流、采购、生产和销售等各个环节中注重经济、社会和环境方面的平衡，以满足长期发展和履行社会责任。因此，企业应将可持续发展设定为供应链管理战略的重要考量因素，积极倡导可持续发展理念，实行绿色供应链管理，共同推动可持续发展目标的实现。

3.3.2　供应链战略的开发模型

国际上常见的供应链战略的开发模型主要有两个，分别是基于战略集成的供应链发展模型（Supply Chain Development Model，SCDM）、基于应用场景的供应链运作参考（Supply Chain Operations References，SCOR）模型。

1）SCDM

SCDM 旨在帮助企业构建跨职能、跨组织、跨地域的供应链系统，以实现协同合作、优化资源利用、降低成本、提高效率等目标。SCDM 主要包括四个阶段：集成阶段、优化阶段、战略阶段、超级网络阶段。

（1）集成阶段：该阶段的重点是建立供应链节点间的联系并促进协调，以建立供应链成员之间的信任关系，保证透明度，确保信息流畅和协作顺畅。

（2）优化阶段：该阶段的重点是优化供应链各个环节的流程和资源配置，降低成本，提高效率，实现整个供应链的优化。

（3）战略阶段：在这个阶段，企业需要制定明确的战略目标和发展规划，以应对市场需求和竞争环境的变化，并提高供应链的战略价值。

（4）超级网络阶段：该阶段侧重于构建强大的供应链网络，整合全球资源，实现跨国跨境的供应链协同合作，打造具有竞争优势的全球化供应链体系。

2）SCOR 模型

SCOR 模型旨在帮助企业优化供应链运作流程，并提供指导原则和一套标准化的度量标准。SCOR 模型主要包括五个流程分类：计划、来源、制造、交付、退换。

（1）计划：涉及企业需求规划和供应链协调，确保企业能够在正确的时间、地点、数量和成本下获得所需的物料。

（2）来源：专注于供应商管理和采购流程，包括合同谈判、供应商评价、采购订单管理等。

（3）制造：涉及产品设计、生产计划、生产过程管理等环节，确保产品按计划生产，并保持高质量。

（4）交付：包括订单管理、库存管理、物流运输等环节，确保产品能够按时交付给客户，满足客户需求。

（5）退换：处理退货、问题解决、物料回收等环节，确保供应链能够及时处理异常情况，保持供应链的稳定运行。

SCOR 模型提供了一套通用的框架和指南，帮助企业优化供应链运作流程，提高效率、降低成本，实现更加灵活和高效的供应链管理。

SCDM 和 SCOR 模型的对比如表 3-1 所示。

表 3-1　SCDM 和 SCOR 模型的对比

对 比 要 素		SCDM	SCOR模型
共性	业务环节	从制造业的实际运作模式出发，综合反映了供应、制造、销售三个主要的业务环节，并且都强调制造的核心作用	
	分析思路	根据企业的战略、战术和作业层活动，采用自顶向下的分析方法，对供应链管理中的物流、信息流、资金流等管理进行了具体的描述	
	面向角度	着眼于供应链管理的整个生命周期（包括供应链的分析、设计、开发、实施和运行等环节），同时强调对供应链管理的不断改善和优化	

续表

对 比 要 素		SCDM	SCOR模型
区别	主要步骤	战略诊断—开发—详细设计—资源配置—性能评价	战略计划—要素配置—过程分解—运作实施
	关键要素	生产、供应、库存、位置、运输和信息	计划、供应、制造、交付、退货
	行业通用性	就供应链的设计和实施提供了完整的开发模型，但该模型未提供具体的开发方法	SCOR 模型是规模最大、最有代表性和操作性的模型，并在进一步完善发展中

3.3.3　供应链管理战略的分类

按照范围，供应链管理战略可分为供应链全局管理战略和供应链局部管理战略。供应链全局管理战略包括精益供应链战略、敏捷供应链战略、有效性供应链战略、反应性供应链战略。供应链局部管理战略包括供应链采购战略和供应链库存战略。按照供应链上企业的关系，供应链管理战略可分为供应链竞争战略和供应链合作战略。

1）供应链全局管理战略

（1）精益供应链战略

精益供应链来源于精益管理，旨在将从产品设计到客户得到产品的整个过程中必需的步骤和合作伙伴整合起来，以快速响应客户多变的需求，其核心是减少、消除企业中的浪费，用尽可能少的资源最大限度地满足客户需求。精益供应链通过减少浪费、降低成本、缩短操作周期、提供强化的客户价值，成为增强企业竞争优势的有效方法。供应链是一个从市场的整体角度，用系统的整体思维看待企业的一种网络企业模式。供应链存在于制造业、服务业等多个行业。随着精细化管理思想的应用，理论界出现了精益供应链的概念。精益供应链与六西格玛的结合，又创造了新的概念，即精益六西格玛物流。

在管理精益供应链战略时，要注意以下几个方面。

① 产品和流程模块化是指将最终产品分解成可被单独制造和仓储的模块，不同产品可以用相同的流程来制造。

② 延迟差异化战略，即将同类产品中有差异的部分的生产推迟，以获得更多有关差异部分的信息。

③ 用能力而不是库存。按照精益生产的原则，多余的库存是浪费，因此应该通过能力的提高应对需求的不确定性。

④ 充分协同外部资源，为己所用。

⑤ 建立柔性化的生产能力。

（2）敏捷供应链战略

所谓敏捷供应链，是指以核心企业为中心，通过对资金流、物流、信息流的控制，将供应商、制造商、分销商、零售商及最终用户整合到一个统一的、无缝化程度较高的功能网络链条内，以形成一个极具竞争力的战略联盟。敏捷供应链区别于一般供应链的特点是，敏捷供应链可以根据动态联盟的形成和解体进行快速的重构和调整。敏捷供应链要求通过供应链管理来促进企业间的联合，进而提高企业的敏捷性。敏捷供应链将各企业的优势力量集成在一起，形成一个具有快速响应能力的动态联盟。在动态联盟中，企业内部采用扁平结构的管理方式和多功能项目组的组织结构，企业外部则将企业间的竞争变为协作，建立合作伙伴关系，从而可以较好地实现应对市场变化和满足客户需求的目标。

敏捷供应链战略包括以下几个方面。

① 简单化战略。简单化战略是指通过降低供应链中的复杂性和冗余来提高敏捷性。这可以通过简化流程、减少环节、优化供应商选择和合作关系等方式实现。

② 并行技术。并行技术是指同时使用多种技术和工具来支持供应链的运作和决策。这包括使用先进的信息技术系统、数据分析工具、物联网设备等，以实现实时监控、数据共享和协同工作。

③ 延迟化战略。延迟化战略是指将产品的最终组装或个性化配置推迟到尽可能接近客户交付时刻的战略。这种战略可以降低库存和仓储成本，同时也能够更好地应对客户需求的变化。

④ 供应链集成化战略。供应链集成化战略是指通过整合供应链中的各个环节和合作伙伴，实现信息、物流、资金的流动和共享。这可以通过共享关键数据、实施协同计划和共同决策、建立紧密的合作伙伴关系等方式实现。

（3）有效性供应链战略

有效性供应链也称效率型供应链，是以最低的成本将原材料转化成零部件、半成品和产品，并在供应链中运输等。此类产品需求一般是可以预测的，在整个供应链各环节中总是力争存货量最小化，并通过高效率物流过程形成物资、商品的高周转率，从而在不增加成本的前提下尽可能缩短导入期。选择供应商时应着重考虑服务、成本、质量和时间因素。

有效性供应链战略包含以下几个方面。

① 供应链可见性和协同。即建立有效的供应链可见性和协同机制，确保各个环节的信息流畅和共享。这包括实时监控供应链活动、共享销售和库存数据、协调生产和物流计划等，以便及时做出决策和调整，提高供应链的响应能力和灵活性。

② 以需求驱动的供应链。将需求作为供应链管理的核心，通过准确的需求预测和需求管理实现供需匹配和减少库存风险。这可以通过采用先进的需求规划和预测工具、建立与客户和供应商的紧密合作关系、实施快速调整和定制化生产等方式来实现。

③ 供应链风险管理。有效性供应链战略重视对供应链风险的识别、评估和应对。这包括评

估供应商和物流伙伴的风险、建立应急响应机制、多元化供应链、选择备用供应商等措施，以降低供应链中的风险和不确定性，以保障业务的连续性。

（4）反应性供应链战略

快速响应强调的是供应链的市场整合功能，即将产品在正确的时间、正确的地点，以正确的数量和正确的品种分配到需要满足客户需求的市场。在反应性供应链中，运营模式更加强调时间概念，着重强调各个环节之间的协调，从而最终实现快速响应市场变化，及时满足客户需求的核心目标。其在采购、生产、运输等环节较少考虑成本，甚至采用奢侈的操作方式，而在销售环节则从产品附加值中赚取大量的利润。

反应性供应链战略包括以下几个方面。

① 供应链管理库存。供应链管理库存是指对供应链中的库存进行有效管理，以确保对库存水平的合理控制和优化。供应链管理库存的目标是在满足客户需求的同时降低库存成本和风险。这可以通过精确的需求预测、合理的订单策略、及时的库存补充与调整等手段实现。

② 联合库存管理。联合库存管理是指供应链中各个环节的合作伙伴共同管理库存，通过共享信息和资源，实现库存的综合优化。联合库存管理的核心思想是：通过供应链协同优化整个供应链中的库存水平和流动性，以实现库存成本的降低和供应链效率的提高。

③ 利用第三方物流供应商管理库存。即将库存管理的责任和任务外包给专业的第三方物流供应商进行管理。第三方物流供应商通常具有丰富的物流经验和专业的库存管理系统，能够提供全面的库存管理服务，包括库存监控、订单处理、补货管理等。通过利用第三方物流供应商管理库存，企业可以集中精力于核心业务，减少库存管理的工作量并降低成本，从而获得更高的库存管理效率和准确性。

2）供应链局部管理战略

（1）供应链采购战略

供应链采购是一个由组织机构实施的过程，无论是作为一种功能还是作为集成化供应链的一部分，它既负责采办合适的质量、数量、时间和价格的货物，又负责管理供应商，并由此对企业的竞争优势和企业共同的战略目标做出贡献。基于供应链的采购管理更加关注信息交流系统和对外信息传递系统，信息技术的发展为企业与外界的信息交流提供了很多平台，互联网和EDI 已被广泛应用到商业信息传递中。

供应链采购战略的模式有两种，一种是准时制采购（JIT 采购），另一种是战略采购。

JIT 采购是指在需要的时间、数量和质量上准时交付物料，以最小化库存和提高供应链的效率。JIT 采购依赖于企业与供应商之间的紧密协作和信息共享，以确保所需物料的准时供应，避免库存积压和产生不必要的成本。JIT 采购的核心理念是按需生产和按需交付，以避免产生过多的库存和造成资源浪费。因此，供应商需与生产计划紧密协调，根据实际需求进行物料供应，以满足生产线的持续运作。这种策略要求供应商具备高度的可靠性和灵活性，能够快速响应需求变化，并与采购企业建立长期合作关系。

战略采购是指通过有效管理供应链的关键环节和合作伙伴，实现成本优化、质量保证和创新能力的提升。在战略采购中，采购企业与供应商之间建立战略合作伙伴关系，共同制订长期合作计划和目标，并定期进行合作评估和改进。战略采购注重供应链中的关键资源和核心能力的整合和优化，以实现供应链的竞争优势和可持续发展。战略采购通常包括供应商选择和评估、合同管理、风险管理、供应商协同创新等方面的活动。通过与供应商的紧密合作和共同努力，战略采购能够帮助企业获得更好的供应保障、更高的产品质量和更高的创新能力，从而增强企业在市场上的竞争力。

（2）供应链库存战略

供应链库存战略是指企业在供应链管理中针对库存管理的策略和方法，目标是在满足客户需求的同时最大限度地降低库存成本和风险。

供应链库存战略可以分为以下几类。

① 安全库存策略。安全库存/安全库存量是为应对供应不确定性和需求波动而保留的额外库存量。安全库存策略的目的是防止供应链中断或客户订单无法及时交付，以应对可能出现的风险和不确定性。

② 周转库存策略。周转库存是指为满足正常生产和销售需求而保留的库存量。周转库存策略的目标是通过合理控制库存水平平衡供需关系，避免发生库存积压或库存不足的情况。

③ 跨周期库存策略。跨周期库存是指为应对供应和需求周期性波动而保留的库存量。跨周期库存策略的目标是在供需周期转换期间平衡生产和销售，降低供应链的不连续性和成本的不稳定性。

④ 防备库存策略。防备库存是指为应对潜在风险和不确定性而保留的库存量。防备库存策略的目标是迅速应对供应中断、自然灾害、市场波动或其他风险，并保持供应链的稳定性。

3）供应链竞争战略

供应链竞争是指企业在供应链领域中与竞争对手之间的竞争与协作关系。供应链竞争战略强调的是通过优化供应链的各个环节和流程，实现供应链整体效能的提升，从而获得竞争优势和实现市场份额的增长。

在供应链竞争战略中，需重点做好以下工作：首先，明确供应链定位和目标，即确定企业在供应链中的定位和目标，包括确定市场定位、目标客户群体、产品定位等，以明确企业在供应链竞争中的核心竞争优势和战略方向；其次，设计和优化供应链网络，包括确定物流节点、仓储和配送中心的位置、库存管理策略等；再次，提供供应链信息系统与技术支持，即建立信息系统和应用信息技术来支持供应链竞争战略的实施，这包括供应链管理系统的选择与实施、数据分析和预测技术的应用等；最后，建立供应链绩效评估指标体系，定期对供应链绩效进行评估与改进，这包括关键绩效指标的设定、绩效数据的收集和分析、持续改进和创新的推动，以确保供应链竞争战略的有效执行和持续改进。

4）供应链合作战略

供应链合作关系是供应链各企业之间在一定时期内共享信息、共担风险、共同获利的合作关系。供应链合作战略能改善供应链各企业的财务状况，提升质量、产量、客户满意度及业绩，并推动供应链管理从以产品和物流为核心转向以集成和合作为核心。

供应链合作战略包含以下内容。

（1）合作伙伴选择与建立。选择合适的供应链合作伙伴，并建立稳定的合作关系。这涉及评估潜在合作伙伴的能力和可靠性，以确保它们能够满足企业的需求，并能够与企业共同优化供应链流程和资源配置。

（2）合作伙伴绩效管理。建立绩效评估指标和监控机制，对供应链合作伙伴的绩效进行评估和管理。这可以帮助企业了解合作伙伴的表现，并及时采取措施解决问题或寻求改进。

（3）合作伙伴协同与沟通，确保供应链合作伙伴之间的良好协调和沟通。这包括建立有效的沟通渠道、共享信息和数据，以便更好地协调供应链活动，并快速解决问题。

（4）风险管理与应对，识别和评估供应链合作伙伴的风险，并采取相应的应对措施。这包括建立备份供应商、制订应急计划和风险分担机制等，以减轻潜在的供应链风险对组织的影响。

（5）知识共享与技术支持，以促进供应链合作伙伴间的学习和创新。这可以通过培训计划、合作研发项目和共同学习机会来实现，从而增强供应链合作伙伴的整体竞争力。

3.3.4　供应链管理战略的发展趋势

随着科技的进步和经济的发展，企业面临的竞争环境已经发生了很大的变化。企业经营模式的进一步发展和通信技术、运输技术的不断进步，使得供应链及供应链管理战略也在不断地演变和发展。

1）供应链管理绿色化

供应链管理绿色化，就是要发展绿色供应链。企业在设计、生产、物流等各个环节中都应该考虑消耗的能源或资源是不是最少，并尽量减少对环境造成的污染。同时，企业要从整个生命周期来考虑整个供应链。绿色供应链强调反向回收，目前已有众多企业推行生产者责任延伸制，要求自主处理生产产品所造成的污染。因此，供应链管理绿色化要求从全生命周期看待供应链，确保从物流企业到生产企业再到分销企业均能考虑环保问题，并将环保理念渗透到整个供应链管理中。

2）差别化与定制化供应链管理

要强调客户或者消费者差别化，企业就需要按照客户或者消费者的需求来响应、定制化供应链。例如，之前的汽车均为标准化、大批量生产，随着人们生活水平的提高，客户或者消费者的需求开始向定制化转变。另外，对于家居家具产品，企业实行定制化生产已有较长时间，并有一定基础。因此，实现供应链管理的差别化与定制化，是今后企业供应链管理战略的发展方向。

3）面向客户的价值流管理

供应链的成本和时间非常重要，但是由于最终都存在价值流的问题，所以要落实到价值。供应链不应完全专注于企业，而应首先从客户角度考虑，即提供给客户价值是非常重要的。关注客户的价值流是一个新的理念，企业要进行面向客户的价值流管理，而不是进行面向企业的价值流管理，这也是未来供应链管理新的趋势。

4）集成化供应链动态联盟

很多企业已经感知到，单靠一家企业的努力在日益激烈的市场竞争中难以取胜，因此有多家企业结成"联盟"，共同与其他"联盟"竞争。而联盟中的"盟友"往往首先是与本企业经营内容相关的上下游企业，即供应链上的其他成员。集成化供应链动态联盟正是这样的企业联盟。

集成化供应链策略的目标是在整个供应链中创建生产制造与物流功能的无缝连接，使其成为一个有效的竞争武器，并且不会轻易地被竞争对手模仿。企业要实施集成化供应链管理，就必须进行以下几个方面的转变：从供应链的整体出发，考虑企业内部的结构优化问题；转变思维模式，从纵向一维空间思维向纵横一体的多维空间思维转变；摒弃"小而全，大而全"的封闭经营思想，与供应链中的相关企业建立战略合作伙伴关系，实现优势互补；建立分布的、透明的信息集成系统，保持信息沟通渠道的畅通和透明度；促使所有的人员和部门对共同任务达成共识，去除部门障碍，实行协调工作和并行化经营；实行风险分担与利益共享。

企业从传统的管理模式转向集成化供应链管理模式，一般要经过五个阶段，从低到高依次为基础建设、职能集成、内部供应链集成、外部供应链集成、集成化供应链动态联盟。基于此，供应链成为一个能快速重构的动态组织结构，即集成化供应链动态联盟。

集成化供应链动态联盟是基于一定的市场需求、根据共同的目标组成的，并通过实时信息的共享来实现集成。其主要应用的信息技术是 Internet/Intranet，主要应用的工具是同步化的、扩展的供应链计划和控制系统。

案例思考：ZARA 的快速响应与高效供应链

ZARA 是西班牙 Inditex 集团旗下的一个子公司，它既是服装品牌，也是专营 ZARA 品牌服装的连锁零售品牌。Inditex 集团是西班牙排名第一、全球排名第三的服装零售商（前两名分别是美国的 GAP 和瑞典的 H&M），2005 年其全球销售额为 67.41 亿欧元，销售数量达 4.29 亿件，纯利润为 8.03 亿欧元。2006 年 6 月，它已在全球 64 个国家和地区开设了 2899 家专卖店，旗下共有 8 个服装零售品牌，ZARA 是其中最有名的品牌。ZARA 创立于 1975 年，到 2006 年，其在全球 62 个国家拥有 917 家专卖店（自营专卖店占 90%，其余为合资和特许专卖店）。尽管 ZARA 品牌的专卖店只占 Inditex 集团所有分店数的三分之一，但是其销售额却占 Inditex 集团总销售额的 70%左右。

　　ZARA 连锁店通常每周向总部发两次订单，产品也每周更新两次。订单必须在规定的时间之前下达：西班牙及南部欧洲的连锁店通常是每周三下午 3:00 之前和每周六下午 6:00 之前，其他地区是每周二下午 3:00 之前和每周五下午 6:00 之前。如果连锁店错过了最晚的时间，那么只有等到下一次了。ZARA 对这个时间限制的管理非常严格，要求订单必须准时。其所有产品在连锁店里的时间不会超过两个星期，公司在每个季节开始的时候只会生产最低数量的产品，这样可以把过度供给的风险控制在最低的水平，而一旦出现新的需求，ZARA 就可以通过其有效的供应链管理迅速组织生产。在存货方面，行业的通常做法是，季度末的时候一般会储存下个季度出货量的 45%～60%，而 ZARA 的该项指标最大不会超过 20%，它的供应链依靠更加精确的预测和更多、更即时的市场信息，反应速度比一般的公司要快得多。

　　在 ZARA 连锁店里如果有超过 2～3 周未售出的产品，那么这些产品会被转送到所在国的其他连锁店，或者被送回西班牙。通常，这样的产品数目被控制在总数的 10% 以下。在实际运作当中，通常只有不合常规的比例数的产品会被送回西班牙。这样一来，连锁店产品的更新速度相当快，而且有些款式的衣服是不会有第二次进货的，客户就会受到刺激从而在现场做出购买的决定，因为他们知道一旦错过之后就有可能再也买不到了。从上面我们可以看出，ZARA 的每种款式的存货水平都比竞争对手的低，并且季节末期的时候需要打折出售的产品也相对较少。而且，即使打折销售，行业的平均水平是 6～7 折，ZARA 却能控制在 8.5 折以上。

　　截至 2003 年 4 月，ZARA 已在全球 33 个国家拥有 565 家连锁店，而且公司计划每周增开两家新的连锁店。同时，公司还计划扩大连锁店的店面规模，使得有更多的地方来摆放展览的橱窗。ZARA 几乎 90% 的连锁店位于西班牙以外的国家，但是 Inditex 集团却完全控制了大部分的连锁店，不过规划中的新的连锁店中将会有 1/3 引入风险投资或者实行特许加盟。后一种做法在行业中是非常通用的，2001 年的时候，行业中另一家供应链管理创新的先锋——Benetton 集团，通过这种扩张的手段在全球 120 个国家和地区管理着约 6500 家连锁店。这种做法有助于集团在海外的扩张，并有节约资金、降低运营风险等其他优点，还可以减轻总部对地理位置遥远的连锁店的日常管理压力。与 ZARA 不同的是，Benetton 不对特许加盟店的存货负责。

　　当 ZARA 持续地在全球开店的时候是否采取相同的策略，面临着诸多的挑战，比如如何在内部转移定价与外部市场采购间取得平衡。它能否像以前那样紧紧地控制其供应链中的其他企业，也面临着冲击。但是，毫无疑问的是，在时装行业，ZARA 的商业模式取得了巨大的成功，其他公司可以借鉴 ZARA 的成功经验，反思商业模式的不足之处。

思考题

1. ZARA 成功的关键之处是什么？
2. 请对 ZARA 的供应链管理做简要分析。

第 4 章
物流管理规划与供应链规划

本章学习目标

1. 理解物流管理与供应链管理中规划的概念。

2. 掌握物流管理规划与供应链规划的层次和原则。

3. 分析规划与战略之间的关系，理解规划在战略制定和执行中的关键作用。

案例引入：小米的供应链模式

1）背景

小米，这家在 2010 年诞生的互联网公司，短短几年间便在竞争激烈的手机市场中崭露头角。特别是在 2013 年 8 月，小米实现了新一轮融资，估值高达 100 亿美元，已悄然成为中国第四大互联网公司，仅次于腾讯、阿里巴巴、百度。在硬件领域，它展现出强大的市场影响力和竞争力。在品牌林立的中国手机市场，小米能够在摩托罗拉、诺基亚等国际巨头被收购的浪潮中立足，背后的秘诀便是其独特的供应链模式。这一模式在 2013 年被誉为十大创新模式之一，为小米的飞速发展提供了强有力的支撑。

2）模式解读

（1）产品定位：小米在战略上选择了侧翼战，专攻手机"发烧友"这一细分市场。它巧妙地找到了市场的空白点，成为苹果公司的补缺者，为那些追求高性价比的消费者提供了理想的选择。

（2）营销模式：小米的"饥饿营销"模式让消费者对小米手机充满了期待和热情。在"粉丝经济"的互联网时代，小米充分利用社交媒体的力量，通过电商渠道进行销售，不仅降低了成本，还确保了产品的高性价比。尽管利润空间有限，但是小米依然能够保持盈利。

（3）盈利模式：小米的利润不仅来自手机销售，它还通过提供增值服务和衍生产品来拓展盈利渠道。同时，小米还致力于打造互联网平台，通过平台经济实现多元化盈利。2013 年，小米推出了包括小米盒子、电视、路由器等一系列适应"粉丝需求"的产品，这预示着小米未来将依托"粉丝经济"进军智能生活领域。

（4）供应链模式：小米的供应链模式是其取得成功的关键之一。C2B 预售、交易渠道扁平化、快速供应链响应、"零库存"策略共同构成了小米独特的供应链生态。通过 C2B 预售，小米不仅保障了资金流的稳定，还从传统的卖库存模式转变为卖 F 码模式，有效利用了"饥饿营销"的效果。整个交易过程实现了彻底的扁平化，消费者只能通过线上途径购买产品。小米根据消费者的需求集约驱动后端供应链，确保在 2～3 周内满足市场需求。这种高效的供应链模式使小米实现了"零库存"管理。

3）行业价值

小米作为互联网思维的践行者，成功颠覆了传统手机行业的供应链模式。它将传统的"重资产供应链组织模式"转变为"轻资产供应链组织模式"，为整个行业带来了革命性的变革。小米的供应链模式不仅提高了效率、降低了成本，还为消费者带来了更好的体验和更高的价值。这一模式的成功实践给其他企业提供了宝贵的借鉴和启示。

资料来源：虎嗅网官方网站。

思考题

试结合当年的时代背景分析小米供应链运营模式的成功。

4.1　规划概述

4.1.1　规划的概念

所谓规划，就是个人或组织制订的比较全面、长远的发展计划，是对未来整体性、长期性、基本性问题的思考，设计了未来整套行动的方案。

规划是实施总体目标的重要手段。总体目标只有通过实施具体的规划，才能最终达到预期的效果。规划的职能主要包括决定最后结果，以及获得这些结果的适当手段和全部管理活动。简单地说，规划就是行动之前做出的某些事先的考虑。

4.1.2　规划的流程

规划的流程通常包括以下几个主要步骤。

（1）明确规划的目标和范围。明确规划的目标是什么，需要解决的问题是什么，规划的范围包括哪些方面。

（2）收集相关信息和数据。收集与规划相关的各种信息和数据，包括内部环境和外部环境、市场趋势、竞争对手的情况等，确保规划的可靠性和准确性。

（3）分析和评估现状。对收集到的信息和数据进行分析和评估，了解当前状况，找出问题和机遇，明确存在的挑战和优势。

（4）制定规划方案。基于对现状的分析和评估制定相应的规划方案，包括目标的设定、策略和措施的制定，确保规划是可行的和可实施的。

（5）实施规划。确定规划实施的时间表和具体计划，明确责任人和相关部门，确保规划能够顺利地实施。

（6）监测和评估。对规划的实施过程进行监测和评估，及时发现问题并进行调整和改进，确保规划的顺利实施和达成预期的效果。

（7）总结和反馈。在规划实施完成后，对规划的效果进行总结和反馈，分析实现情况，总结经验教训，为未来的规划提供参考。

以上是一个通用的规划流程，实际的规划流程可能会根据不同的领域及具体的情况有所调整和变化。有效的规划流程能够帮助组织更好地实现目标，提高工作效率和成果。

4.1.3　战略与规划的关系

1）战略与规划的相同之处

（1）它们涉及的对象是相同的。战略与规划都针对一个组织或者一项事业的全局问题，又都涉及一个组织或者一项事业的未来长期发展问题。因此，战略与规划既涉及国家、地区、企业等组织的发展战略与规划，又涉及某项事业（如教育、科技、文化等）的发展战略与规划。

（2）它们具有相似的特性。两者都具有全局性、长远性、前瞻性等特点，也都希望具有可操作性。由于战略与规划具有相同的主体和类似的性质与要求，因此，彼此之间是互相联系、密不可分的。

2）战略与规划的区别

我们不应该将战略与规划混为一谈，应该清醒地认识到，战略与规划之间也存在着较大的区别。归纳起来，两者主要有以下三大区别。

（1）在概念的层次上，战略高于规划。战略强调的是思想，是涉及组织或者事业发展的思路。战略是制定规划的指导思想，任何一个组织的规划都是在既定的战略指导下形成的。

（2）在形成的顺序上，战略先于规划。如果一个国家、一个地区、一家企业没有形成既定的战略思路，就很难制定发展规划。因此，一个国家、一个地区、一家企业必须先着手研究其发展战略，在战略的指导下制定发展规划。

（3）在具体内容上，战略"软"于规划。战略是规划的抽象原则，规划是战略的具体体现。

从某种意义上说，战略是规划的纲要，规划是战略实现的蓝图。因此，我们通常进行的战略研究，研究的重心是设计"系统"生存与发展的"计谋和策略"，其研究结果在战略内容的表述方面一般比较抽象。与之相反，我们通常进行的规划研究，研究的重心是设计"系统"生存与发展的"蓝图、途径和进程"。同样地，规划内容在表述方面一般比较具体、实际，具有更强的可操作性。此外，计划是一个与规划有所不同的概念。计划是规划在一定时间内，特别是近期（如年度）内的更具体、更详细的安排，更具有实际的可操作性。

4.2　物流管理规划

物流管理规划是企业为实现长期经营目标、适应经营环境变化而制定的一种具有指导性的经营规划。是企业指导物流活动的更具体、可操作性更强的行动指南。现代企业的物流管理规划必须面对未来进行全局性设计和谋划，所以应设计现代企业的竞争战略以保持企业竞争优势，从而使战略具有对抗性、战斗性。

4.2.1　物流管理规划的层次

物流管理规划的层次分为物流系统规划、物流经营规划、物流职能规划、物流运营规划。

（1）物流系统规划是企业最高管理层的战略规划，涉及企业的所有经营活动。它的主要任务是：制定企业各种经营范围及其组合的规划，以便改善公司实绩；协调各种不同的经营活动；确定投资重点，分配公司各种经营活动的资源等。

（2）物流经营规划用于指导一个经营单位的管理行动。它的主要任务是：着重考虑企业如何在特定的经营环境中进行竞争；在建立优势过程中，确定每个关键领域将发挥的作用；对行业和竞争条件的变化做出反应；控制经营单位内的资源配置。

（3）物流职能规划是企业供应链管理的重要组成部分，旨在通过科学规划和优化物流活动提升效率、降低成本并增强客户满意度。物流职能规划涵盖网络设计、库存管理、运输管理、仓储管理、订单处理、信息化、客户服务、成本管理、风险管理、绿色物流等方面。

（4）物流运营规划是部门经理或职能部门实施职能支持战略的行动规划。它是根据企业战略要求，为了有计划地完成具体职能活动而由直接负责的职能部门主管制定的。为了使各种规划有效地发挥作用，必须注意各种规划的相互衔接和协调，防止相互冲突的规划导致经营混乱，这一任务要在战略形成过程中完成。

4.2.2　物流管理规划的原则

物流管理规划有以下几个重要原则。

1）依托总体、协调发展

企业物流管理规划应当与企业总体发展战略相互贯通，相互支持，共同促进企业整体运营。在制定物流管理规划时，需要充分考虑企业的整体发展需求和战略目标，确保物流战略与企业战略一致，协调各个职能部门的合作，促进企业不同业务板块和部门之间的协同，实现整体发展。

2）长期规划、分段实施

长期规划、分段实施原则强调企业物流管理规划应具有远见卓识，注重设定长远发展目标，并结合实际情况将长期规划分解为可操作的短期目标和实施计划。通过分段实施，逐步实现长期发展目标，避免临时性决策和短视行为，提高规划的持续性和有效性。

3）面向未来、适度超前

面向未来、适度超前原则强调企业物流管理规划应该能够预见未来发展趋势，具有一定的前瞻性。在制定规划时，需要充分考虑市场变化、技术发展等因素，适度超前地制定规划目标和策略，提前做好应对措施，以适应未来竞争环境的变化，确保企业物流体系的持续发展。

4）管理创新、服务制胜

管理创新、服务制胜原则强调企业在制定物流管理规划时要注重管理创新和服务质量的提升。通过引入先进的管理理念与技术手段不断优化物流管理模式和流程，提高服务水平和客户满意度，从而在市场竞争中取得领先优势，实现战略制胜。

5）一元规划、多元推进

一元规划、多元推进原则强调企业物流管理规划应当统筹规划，形成一体化的规划体系，同时注重多元化的推进方式。在规划的实施过程中，需要协调各个部门和岗位之间的关系，形成整体推进的合力，同时灵活应用不同的策略和手段，针对不同的情况和需求采取多元化的推进措施，确保规划的全面性和灵活性。

4.2.3　物流管理规划的实践

物流管理规划的实践要求企业应根据市场需求和企业资源，制定物流网络布局、运输方式、仓储管理、供应链优化等方案，实现货物高效流通和成本控制。首先进行市场调研和需求预测，然后设计最佳物流网络和合理的仓储布局，优化运输方式和成本控制策略，最终实施供应链计划，确保物流管理的高效运作。在实践过程中，物流仓储系统规划、物流配送运输规划、物流网络系统规划是其中的关键。

1）物流仓储系统规划

（1）物流仓储系统规划的原则

物流仓储系统规划的原则不是一成不变的，要视具体情况而定。在特定场合下，有些原则是互相影响，甚至互相矛盾的。为了做到最好的设计，有必要对这些原则进行选择和修改。

① 系统简化原则。要根据物流标准化做好包装和物流容器的标准化，将杂货、粮食、饮料、食盐、糖、饲料等散装货物，外形不规则货物组成标准的储运集装单元，实现集装单元与运输

车辆的载重量、有效空间尺寸的配合，集装单位与装卸设备的配合，集装单位与仓储设施的配合。这样做有利于实现物流仓储系统中各个环节的协调配合，在异地进行中转等作业时，不用换装，可以提高通用性、缩短搬运作业时间、减少物品的损失与损坏，从而节约费用；同时简化了装卸搬运子系统，降低了系统的操作和维护成本，提高了系统的可靠性和仓储作业的效率。

② 平面设计原则。如无特殊要求，物流仓储系统中的物流都应在同一平面实现，从而减少不必要的安全防护措施，减少使用利用率和作业效率较低、能源消耗较大的起重机械，提高系统的效率。

③ 物流和信息流的分离原则。现代物流是在计算机网络支持下的物流，如果不能实现物流和信息流的尽早分离，就要求在物流系统的每个分、合节点设置相应的物流信息的识别装置，这势必导致系统的冗余，增加系统的成本。如果能实现物流和信息流的尽早分离，将所需信息一次性识别出来，再通过计算机网络传到各个节点，就可以降低系统的成本。

④ 柔性化原则。仓库的建设和仓储设备的购置需要大量的资金。为了保证物流仓储系统高效工作，需要配置针对性较强的设备，而社会物流环境的变化又有可能使物流仓储货物品种、规格和规模发生改变。因此，在规划时，要提高仓库中物流仓储设备和机械化系统的柔性，以应对仓库经营规模的扩大。

⑤ 物料处理次数最少原则。不论是以人工方式还是自动方式，每一次物料处理都需要花费一定的时间和费用。通过复合操作，或者减少不必要的移动，或者引入能同时完成多个操作的设备，就可以减少物料处理次数。

⑥ 最短移动距离，避免物流线路交叉原则。移动距离越短，所需时间越少，费用就越低。避免物流线路交叉，可以解决交叉点物流控制和物流等待时间的问题，有利于保持物流的畅通。

⑦ 投资成本与系统效益平衡原则。在建设仓库和选择物流仓储设备时，必须考虑投资成本与系统效益平衡原则。在满足仓储作业需求的条件下，尽量降低投资成本。

（2）物流仓储系统规划的设计步骤

① 需求分析。明确物流仓储系统的需求，包括仓储容量、货物种类、物流仓储周期和进出库频率等。进行市场调研和数据分析，了解客户需求和业务特点。

② 场地选择。根据需求分析结果选择合适的物流仓储场地。考虑场地的地理位置、交通条件、基础设施和环境因素，确保物流的便捷性和经济性。

③ 系统布局设计。根据场地情况进行物流仓储系统的总体布局设计，确定货位、通道、装卸区和辅助设施的位置，优化空间利用率和物流动线。

④ 设备选择。根据物流仓储系统的需求选择适合的物流仓储设备，包括货架、叉车、输送设备和自动化系统等。要考虑设备的性能、可靠性和性价比。

⑤ 信息系统规划。规划物流仓储管理系统（Warehouse Management System，WMS）的功能和模块，实现信息的实时采集和处理。确定信息系统的硬件和软件配置，确保系统的兼容性

和可扩展性。

⑥ 预算编制。编制物流仓储系统建设和运营的预算，包括设备购置费用、系统集成费用、安装调试费用和运营维护费用等。进行成本效益分析，确保项目的经济可行性。

⑦ 实施计划制订。制订物流仓储系统的实施计划，包括各阶段的任务安排、进度控制和人员配置等。明确项目的关键节点和风险管理措施，确保项目按计划顺利推进。

（3）物流仓储系统规划的设计方法

① 系统分析法。通过系统分析法对物流仓储系统进行全面的需求分析和功能设计。考虑系统的整体性和协调性，确保各子系统的有效集成和协同工作。

② 流程优化法。运用流程优化技术对仓储作业流程进行分析和优化。通过流程再造消除作业瓶颈和冗余环节，提高作业效率和质量。

③ 定量分析法。采用定量分析法对物流仓储系统的各项参数进行测算和优化。利用数学模型和仿真技术确定最优的仓储布局与设备配置方案。

④ 信息技术应用法。运用先进的信息技术手段实现物流仓储系统的信息化管理。通过RFID、物联网、大数据和人工智能等技术提高仓储作业的自动化与智能化水平。

⑤ 模块化设计法。采用模块化设计法将物流仓储系统划分为若干功能模块，分别进行设计和优化。实现仓储系统的灵活组合和扩展，适应不同的业务需求和变化。

⑥ 安全保障法。在规划设计过程中注重设计安全保障措施，采用防火、防盗、防潮等技术手段确保仓储环境和操作的安全可靠。

2）物流配送运输规划

物流配送运输规划是指对物流配送活动中的运输过程进行策划和设计的过程。其目的是提高运输效率、降低运输成本、优化运输路线，并确保货物能够按时、按量、按质地送到目的地。

（1）物流配送运输规划的原则

① 需求预测原则。根据市场需求和客户需求准确预测货物的运输需求，以确定运输计划和路线。

② 经济性原则。在确保货物质量和时间要求的前提下选择最经济的运输方式、运输路线和运输工具，以降低运输成本。

③ 灵活性原则。面对市场变化和突发情况，能够灵活调整运输方案、运输路线、运输工具等，以满足不同情况下的运输需求。

④ 安全性原则。确保运输过程中货物的安全，采取必要的安全措施和保障措施，避免货物损坏和丢失。

⑤ 环保原则。推动绿色物流，选择环保的运输方式和工具，降低运输对环境的负面影响。

⑥ 客户满意原则。以客户需求为导向，提高客户满意度，保证货物能够准时、准确地送达

目的地，并提供优质的配送服务。

（2）物流配送运输规划的设计步骤

① 收集信息和分析需求。首先需要收集详细的相关信息，包括货物类型（如易碎品、液体货物、大件货物等）、数量、体积、质量，交付地点的具体地址，联系人信息，客户需求（如送货时间、特殊要求等），运输距离，交通状况（如是否存在拥堵路段、施工路段等）。然后对这些信息进行仔细分析，确定运输需求和约束条件，确保制订的运输计划符合实际需求。

② 制订运输计划。根据收集的详细信息制订具体的运输计划。根据货物特性和运输距离等因素确定最适合的运输方式（如陆运、海运、空运等）、最佳的运输路线、最合适的运输工具（如卡车、船舶、飞机等）和最优的运输时间。在制订运输计划时要综合考虑经济性、效率性、安全性等因素，以保证运输过程的顺利进行。

③ 选择合适的运输伙伴和服务商。根据制订的运输计划选择信誉良好、服务优质的运输服务商和合作伙伴。确保运输服务商拥有合适的运输工具和设施，能够按照计划要求提供高质量的配送服务。在选择运输伙伴时，还需要考虑其运输能力、运输经验和服务水平，以确保货物安全、准时地到达目的地。

④ 实施运输计划。落实具体的运输计划，确保各个环节的执行顺利进行。在运输过程中，需要不断监控和跟踪货物的运输情况，及时处理可能出现的问题和异常情况，保证货物安全运抵目的地。

⑤ 持续监测和改进。对配送运输过程进行持续监测和评估，收集反馈信息，分析运输过程中的问题和瓶颈。根据反馈信息和评估结果不断改进和优化配送运输规划，提高运输效率和服务质量。同时，需要定期评估运输成本、运输时间等指标，寻求持续改进的机会，以提升物流运输配送的整体效果。

（3）物流配送运输规划的设计方法

① 网络优化模型。网络优化模型是一种数学模型，它运用网络优化算法（如最短路径算法、最小生成树算法、网络流模型等）对物流配送运输网络进行优化规划。该模型可以帮助企业确定最优的运输路线、最佳的运输方式（如集装运输、铁路运输、多式联运等）和最优的运输节点（如中转站、配送中心等），以实现运输成本的最小化和运输效率的最大化。

② 地理信息系统（Geographic Information System，GIS）技术。GIS 技术结合地理信息和运输路线数据，能够对物流配送运输网络进行空间分析和优化。GIS 技术可以在地图上可视化显示运输路线、仓库位置、交通状况等信息，帮助企业确定最佳的运输路径和节点，优化货物配送的路线规划，提高运输效率和降低运输成本。

③ 模拟仿真技术。通过建立物流配送运输的仿真模型，企业可以模拟不同的运输方案和情景，评估不同的运输方案和情景对运输成本、运输时间等指标的影响。通过模拟仿真技术，企业可以预测和优化货物配送过程中可能出现的问题，为规划设计提供决策支持，有利于制订最佳的运输策略和计划。

④ 人工智能和大数据分析技术。人工智能和大数据分析技术在物流配送运输规划中起着重要作用。通过应用人工智能和大数据分析技术，企业可以对海量的运输数据进行深度挖掘和分析，发现规律和趋势，优化配送路线和节点，提高配送效率和准时率。人工智能还可以用于智能调度、路径规划等方面，提升运输效率和降低运输成本。

⑤ 配送路径规划软件。配送路径规划软件如 TMS（Transportation Management System，运输管理系统）、LBS（Location Based Service，基于位置的服务）系统等，是帮助企业实时监控货物运输过程、优化运输路径、调整配送计划的工具。通过这些软件，企业可以实时跟踪货物的位置和运输状态，进行实时调度和优化配送路径，提高配送效率，减少运输时间和降低运输成本。这些软件还具有提供报告和数据分析的功能，有利于管理者做出决策和优化运输策略。

3）物流网络系统规划

物流网络系统规划是指对物流系统中的各个节点（如仓库、配送中心、生产设施等）及各个节点之间的联系和流程进行策划与设计的过程。该规划旨在优化物流网络的结构和运作方式，以实现高效的物流运输、仓储和配送。

（1）物流网络系统规划的原则

为了使物流网络系统达到节约社会资源、提高物流效率的目标，在进行物流网络系统规划时要遵循以下原则。

① 按经济区域建立物流网络系统。物流网络系统的构建既要考虑经济效益，也要考虑社会效益。考虑经济效益就是要通过建立物流网络系统降低综合物流成本。考虑社会效益是指物流网络系统的构建要有利于节约资源。在一个经济区域内，各个地区或企业之间经济上的关联性和互补性往往比较大，经济活动比较频繁，物流规模总量较大，物流成本占整体经济成本的比重较大，物流改善潜力巨大。因此，在经济关联性较大的经济区域建立物流网络系统非常有必要，要从整个经济区域的发展来考虑构建区域物流网络系统。

② 以城市为中心布局物流网络系统。城市作为厂商和客户的聚集点，基础节点建设和相关配套设施比较完备。作为物流网络系统规划的重点，城市可有效地发挥节省投资和提高效益的作用。因此，在宏观上进行物流网络系统规划时，要考虑物流网络系统覆盖的经济区域中的城市，将它们作为重要的物流节点；在微观上进行物流网络系统规划时，要考虑将中心城市作为依托，充分发挥中心城市现有的物流功能。

③ 以厂商聚集形成物流网络系统。聚集经济是现代经济发展的重要特征，厂商聚集不仅可以降低运营成本，而且可以形成巨大的物流市场。物流作为一种实体经济活动，与商流存在明显区别。物流活动对地域、基础节点等的依赖性很强，因此，很多企业将其生产基地设立在物流网络系统的中心区域。

（2）物流网络系统规划的设计步骤

在确定物流网络系统规划最佳设计方案时，需要考虑诸多因素。设计的物流网络系统规划需要与物流系统战略总体规划目标保持高度一致。物流网络系统规划的设计归根结底是为了实现物流系统战略总体规划的目标。

物流网络系统规划的设计是一个复杂的反复的过程。一般来说，战略性和综合性的物流网络系统规划的设计步骤如下。

① 组建物流网络系统规划设计团队。首先成立负责设计物流网络系统规划的团队。这个团队可以包括企业的高层管理人员、物流经理、物流专家、生产和销售部门的相关人员等。组建物流网络系统规划设计团队的关键是参加人员必须了解企业总体发展战略、企业的根本业务需要和企业参与的供应链情况。这个团队需要制定物流网络的设计目标和评价参数，还要考虑使用物流外包，如第三方物流供应商的可能性，以充分利用外部提供的物流网络和物流资源。

② 物流网络数据收集。物流网络数据收集的主要目的是全面、深入地了解当前的系统，并且界定对未来系统的要求。一般来说，物流网络数据收集包括对物流网络中各个节点资料的收集。例如，对于库存系统，需要获取空间利用率、仓库布局和设备、仓储管理程序等的具体数据；对于运输系统，应收集运费等级和折扣、运输操作程序、送货需求等资料；此外，还要收集关于客户需求情况和关键的物流环境要素的数据，并且界定企业在相关供应链上的位置。

③ 备选方案的提出。在收集了数据之后，需要利用各种定量、定性的方法建立恰当的模型，进行节点规划、选址分析，提出物流网络系统规划的具体备选方案。各种用于取舍备选方案的数据应来自实地调查、未来要求、数据库分析和客户服务调查，用于选择的方法应随物流网络系统规划的目的的不同而不同。主要的建模方法有模拟仿真方法和启发式方法等。

④ 备选方案的比较。备选方案的比较首先是各个方案实施费用的比较，如添置新的仓库设备费用、建筑物建造和整改费用等都是用于进行各种方案优劣分析的重要因素。当然，各种方案之间的比较不能仅仅依靠经济分析来进行，还必须考虑每种方案对客户服务水平的影响，不能一味地降低成本而使客户满意度下降。在得出结论后，就要制定各个主要步骤的时间进度表，包括从现在的系统向未来系统转换等的执行时间表。

⑤ 方案的实施。备选方案一旦确定，有效地实施就变得非常重要。这是设计物流网络系统规划的最后一个步骤。在方案的实施过程中，应该不断地收集信息，发现问题，及时将具体实施过程中的问题汇总给管理层和物流网络系统规划设计团队，以及时得到修正。

（3）物流网络系统规划的设计方法

物流网络系统本身是一个庞大的网络，其中包含众多需要规划设计的问题。对于物流网络系统规划来说，设计的问题可以抽象地表述为物流网络节点与节点之间的连接链的问题。自 20世纪中叶以来，随着运筹学的迅速发展，特别是计算机的广泛运用，许多设计问题能够方便、迅速地得到解决，这也使得物流网络系统规划的设计方法越来越多，为不同方案的可行性分析提供了强有力的支持。以下介绍几种常用的定性、定量方法。

① 德尔菲法。德尔菲法是一种常用的主观、定性的方法，不仅可以用于技术预测领域，而且可以广泛应用于各种评价指标体系的建立和具体指标的确定，这在设计物流网络系统规划的前期准备工作中是非常重要的。德尔菲法的实质是利用专家的知识和经验，对那些带有很大模糊性、较复杂且无法直接进行定量分析的问题，通过多次填写征询意见表的调查形式取得测定结论的方法。在物流网络系统规划的设计过程中，除了用定量的方法得出比较精确的结果，还可以结合使用德尔菲法，征询专家的意见，这会使最后的结论更加符合实际。

② 解析方法。解析方法是通过数学模型设计物流网络系统规划的方法，是对许多定量的数学方法的一个统称。概括来说，使用解析方法首先要根据问题的特征、外部条件和内在联系建立数学模型或图解模型，然后对模型求解，以获得最佳的设计方案。虽然通过解析方法一般能获得精确的最优解，但是对于一些复杂的问题而言，建立合适的数学模型往往是非常困难的，而且即使建立了数学模型，由于模型过于复杂，求解也很困难。即使是在拥有高性能计算机的今天，一些问题依旧无法获得令人满意的答案。因此，使用解析方法设计物流网络系统规划，企业不仅需要掌握物流系统的知识，还要有较强的数学功底，这也使得解析方法在实际运用中受到了一定的限制。

采用解析方法建立的模型通常有微积分模型、线性规划模型、混合整数规划模型等。究竟建立什么样的模型，应具体问题具体分析。

③ 模拟方法。模拟方法是指以数学方程和逻辑语言做出对物流系统的数学表述。在计算机的帮助下，人们可以通过模拟计算和逻辑推理确定最佳设计方案。如果经济关系或统计关系的现实表述已定，就可以使用模拟方法来评估不同设计方法的效果。

④ 启发式方法。启发式方法是一种逐次逼近最优解的方法，是相对模拟方法而言的。这种方法要求企业对求得的解进行反复判断、实践修正，直至满意。使用启发式方法有助于将问题缩减至可以管理的规模，进行方案组合的数目少，并且能够在各种方案中进行自动搜索，以发现更好的解决方案。虽然启发式方法不能保证一定能得到最优解，但是只要进行适当处理，这种方法还是可以获得令决策者满意的近似最优解的。

总之，尽管各种设计方法的适用范围和解法不同，但是任何模型都可以由具备一定技能的分析人员用来得出有价值的结果。物流网络系统规划的发展方向就是在前人取得的许多非常有效的研究成果的基础上，使现有技术更容易被使用，帮助管理层做出更好的决策。

4.3 供应链规划

供应链规划（Supply Chain Planning，SCP）是指企业通过整合和优化供应链各环节的资源与活动，达到满足客户需求和企业战略目标的一种系统性管理方法。它涵盖了从原材料采购到最终产品交付给消费者的所有环节，包括需求预测、供应计划、生产计划、库存管理计划、物流计划、逆向物流计划、销售与运营计划等方面内容。供应链规划不局限于企业内部，还涉及与外部供应商、分销商和客户之间的协调与合作。它强调各个环节的互联性和协同效应，要求企业在整个供应链网络中保持信息流、资金流和物流的高效衔接。它通过精确管理从原材料采购到最终产品交付的整个流程，确保资源实现最优配置与高效利用。

4.3.1　供应链规划的层次

供应链规划通常可以分为三个层次，分别是战略层、战术层、操作层。这些层次相互关联，共同构成了供应链规划的整体框架。

1）战略层

战略层主要关注长期规划和决策，确定供应链的整体目标和方向。在这个层次上，企业需要考虑整体战略对供应链的影响，制定供应链的整体愿景和策略，包括供应链定位、合作伙伴的选择、网络设计、风险管理等。战略层的目标是确保供应链的整体性和有效性，以支持企业长期发展。

2）战术层

战术层在供应链规划中扮演着连接战略层和操作层的桥梁的角色，主要关注中期规划和决策。在这个层次上，企业需要将战略目标细化为具体的供应链策略和计划，在资源分配、需求管理、库存控制、供应商管理等方面进行具体规划和协调。战术层的目标是落实战略目标，优化供应链的运行效率和成本效益。

3）操作层

操作层是供应链规划的执行层，主要关注日常的运营活动和实施措施，确保供应链的稳定和高效运行。在这个层次上，企业需要具体地制订和执行供应链的操作计划，包括订单处理、运输管理、生产计划、库存管理等实际操作环节。操作层的目标是确保供应链的顺畅运行，以满足客户需求，实现供应链的高效运作。

这三个层次相互关联、相互支持，构成了一个完整的供应链管理规划框架。企业需要在不同层次上进行合理规划和协调，确保整个供应链系统的高效、灵活和可持续发展。

4.3.2　供应链规划的原则

供应链规划应遵循一些基本的原则，以保证供应链管理思想得到实施和贯彻。

1）自顶向下和自底向上相结合

系统建模存在两种设计方法，即自顶向下（自上而下）和自底向上（自下而上）。自顶向下的方法是从全局走向局部的方法，自底向上的方法是从局部走向全局的方法。自顶向下是系统分解的过程，自底而上则是集成的过程。在设计一个供应链系统时，往往是先由主管高层做出战略规划与决策，规划与决策的依据来自市场需求和企业发展规划，然后由下层部门实施规划与决策，因此供应链管理规划是自顶向下和自底向上的综合。

2）简洁性原则

简洁性是供应链的一个重要原则，为了使供应链具有灵活、快速响应市场的能力，供应链的每个节点都应是简洁的、具有活力的、能实现业务流程的快速组合。比如供应商的选择就应符合少而精的原则，通过和少数供应商建立战略合作伙伴关系，降低采购成本，推动实施 JIT 采购法和准时生产。生产系统的设计更是应以精细思想（Lean Thinking）为指导，努力实现从精细的制造模式到精细的供应链这一目标。

3）集优原则（互补性原则）

供应链的各个节点应遵循集优原则，实现强强联合、资源外用的目的。每家企业只集中精力提升各自的核心业务，就像一个独立的制造单元（独立制造岛），这些所谓的单元化企业具有自我组织、自我优化、面向目标、动态运行和充满活力的特点，能够实现供应链业务的快速重组。

4）协调性原则

供应链业绩好坏取决于供应链合作伙伴关系是否和谐，因此建立战略合作伙伴关系的合作企业关系模型是实现供应链最佳效能的保证。席酉民教授认为，系统和谐性描述了系统是否形成了充分发挥系统成员和子系统能动性、创造性的条件及环境，以及是否实现了系统成员和子系统活动的总体协调性。只有和谐的系统才能发挥最佳的效能。

5）动态性原则（不确定性原则）

不确定性在供应链中随处可见，许多学者在研究供应链运作效率时都提到不确定性问题。不确定性的存在导致了需求信息的扭曲。因此要预见各种不确定性因素对供应链运作的影响，以减少信息在传递过程中的延迟和失真。增加透明度、减少不必要的中间环节、提高预测的精度和时效性，对降低不确定性都是极为重要的。

6）创新性原则

创新设计是供应链规划的重要原则，没有创新性思维，就不可能有创新的管理模式，因此在供应链的设计过程中，创新性是很重要的一个原则。要设计一个创新的系统，就要敢于打破各种陈旧的思维框架，用新的角度、新的视野审视原有的管理模式和体系，进行大胆的创新设计。进行创新设计时要注意以下几点：一是创新必须在企业总体目标和战略目标的指导下进行，并与战略目标保持一致；二是要从市场需求的角度出发，综合运用企业的各种能力和优势；三是发挥企业各类人员的创造性，集思广益，并与其他企业共同协作，发挥供应链整体优势；四是建立科学的供应链和项目评价体系及组织管理系统，进行技术经济分析和可行性论证。

7）战略性原则

供应链的构建应有战略性观点，通过战略的观点考虑降低不确定性影响。从供应链战略管理的角度考虑，供应链构建的战略性原则还体现在供应链发展的长远规划和预见性上，供应链的系统结构发展应和企业的战略规划保持一致，并在企业战略指导下进行。

4.3.3　基于成本的供应链规划

基于成本的供应链规划是一种根据供应链总成本优化的原则来选择供应链节点的规划。在这种规划中，主要考虑的是在特定时间期限内综合考虑供应链的各种成本因素，如物料成本、劳动力成本、运输成本、设备成本等，并结合经验曲线、汇率、通货膨胀等因素完成供应链的设计。

基于成本的供应链规划的主要目标是降低供应链的运营成本，实现更有效的成本控制。然而，基于成本的供应链规划可能导致次优的结果，因为它主要着眼于降低成本，忽视了其他因素的影响。因此，在实施基于成本的供应链规划时，需要权衡各种因素，确保不仅能够降低成本，也能保证供应链的灵活性、响应速度和服务质量等，以实现更全面的优化。基于成本的供应链规划如图 4-1 所示。

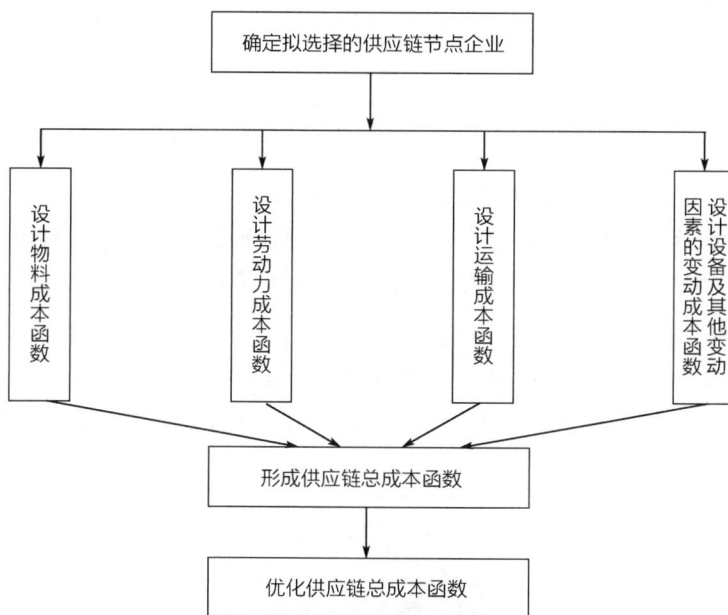

图4-1　基于成本的供应链规划

4.3.4　基于产品的供应链规划

基于产品的供应链规划比较成熟、应用较广。作为其提出者的美国宾夕法尼亚大学沃顿商学院的马歇尔·费希尔教授认为，供应链的设计要以产品为中心。供应链的规划者首先要清楚客户对产品的需求，包括产品类型及需求特性（不同的产品可以满足不同的客户需求）。此外，还应该明确不同类型供应链的特征，在此基础上设计出与产品特性一致的供应链。

传统意义上，生产系统的设计主要考虑制造企业的内部环境，侧重于生产系统的可制造性、质量、效率及服务性等因素，对企业外部环境因素考虑较少。在供应链管理环境下，不仅要考虑企业内部因素对产品制造过程的影响，还要考虑供应链对产品成本和服务的影响。供应链管理扩大了原来的企业生产系统设计范畴，将影响生产系统运行的因素延伸到企业外部，与供应链上的所有企业联系起来，因而供应链规划就成为构造企业系统的一个重要方面。但是供应链也可能因为规划不当而导致失败，因此最重要的是必须规划出与产品特性一致的供应链，这就是所谓的基于产品的供应链规划。

根据产品生命周期、产品边际利润、需求的稳定性、需求预测的准确性等指标，可以将产品划分为功能型产品和创新型产品两种类型。根据供应链的功能模式，可以将供应链划分为效率型供应链和响应型供应链两种类型。根据两种产品的特征和两种供应链的特征，就可以规划出与产品类型一致的供应链。图4-2是基于产品的供应链规划策略矩阵。

	功能型产品	创新型产品
效率型供应链	匹配	不匹配
响应型供应链	不匹配	匹配

图4-2　基于产品的供应链规划策略矩阵

矩阵中的四个元素分别代表四种不同的产品与供应链的组合，从中可以看出产品和供应链的特征，管理者据此可以判断企业的供应链是否与产品匹配。显然，这四种组合中只有两种是匹配的，即效率型供应链与功能型产品的组合，响应型供应链与创新型产品的组合。

上述矩阵主要考虑了产品类型及需求的特性，但是忽略了供应的特性（如供应市场的复杂度与不确定性）。事实上，不同的行业、不同的产品市场，企业面临的供应风险是不同的。如果综合考虑需求的不确定性及供应的不确定性，上述矩阵可以得到进一步优化，如图4-3所示。

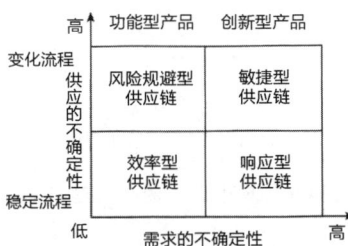

图4-3　优化的供应链规划策略矩阵

如果需求与供应的不确定性都低，可以规划为效率型供应链；如果需求与供应的不确定性都高，可以规划为敏捷型供应链；如果供应的不确定性低而需求的不确定性高，可以规划为响应型供应链；如果需求的不确定性低而供应的不确定性高，可以规划为风险规避型供应链。

需要指出的是，基于产品的供应链规划应该与企业的业务战略相适应，并能最大限度地支持企业的竞争战略。许多学者也认为应该在产品开发的初期规划供应链。因为产品生产和流通的总成本最终取决于产品的规划，这样就能使与供应链相关的成本和业务得到有效的管理。

4.3.5　基于多代理的供应链规划

该规划强调核心企业通过现代通信与组织技术连接相关的各类企业，构成虚拟经营环境，坚持既竞争又合作的原则在虚拟经营环境中动态选配成员，优化、快速配置各种专项资源，从而组成面向某特定任务或市场机遇的敏捷型虚拟企业动态联盟，使企业在持续发展的变化中快速、协调、有效地响应动态变化的市场，最大限度地满足市场需求。从集成化供应链管理的角度看，该规划将集成化供应链系统的内在机制视为由相互协作的智能代理模块组成的网络，每个代理模块实现供应链的一项或几项功能，每个代理模块又与其他代理模块协同运作。

基于多代理的供应链规划强调供应链是以信息处理为核心，以计算机网络为工具的人-信息-组织集成的超智能体。基于多代理集成的供应链模式是涵盖两个世界的三维集成模式，即实体世界的人-人、组织-组织集成，软体世界的信息集成（横向集成），实体世界与软体世界的人-机集成（纵向集成）。该规划注重动态建模思想，是一个不断循环和并行的过程。

案例思考：弘泉集团供应链的下一步变革

弘泉集团是一家总部位于南方的家电生产企业，产品种类多达几百种。企业共有几千名员工，分布在华南、华东、西北、东北四个不同的生产厂区、销售公司和技术研发机构。但是，面对竞争日益激烈的家电市场，该企业越来越感受到家电市场的快速变化，特别是家电产品的生命周期越来越短，家电产品的市场越来越接近饱和状态，企业的经营风险在不断加大。与此同时，客户对家电产品个性化的需求越来越高。因此，如何在竞争激烈和快速变化的市场中合理运用先进的供应链管理系统就显得尤为重要，特别是要通过提高对商品的预测准确率来降低企业的库存，减少交货期的延误次数，以保证大量的有价值的客户不流失。

弘泉集团供应链管理的发展历程可以分为三个阶段：第一阶段是 2006 年前，成立采购部，该部门的主要职能是采购，没有区分配套与采购，对采购价格不是非常敏感；第二阶段是 2009 年前，成立资材部，开始考虑降低成本，主要包括采购降成本及技术降成本，同时将核价提高到一个较高的程度，逐步在行业中取得成本领先的优势；第三阶段是 2012 年前，成立供应链管理部，开始将物料分为集中采购和分散采购两种，供应链主要负责集中采购，工厂负责及时供应物料及拉式物料，人员分为配套人员与采购人员两种。

集团领导认为目前的整个供应链管理存在一些问题。在一次周例会上，供应链管理部的黄经理提出："目前公司部门人员间配合不够，老员工存在固定思维，而新员工能力跟不上，互相缺乏主动沟通，团队意识差，凝聚力不足，这些都是导致供应链管理出现问题的因素。"

事业部的王经理提出："生产、品质管理、供应商管理等各方面都存在异常问题，这引起了'失火'，现在部门人员基本都在充当'消防员'，大量的工作是在'救火'，模块负责人因为受到降成本的压力而忽视了对配套主管的管理。"

其他经理们的意见就更多了：

"采购职能与配套职能分离，导致大量的内耗，工作方向不明，工作重点不清，浪费了大量的时间与精力。"

"这几年连续要求低成本、高品质，再加上管理方面存在问题，对供应商的利益管控相当不到位，供应商的利益得不到保障，处罚过多，直接打击了供应商的积极性，现在他们的合作意愿都比较低，这是个大问题。"

"目前供应商是很多，可是供应商的质量不高，无论是经营规模还是资金实力等各方面都不能满足我们精益制造的需要。目前，工厂生产运作受物料的影响比较严重。我认为应该进行供应商分析，整合供应商，别除那些小的、零散的、供应量不多、供应质量不到位的供应商，保留质量高的或者新挖掘的高质量的供应商，以保证供货质量。"

集团领导要求供应链管理部对来自企业内部、供应商、客户的数据资料进行分析和调查研究，对弘泉集团供应链进行全面的分析，部门拿出的分析结论如下。

（1）人力资源及管理沉淀的不足与超大规模供应链管理挑战的矛盾。超大规模供应链管理对人员的专业知识结构、工作经验有较高的要求；目前部门人员知识结构较好，但是欠缺经验，专业度不够；目前人员流动率为26.47%，较高的人员流动率必然导致管理沉淀的不足，而且工作交接缺乏管理，比较随意；新员工的能力需要提高，老员工的固定思维需要打破，部门人员之间的融合度不够，缺乏相互间的主动沟通，团队凝聚力不足。

（2）系统管理的流失与供应链管理职能定位的矛盾。供应链管理的职能定位应该是供应链系统规划，优化供应布局，降低供应链综合成本，提高供应链整体效率；生产、品质、供应商等各模块负责人因为降成本的压力而忽视了对配套主管的管理；采购职能与配套职能的分离导致大量的内耗，工作方向不明，工作重点不清浪费了大量的时间与精力；供应链管理部需要在一个比较理想的环境下构建精益供应链。

（3）供应商合作意愿、协同度的缺失与打造精益制造体系的挑战之间的矛盾。供应商协同度的初步调查为30.56%，仅有少量供应商有可能满足精益供应链柔性的要求；以丰田汽车为标杆的精益供应链需要供应商在各方面与核心企业完全协调同步；由于连续几年低成本、高品质的要求，供应商的积极性受到打击，合作意愿较低。

（4）供应商结构臃肿及实力低下与低成本、高效率供应链挑战之间的矛盾。从目前的统计数据来看，供应商数量过多但实力低下，导致核心资源的供应无法真正得到保障；大多数供应商的管理处于初级阶段，工厂生产运作受物料的影响相对严重；关键原材料价格仍将在一个相对高位徘徊，若要求供应链在高成本压力中持续降低成本，以保证产品市场的价格优势，这将会持续导致物料供应进一步不稳定，增加物料准时交货的压力，影响生产的高效运作。

集团领导读着这份报告，除了担忧，更多的是欣喜——能够把问题找出来，就能够想办法解决。他在沉思，似乎看到了公司未来发展的美好景象。

思考题

1. 试补充案例中对供应链管理部问题的认识。

2. 弘泉集团下一步需要做的是什么？应该从哪些方面着手呢？

第5章

仓储技术与库存管理

本章学习目标

1. 理解仓储的定义，以及仓储活动的意义与性质。
2. 掌握储存的概念和作用，熟悉储存的多种方式。
3. 理解库存的定义与分类，掌握库存管理方法。
4. 掌握出入库管理的基本概念，理解入库与出库管理的流程。

案例导入：美的集团仓储与配送优化案例

1）美的集团背景介绍

美的集团创立于 1968 年，是一家专注于家电产业，同时涉足房地产、物流等领域的大型综合性现代化企业集团。作为中国最具规模的家电生产基地和出口基地之一，美的集团拥有遍布全国的营销网络，并在全球多个国家和地区设有分支机构。美的集团旗下拥有美的、威灵等多个知名品牌，并在全国多地建立了十大生产基地，总占地面积超过 700 万平方米。

2）美的集团仓储与配送面临的主要问题

随着业务规模的不断扩大，美的集团在仓储与配送方面遇到了一系列挑战。

（1）仓储资源不足。旺季期间，仓储资源严重不足，导致战略物资和瓶颈物料储备不足。同时，现有仓储资源较为分散，空间利用率低，整合难度大。

（2）物流功能区不完善与布局不合理，导致物流配送作业效率低下，增加了不必要的搬运作业量。

（3）仓储作业区设置结构不合理，周转箱、地台板等标准化、单元化程度低，影响了卸货、搬运效率。

（4）仓储管理技术不成熟，无法满足精确化货位管理要求，库存准确性及发货准时性难以保证。同时，仓储技术发展不平衡，信息化水平较低。

（5）经营管理理念落后。仓储和配送管理比较传统，缺乏供应链思想，与供应商、客户等的关系未得到充分重视。

（6）信息系统利用不足。在出入库等作业中，信息系统未得到充分应用，作业效率受到影响。

（7）仓储管理人才缺乏。缺乏专业的仓储管理人才，影响了仓储管理的整体水平。

3）美的集团应对策略

为应对上述挑战，美的集团采取了一系列措施。

（1）更新经营管理理念。建立仓库控制中心，统一管理人员、设备，改变任务管理分配方式。同时，强化供应链思想，与供应商、客户等建立更紧密的合作关系。

（2）引入先进的信息技术。引入 WMS 及条码系统软件，实现物料回厂情况、所处物流状态的实时跟踪和迅速配套。加快公共信息平台的建设，提高仓储管理信息化水平。

（3）优化基本作业方式。加强仓储管理人才培养，尤其注重人才的实践能力的培养。同时，优化仓储作业区设置结构，提高周转箱、地台板等标准化、单元化程度，提升卸货、搬运效率。

（4）改善仓储资源利用。整合现有仓储资源，提高空间利用率。根据市场供求关系确定仓储硬件设施建设与改造方向，做好仓储机械化、自动化、智能化的改造。

（5）调整物流功能区布局。优化仓库和线体布局，减少不必要的搬运作业量。设立合理的物料暂存区、回收物料存放区等，提高物流配送效率。

通过上述措施的实施，美的集团成功提升了仓储与配送管理的整体水平，为企业的发展提供了有力保障。未来，美的集团将继续加强仓储与配送管理，推动物流体系的持续优化和创新。

思考题

1. 美的为什么引入 WMS?

2. 引入 WMS 具有哪些好处?

5.1 仓储管理

5.1.1 仓储的定义

仓储在物流管理中占据重要地位，作为连接生产、供应、销售的中转站，它通过储存与保管确保物品的安全、完整和有序，对提高生产效率具有显著作用。从定义上看，"仓"即仓库，为存放、保管、储存物品的建筑物和场地的总称，其核心功能是存放和保护物品。"储"则涵盖了储存、储备的概念，表示收存以备使用，涉及物品的收存、保管、交付使用等一系列活动。

在物流管理的视角下，仓储是对原材料等物品进行储存、保管、管理、供给的作业活动。这一活动旨在确保物品在流通过程中不受损耗、变质和丢失，同时调节生产、销售和消费活动，维持社会生产、生活的连续性。在理解仓储概念时，需要关注以下几个关键要点。

（1）空间与设施。仓储的首要条件是具有足够的空间和相关设施来支持物品的存放与管理。这些空间可以是室内仓库、露天货场或临时仓储区域，具体取决于物品的性质和仓储需求。同时，仓储设施也至关重要，包括货架、托盘、叉车、搬运设备、温湿度控制系统等，以确保物品在仓储过程中得到妥善保管和维护。

（2）物品管理。仓储的核心是对物品的管理。这包括从物品的接收、分类、编号、标识，到仓储、保管、盘点和出库等一系列活动。在接收物品时，需要对其进行详细的检查和记录，以确保其数量、质量和规格与订单或合同要求相符。在仓储过程中，需要根据物品的性质和仓储条件采取适当的仓储方式与措施，以防止物品损坏、变质或丢失。同时，还需要对物品进行定期盘点和检查，以确保其数量和质量的准确性。

（3）信息管理。随着信息技术的发展，仓储管理越来越依赖信息系统。仓储活动需要实时记录物品的流转信息，如入库时间、数量、位置、保质期、批次号等，这些信息对于后续的查询、统计和分析至关重要。通过信息系统，可以实现对物品的实时监控和追踪，提高仓储管理的效率和准确性。同时，信息系统还可以与供应链其他环节进行集成，实现信息的共享和协同，提高整个供应链的效率和响应速度。

（4）成本控制。仓储活动需要投入一定的成本，包括场地租金、设施折旧、人员工资、能源消耗等。因此，仓储管理还需要关注成本控制。通过优化管理策略和技术手段，可以降低仓储成本，提高经济效益。例如，采用先进的仓储技术和设备，提高物品的仓储密度和搬运效率；采用合理的库存控制策略，减少库存积压和资金占用；通过引入第三方物流供应商，降低自营仓储的成本和风险。

（5）安全与合规性。在仓储过程中，需要确保物品的安全和完整，防止火灾、盗窃等安全事故的发生。同时，还需要遵守相关的法律法规和标准，如消防安全、环保要求、产品质量标准等。通过加强安全管理和合规性检查，可以确保仓储活动的顺利进行和可持续发展。

5.1.2　仓储活动的意义与性质

商品的仓储活动是由商品生产和商品消费之间的客观矛盾决定的。商品在从生产领域向消费领域转移的过程中，一般要经过商品的仓储阶段，这主要是由于商品生产和商品消费在时间、空间、品种和数量等方面的不同步引起的。这些不同步使仓储活动在整个物流系统中具有以下几个方面的意义。

1）仓储活动对国家进行战略性储备有保障作用

从整个国家的角度来讲，国家要对一些关系国计民生的重要物品（如粮、棉、油、药、军用物资及战备物资等）进行战略性储备，以保证国民经济可持续发展，防止战争、自然灾害给国民经济带来重大损失。同时，国家进行战略性储备对应对国际政治经济形势的变化、确保国家安全有十分重要的战略意义。

2）仓储活动是社会再生产过程得以顺利进行的必要条件

通过组织仓储活动，发挥仓储活动连接生产与消费的纽带和桥梁作用，来克服众多的相互分离又相互联系的生产者之间、生产者与消费者之间于商品生产和商品消费在地理上的分离，消除商品生产与商品消费在时间上的不一致，以及调节商品生产与商品消费方式的差异，使社会简单再生产和扩大再生产在拥有一定的商品资源的基础上顺利进行。具体来讲，仓储活动主要从以下几个方面保证社会再生产过程的顺利进行。

（1）克服商品生产与商品消费在地理上的分离。从空间方面来说，商品生产与商品消费的矛盾主要表现在商品生产与商品消费在地理上的分离。随着经济发展的全球化，企业生产的商品不再是仅仅满足本地区消费的需要，许多商品需要销往其他地区，或者在全国范围内销售，甚至销往全球各地。生产的规模越大、越集中，就越需要寻求更大的市场，将商品运送到更远的地方。另外，生产的社会化使不同商品的生产在地区间形成分工。为了更加充分地利用不同地区的自然经济条件和资源，一种商品的生产逐渐趋向于在生产该种商品最经济的地区进行。这样，就必须依靠运输将商品运送到其他市场中去。社会化生产的规律决定了商品生产与商品消费之间的矛盾不是逐渐缩小而是逐渐扩大的。随着商品生产的发展，需要运输的商品的品种、数量在增加，平均运输的距离也在不断增加。商品仓储活动的重要意义之一就是通过仓储活动平衡运输的负荷。

（2）消除商品生产与商品消费在时间上的不一致。商品生产与商品消费之间有一定的时间间隔，在绝大多数情况下，今天生产的商品不可能马上就能卖掉，这会产生商品的仓储活动。有的商品是季节生产、常年消费；有的商品是常年生产、季节消费。无论是何种情况，在商品从生产过程进入消费过程之间，都存在一定的时间间隔。商品在流通领域中暂时的停滞过程产生了仓储活动。同时，商品仓储又是商品流通的必要条件，为保证商品流通正常进行，就必须进行商品仓储活动，以消除商品生产与商品消费在时间上的不一致。

（3）调节商品生产与商品消费在方式上的差别。商品生产与商品消费的矛盾还表现在品种与数量方面。专业化程度越高，工厂生产的商品的品种越少，但是消费者却需要更多品种的商品。另外，企业为实现规模效益，生产的商品的品种比较单一，但是数量却很大。在消费方面，消费者需要更多品种的商品和较少的数量，这就要求在流通过程中，企业应不断地在商品品种上进行组合，在数量上进行分散，以满足消费者的需求。

3）仓储活动是保存商品使用价值的必要环节

商品储存在仓库中，受其本身的性质及环境因素的影响，商品会发生数量或质量的变化，甚至会失去使用价值。因此，在仓储活动中，应以了解商品自然属性为前提，围绕环境因素这个中心，预先采取相应的方法，加强对商品的养护，以防止和减少各种内、外因素对商品质量的不利影响，使其在储存期间不发生或少发生质量变化，从而达到保护商品使用价值的目的。同时注意商品的合理流向，充分发挥其应有的作用，实现时间上的优化配置。

4）搞好仓储活动是加快资金周转、降低物流成本、提高经济效益的有效途径

仓储是社会再生产过程中必然出现的一种形态，它对整个社会再生产，对国民经济各部门、各行业的生产经营活动的顺利进行都有着巨大的意义。然而，在仓储活动中，必须消耗一定的物化劳动和活劳动，尽管这些合理的费用支出是必要的，但是由于这些劳动不能创造使用价值，因而，在保证商品使用价值得到有效保护的前提下，费用支出越少越好。因此，搞好仓储活动，就必须减少商品在仓储过程中的物资耗损和劳动耗损，加速商品的流通和资金的周转，从而节省费用支出，降低物流成本，提高经济效益。

仓储活动本质上是管理活动，它是社会再生产过程中不可或缺的中间环节，在流通领域延续商品的生产过程。仓储活动涉及设施、设备、人力及商品养护，具有劳动力、劳动资料、劳动对象三要素。然而，仓储活动与生产活动有所不同：其一，仓储活动需要考虑成本效益，追求高效周转和降低成本；其二，仓储活动根据需求进行变动，具有不均衡性和不连续性；其三，仓储是联系生产和消费的桥梁，具有服务性质。此外，仓储活动还具有以下性质。

（1）仓储活动是社会再生产过程中不可缺少的一环。任何商品的使用价值只有在消费中才能实现，而商品从脱离生产到进入消费环节，一般情况下都要经过运输和仓储。所以，商品的仓储和运输一样，都是社会再生产过程中的中间环节。

（2）仓储活动具有生产三要素。仓储活动同其他的物质生产活动一样，具有生产三要素，即劳动力——仓库作业人员，劳动资料——各种仓储设施，劳动对象——储存的物质，三者缺一不可。仓储活动就是仓库作业人员借助仓储设施对商品进行收发保管的过程。

（3）仓储活动的生产特殊性。仓储活动具有生产性质，但是与一般物质生产活动相比又有不同的地方。仓储活动消耗的物化劳动和活劳动不改变劳动对象的功能、性质和使用价值，只是保持和延续其使用价值。仓储活动的产品无实物形态却有实际内容，即仓储劳务。所谓劳务，是指劳动消耗，要追加到商品的价值中去，追加多少价值取决于仓储活动的社会必要劳动。这就是商品经过储存时使用价值不变，但是其价值增加的原因。此外，作为仓储活动的产品——仓储劳务，其生产过程和消费过程是同时进行的，既不能储存也不能积压。

5.1.3　仓储的功能、作用与风险

1）仓储的功能

从整个物流过程看，仓储是保证这个过程正常运转的基础环节之一。仓储的价值主要体现在其具有的基本功能、增值功能、社会功能三个方面。

（1）基本功能

基本功能指为了满足市场的基本储存需求，仓库所具有的基本的操作或行为，包括储存、拼装、分类等基础作业。通过基础作业，商品得到了有效的、符合市场和客户需求的仓储处理，例如，拼装可以为商品进入物流过程中的下一个物流环节做好准备。基本功能是仓储的核心价值所在。

（2）增值功能

增值功能是指通过提供高质量作业和服务，为经营方和供需方带来额外利益。这是物流中心与传统仓库的主要区别。增值功能主要体现在提高客户满意度和传递准确信息（如仓库利用率、运输情况等）方面。传递的准确信息有助于企业做出明智的商业决策，提升经营效率，降低成本，从而实现额外经济效益。

（3）社会功能

仓储的基础功能和增值功能会给整个社会物流过程的运转带来不同的影响，良好的仓储作业与管理会带来好的影响，比如保证生产、生活的连续性。仓储的社会功能主要从以下三个方面理解。

① 时间调整功能。一般情况下，生产与消费之间会产生时间差，通过仓储，可以克服商品产销在时间上的隔离（如储存季节生产、全年消费的大米）。

② 价格调整功能。生产与消费之间也会产生价格差，供过于求、供不应求都会对价格产生影响。通过仓储，可以调节商品在供求上的不平衡，达到调控价格的效果。

③ 衔接商品流通的功能。仓储是商品流通的必要条件，为保证商品流通过程连续进行，就必须有仓储活动。通过仓储，可以防范突发事件（比如运输被延误，卖主缺货），保证商品顺利流通。对供货仓库而言，这项功能是非常重要的，因为原材料供应的延迟将导致商品生产流程的延迟。

2）仓储的作用

仓储处于生产和消费两大活动之间，在物流中起到"蓄水池"和"调节阀"的作用。流通仓库作为物流仓储的服务节点，在流通作业中发挥着重要的作用，它不再只以储存保管为目的，还会对商品进行分类、包装、配送、配载、拣选、检验、流通加工等活动。

仓储的作用如下。

（1）仓储是物流的主要功能要素之一。在物流体系中，运输和仓储被称为两大支柱。运输

承担着改变商品空间状态的重任，仓储承担着改变商品时间状态的重任。

（2）仓储是整个物流活动的必要环节之一。仓储是保证生产正常进行的必要条件，它使上一步生产活动顺利进行到下一步生产活动。

（3）仓储是保持商品原有使用价值和商品使用合理化的重要手段。生产和消费的供需在时间上的不均衡、不同步造成商品使用价值在数量上减少、质量上降低。只有通过仓储才能降低对商品的损害程度，防止商品过剩，使商品在效用最大的时间段发挥作用，充分发挥商品的潜力，实现商品的最大效益。

（4）仓储是加快资金周转、节约流通费用、降低物流成本、提高经济效益的有效途径。有了仓储的保证，就可以免除加班赶工的费用，免除紧急采购增加的成本。同时，仓储必然消耗一定的物化劳动和活劳动，也会占用资金，这些都说明仓储节约的潜力是巨大的。通过仓储的合理化，可以加速商品的流通和资金的周转，从而节省费用支出，降低物流成本，开拓"第三利润源"。

3）仓储的风险

仓储是物流系统中的一种必要活动，但是它也存在削弱物流系统效益、恶化物流系统运行的趋势。甚至有人明确提出，仓储中的库存是企业的"癌症"。仓储使企业付出一定的代价，这些代价主要包括以下几个方面。

（1）固定费用和可变费用支出。仓储使企业在仓库建设、仓储管理、仓库工作人员工资、福利等方面支出大量的费用，成本增加。

（2）机会损失。储存商品会占用资金，这些资金如果用于其他项目可能产生更高的收益。

（3）陈旧损失与跌价损失。随着储存时间的增加，商品可能发生数量和质量上的损失，严重时会完全丧失使用价值及价值。同时，一旦错过有利的销售期，又必须低价贱卖，不可避免地会出现跌价损失。

（4）保险费支出。为了分担风险，很多企业会对仓储物资投保，缴纳保险费。保险费支出在仓储物资总值中占了相当大的比例。在信息经济时代，社会保障体系和安全体系日益完善，保险费支出呈上升的趋势。

上述各项费用支出都是降低企业效益的因素，此外，在企业全部运营中，仓储费用对流动资金的占用达到 40%～70%的高比例，有的企业的仓储费用在某段时间内甚至占用了全部流动资金，使企业无法正常运转。由此可见，仓储既有积极的一面也有消极的一面。只有考虑到仓储的两面性，尽量使仓储合理化，才有利于企业物流业务活动的顺利开展。

5.2　储存

物品的储存是整个物流过程中的一个关键环节，被广泛称为"物流的支柱"。在商品交换过程中，商品的购买和销售活动虽然决定了商品的交换关系，但是如果没有有效的商品储存，这种交换关系将无法最终实现。商品储存涉及将商品暂时保留在合适的场所，以满足市场和客户的需求。储存可以确保供应链的连续性和稳定性，同时也为生产和销售活动提供了灵活性和便利性。合理的储存系统可以使包括商品在内的物品得到保护，防止损耗、变质和丢失，保持物品的质量和完整性，同时确保物品的供应和交换的顺利进行。通过优化储存环节，企业可以提高物流效率，降低成本，并满足客户需求。

5.2.1　储存的概念

储存是指在特定的时间和地点，以适当的方式进行物品的储存活动，包括库存和储备等。商品储存是指在商品生产完成后，到达消费者手中之前的储存过程。储存可以改变物品的时间状态，以消除生产和需求之间的时间差，从而产生更好的效用。

在物流学中，储存是一种以改变物品的时间状态为目的的活动，其效用在于消除生产和需求之间的时间差。然而，在现实工作中，人们常常将库存、储备、储存、仓储这几个概念混淆使用，实际上它们有共同之处，也有区别。库存指的是仓库中暂时停滞的物品存量。这种暂时停滞可能由各种原因引起。库存的形成可能包括各种形式的储备和被动的仓储，以及完全的积压。储备是有目地储存物品的行动，也是指这种有目的的行动及其对象的总体。物资储备的目的是确保社会的连续、有效再生产。因此，物资储备是一种有目的的、能动的形式，特别是指在生产和消费之间的物资停滞。储存是一个广泛的经济现象，包括库存和储备。在任何社会形态中，由于各种原因形成的物资停滞都需要进行储存，无论是哪种类型的物资，在进入生产加工、消费、运输等环节之前或之后，都需要进行储存。这种储存并不一定局限于仓库，可以发生在任何位置，也可能永远无法进入再生产和消费领域。在仓库中进行的商品储存被称为仓储。

5.2.2　储存的作用

根据上述储存的概念和意义，可以看出储存在物流过程中起着极为重要的作用，它不仅创造着物流的时间效益，而且保障商品的使用价值不受到损害。其作用主要表现在以下几个方面。

（1）社会再生产的物质条件。储存确保了生产过程中所需的物品的供应，从而保证了社会再生产的连续进行。无论是生产储存还是流通储存，都是为了满足不同领域的生产和消费需求。

（2）调节和协调经济发展。储存可以调节不同部门和地区之间的供需关系，帮助平衡经济发展的不均衡性。通过储存物品，可以调节供应和需求之间的关系，起到协调各部门、各地区经济平稳发展的作用。

（3）解决时间差问题。储存是物流过程中解决时间差问题的关键环节。它为物流系统提供时间效用，确保物流过程的顺利进行。通过储存物品，可以缩小生产和需求之间的时间差，提供及时的供应。

（4）应对意外情况。储存物品可以作为应对意外情况的物质基础。在社会经济发展中，各种意外事件随时可能发生，如自然灾害、战争等。通过储存一定数量的物品，可以应对这些意外情况，保障社会经济的正常发展。

（5）保障商品的使用价值。储存的关键是有效地保护和保管商品，以确保商品的使用价值不受损害。通过采取适当的保管措施和技术，控制储存商品受到的自然条件和时间因素的影响，确保商品的使用价值不发生变化。

5.2.3 储存的方式

按照储存的经营主体，可以将储存的方式分为自有仓库和租赁仓库两种。它们的优缺点如表 5-1 所示。

表 5-1 自有仓库、租赁仓库的优缺点

储 存 方 式	优 点	缺 点
自有仓库	拥有较高的灵活性和控制权；长期稳定性；较高的柔性化水平；低成本优势（仓库利用率在70%以上）；获得税收优惠；树立企业形象；发挥人力资源优势（特殊人才）	财务方面的限制[属于长期性（使用年限20～40年）、高风险的投资]；成本高；需要雇佣、培训员工；仓储管理设备更新成本高；作业系统设计成本高；投资回报率低，导致缺乏持续投资；容量固定
租赁仓库	节省资金；缓解仓储压力；降低投资风险（技术设备的不断更新和商业运营模式的日新月异）；避免管理困难；便于企业掌控保管和搬运成本	增加了企业的长期包装成本；增加了企业的控制难度；增加了沟通方面的困难；缺少个性化服务；较高的限制和依赖性

对于企业而言，选择自有仓库还是租赁仓库，是一个重要的决策问题。通常从总成本最低化的角度分析两种储存方式的成本结构和影响因素，同时需要考虑其他方面。自有仓库的成本结构包括固定成本和可变成本。固定成本包括土地购买费用、建筑物建设费用、设备采购费用等。可变成本包括人工成本、水电费、维护费用等。租赁仓库的成本结构仅包含可变成本，包括租金、水电费、人工成本等。除了总成本最低化，企业还需要考虑周转率、需求的稳定性、市场密度、管理水平等方面，同时要根据不同的保管对象、储存功能、处理方式等，基于不同的侧重点选择储存方式，如表 5-2 所示。

表 5-2 其他储存方式

标 准	储存方式	主 要 内 容
保管对象	普通型物品	不需要满足特殊条件的物品的储存（如一般生产物质、生活用品、普通工具等杂货类物品）
	特殊型物品	有特殊要求和需要满足特殊条件的物品的储存（如危险品、粮食、冷冻品等）

续表

标　准	储存方式	主　要　内　容
储存功能	储备型	需要较长时间存放的物品的储存
	物流中心型	为实现有效物流管理，对物流的过程、数量、方向进行控制的储存；为实现物流的时间效用进行的储存
	配送型	物品在配送交付消费者之前进行的短期储存
	运输转换型	衔接不同运输方式的储存
处理方式	存储型	为保持物品原样不变进行的储存
	加工型	在保管期间根据存货人的要求对物品进行一定加工的储存
	消费型	保管人在接受储存物品时，同时拥有储存物品的所有权，保管人在仓储期间有权对储存物品行使所有权；在仓储期满时，保管人将同品种和数量的替代物品交还给存货人进行的储存
集中程度	集中型	储存大数量的物品并集中在一个场所之中
	分散型	储存点在地理上形成较广区域的分布，每个储存点的储存数量相对较低
	零库存型	某一领域不再保有库存，以无库存（或很低库存）作为生产或供应保障的一种方式
储存在社会再生产中的作用	生产储存	工矿企业为了保持生产的正常进行而保有的物品的储存。这种储存存在于生产领域中，已经脱离了流通领域但尚未投入生产领域
	消费储存	消费者为了保持消费的需要而保有的物品的储存。这种储存存在于最终消费领域中，已经脱离了流通领域但尚未进入消费领域
	流通储存	社会再生产中为保证再生产的正常进行而保持在流通领域中的"物"的暂时停滞。这种储存进入流通领域但尚未进入再生产领域和消费领域
	国家储存	国家有关机构代表国家出于全国性的特殊原因进行的物品的储存

5.2.4　储存作业与技术

仓库是储存货物的载体，通常以建筑物为主，也可以是车辆、船舶、集装箱等设备，甚至可以是地面或水面。仓库的储存作业过程涵盖了从接受储存任务开始，到仓库准备、货物接收、堆放、保管和交付的整个过程。在这个过程中，仓库必须处理各种事务、承担各项工作，并承担相应的责任。

储存作业过程包括劳动作业和管理过程。劳动作业涵盖装卸搬运、堆垛等活动；管理过程包括货位安排、理货检验、保管、货物记账、统计报表等管理任务，还包括接货交接、交货交接、残损处理等商务作业。

储存的基本作业过程可以分为三个阶段。

（1）货物入库阶段。在这个阶段，仓库接收待储存的货物。该阶段涉及货物的接收、验收、分类和登记。仓库人员需要检查货物的数量、质量和完整性，并将其分类放置到适当的位置或货位。同时，仓库还会进行相关的记录和登记，以便后续管理和追踪货物。

（2）货物保管阶段。一旦货物入库，仓库就要负责妥善保管这些货物。在货物保管阶段，仓库人员会根据货物的性质、特点和需求进行货位的规划与安排，确保货物的安全性、可访问性和便捷性。在货物保管过程中，仓库作业人员还会对货物进行检查、保养、防潮、防火等工作，以确保货物完好无损。

（3）货物出库阶段。当需要将货物交付给客户或其他部门时，仓库作业人员会进行货物出库操作。在这个阶段，仓库作业人员会根据需求进行货物的拣选、装载和出库登记。同时，仓库作业人员还需要与相关方面进行交接，确保货物的准确性、完整性和交付的及时性。

通过以上三个阶段的妥善管理和操作，仓库可以确保货物的安全保管、高效处理和及时交付。同时，仓库还需要与其他部门协调合作，以实现整体物流的顺畅运作。储存的基本作业过程如图 5-1 所示。

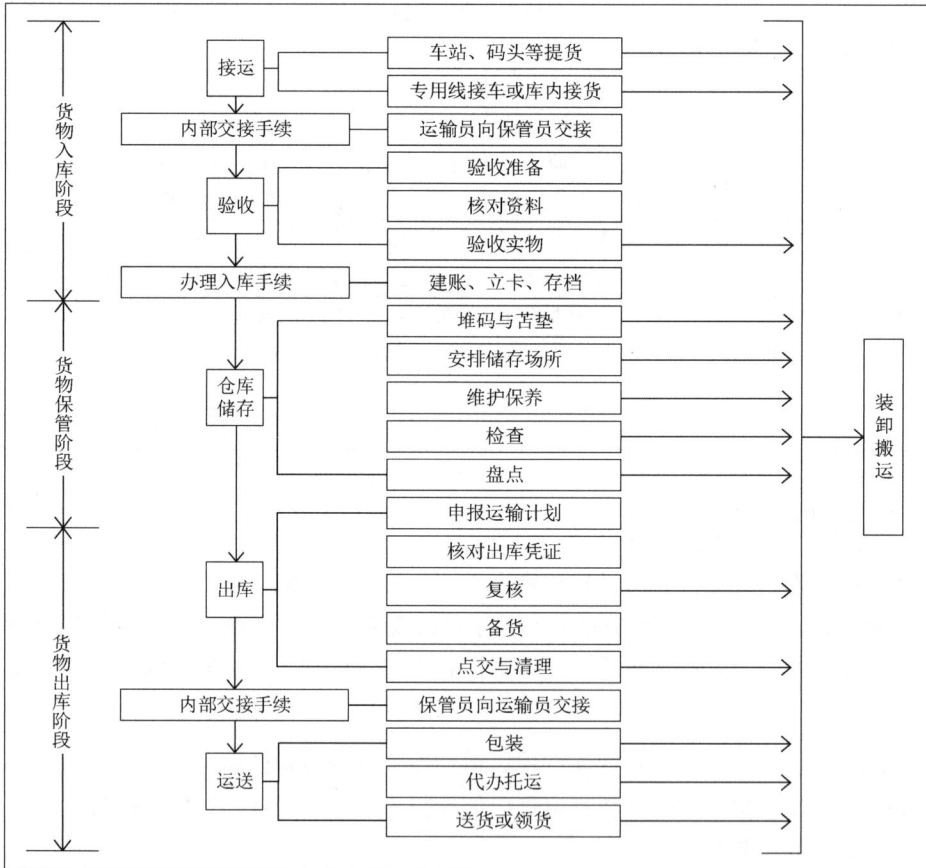

图5-1　储存的基本作业过程

仓库系统布局是储存作业管理的首要硬件条件，直接关系着储存作业的效率。它包括仓库布局原则和仓库设备配置两个方面的管理。仓库布局原则如表 5-3 所示。

表 5-3 仓库布局原则

主 要 原 则	内 容
仓库位置选择	仓库布局模式需要考虑客户、自然条件、运输、用地和法规等因素，包括辐射型（仓库设在分散客户的中心位置）、吸收型（仓库设在分散的生产据点的中心位置）、聚集型（四周分散的仓库集中向中心用户密集的经济区域服务）、扇形（仓库设在客户的一个侧面而不是中心）等仓库布局
仓库内部布局	考虑仓库的主要功能、储存任务、保管对象、货位布置及固定与否、机械化程度、通道与货架占用空间、平面或立体布局、分拣作业要求、仓库环境要求等因素

仓库设备配置如表 5-4 所示。

表 5-4 仓库设备配置

功 能 要 求	设 备 类 型
存货、取货	货架、叉车、堆垛机械、起重运输机械等
分拣、配货	分拣机、托盘、搬运车、传输机械等
验货、养护	检验仪表、工具、养护设施等
防火、防盗	温度监视器、防火报警器、监视器、防盗报警设施等
控制、管理	计算机及辅助设备等
流通加工	所需的作业机械、工具等
配套设施	站台（货站）、轨道、道路、场地等

仓库内部区域通常划分为生产作业区和辅助作业区。内部区域规划如图 5-2 所示。其中，C#、D#、E#为生产作业区，是仓库的核心区域，是用于储存、检验和装卸货物的场所，包括库房、货场、货棚、站台、磅房、检验室，以及铁路和公路等运输通道。J#、K#、L#、M#、N#是仓库主要的操作区域，用于临时存放货物、进行货物的装卸和检验等作业。辅助作业区分为两部分，第一部分是 A#、B#、O#、P#、Q#、R#，为物资储存保管业务提供生产服务的设施，比如车房、配电室、油库、

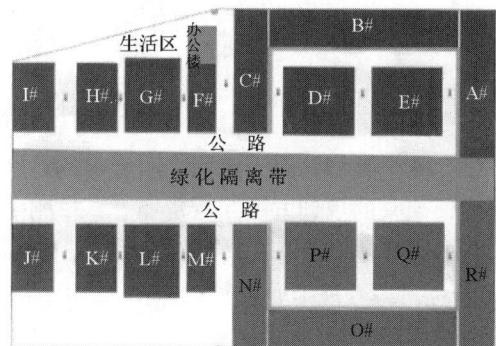

图5-2 内部区域规划

材料库、维修车间和包装站等。这些设施为仓库的运营提供支持，包括维护设备、供应电力、储存油料、管理材料库存、进行维修和包装等工作；第二部分是 I#、H#、G#、F#，为仓库的生活和业务管理提供服务的设施，包括宿舍、食堂、文化娱乐场所和办公室等。这些设施用于员工的居住、用餐、休闲娱乐，并提供办公空间用于负责仓库的业务管理和运营活动。通过合理划分生产作业区和辅助作业区，仓库可以实现高效的货物储存和管理，同时提供必要的支持和服务，确保仓库运作的顺利进行。

仓库内部区域规划应从以下几个方面考虑。

（1）根据储存任务设置足够的库房和货场。

（2）制定合理的仓容定额。

（3）合理设置专用线和装卸机械。

（4）货位布置方式，比如垂直或平行的货物布置方式，如图 5-3 所示，以及倾斜式的货物布置方式，如图 5-4 所示。

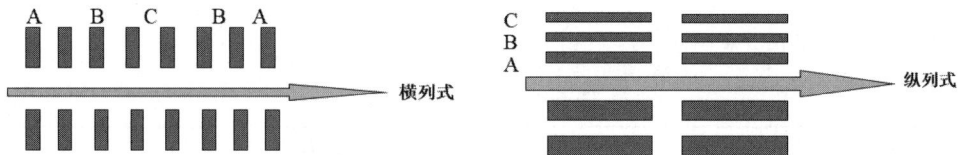

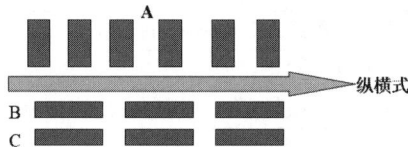

图5-3　垂直或平行的货物布置方式

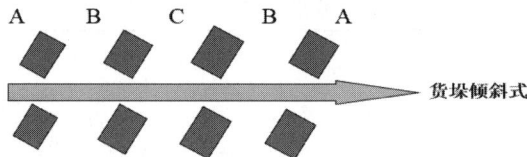

图5-4　倾斜式的货物布置方式

（5）统一编号、四号定位。四号定位是将库房、货架、层数、货位号等按规律编号，并和账面统一起来的规划方法。在货场上、料棚中，可用货区号、点好、排号、位号定位。用数码和字母的组合混合编号比较好。例如，K5AB10d15，表示 5 号库房 AB 货区第 10 号货架第 4 层 15 号货位。编号规则如表 5-5 所示。其中，符号 K 代表库房，P 代表货棚，C 代表货场，用于区分储存场所类型。

表 5-5　编号规则

顺序号	1	2	3	4	5	6
表示内容	库棚场别	库棚场号	货区号	货架（垛）号	货架（垛）层号	货位号
符号	KPC	数字	大写字母	数字	小写字母	数字

仓库货物的分区分类储存是根据"四一致"原则（性能一致、养护措施一致、作业手段一致、消防方法一致），将仓库划分为多个保管区域，并将储存的货物分为不同类别，以便统一规划、储存和保管。专仓专储是指根据货物的特殊性或用途将相关货物单独存放在具备相关条件

的仓库中进行专项存储。区别于一般的仓库分区分类储存，专仓专储的主要区别在于仓库的性质、储存的货物的种类和数量、储存的货物的性质。专仓专储通常用于特定货物或需要特殊管理的货物，确保其安全和质量。仓库货物的分区分类储存的主要作用如下。

（1）缩短货物拣选和收发作业的时间，提高作业效率。

（2）合理利用仓容，提高仓库的利用率。

（3）有利于保管员熟悉货物的性能，提高保管养护的技术水平。

（4）可以合理配置和使用机械设施，提高机械化和自动化操作程度。

（5）有利于货物的安全储存，降低损耗。

通过分区分类储存，仓库可以实现对不同类别货物的有效管理和保管，提高仓库的运作效率，同时确保货物的安全与质量。

5.2.5　自动化立体仓库与分拣设备

自动化立体仓库是一种基于自动化技术和立体仓储结构的现代化仓储系统，它利用自动化设备与系统实现对货物的高效、精确的存储和检索。与传统的平面仓库相比，自动化立体仓库具有更大的存储容量、更高的存储密度和更快的操作速度。自动化立体仓库通常采用立体仓储结构，包括高架货架、穿梭车、输送设备、提升机等。

1）自动化立体仓库的主要组成部分和设备

（1）高架货架。高架货架是用于储存货物的主要结构，它可以按照设定的高度和间距将货物垂直地存放在多层货架上。高架货架通常由钢材或者其他坚固的材料制成，具有承重能力强和耐用性好的特点。

（2）穿梭车。穿梭车是一种自动化设备，用于在高架货架之间移动，完成货物的存储和检索任务。穿梭车通常为电驱动，可以沿着货架的水平和垂直方向移动，将货物从指定位置取出或放入指定位置。

（3）输送设备。输送设备用于将货物从一个位置运送到另一个位置，以实现货物的流转和分拣。常见的输送设备包括传送带、滚筒输送线、链板输送机等。根据仓库的需求和布局，可以选择不同类型的输送设备。

（4）提升机。提升机用于垂直运输货物，将货物从低层运送到高层或从高层取下。提升机通常为电驱动，具有较强的承载能力和较快的升降速度，可有效提高货物的运输效率。

2）自动化立体仓库常见的分拣设备

（1）自动分拣机。自动分拣机由传感器、控制系统和机械装置组成，可以对货物进行自动识别、分类和分拣。它通常具有高速度和高精度的分拣能力，适用于大量货物的分拣作业。

（2）摆臂式分拣机。摆臂式分拣机通过摆动臂与抓取器实现对货物的抓取和放置，完成分拣任务。它可以根据预设的分拣规则将货物放置在相应的目标位置，具有较高的灵活性和可靠性。

（3）输送线分拣系统。输送线分拣系统通过多条输送线和分拣口将货物从入口输送到合适的分拣口进行分拣。它可以根据货物的属性或目的地将货物分流到不同的分拣口，实现高效的分拣操作。

在当今快速发展的商业环境中，智慧仓储已经成为企业提升效率、降低成本的重要手段。智慧仓储不仅仅是简单的仓储管理，它通过先进的技术手段实现了仓储作业的自动化、信息化和智能化。智慧仓储系统的引入使得企业在面对复杂的供应链需求时能够更加灵活和高效地应对。例如，自动化立体仓库通过堆垛机和输送系统的配合实现了货物的自动存取；智能分拣系统则可以利用机器视觉和机器人技术快速准确地完成订单分拣。这些技术的应用不仅提升了仓储作业的速度，还降低了人力成本，为企业带来了显著的经济效益。自动化立体仓库是仓储管理的重要组成部分。它通过自动化设备实现货物的高效存储和取出，优化空间利用率，并减少人工操作的时间和劳动强度。

3）常见的储存保管技术和储存保管设备

货物经过运输工具运输至仓库，经过入库前的清理点算后进入仓库，进行储存。从货物的入库至最终的出库，需要根据货物的属性及储藏的条件进行操作，以下是常见的储存技术和储存设备。

（1）托盘技术

托盘是用于集装、堆放、搬运、运输的放置货物的水平平台装置，市面上常见的托盘种类如图 5-5 所示。

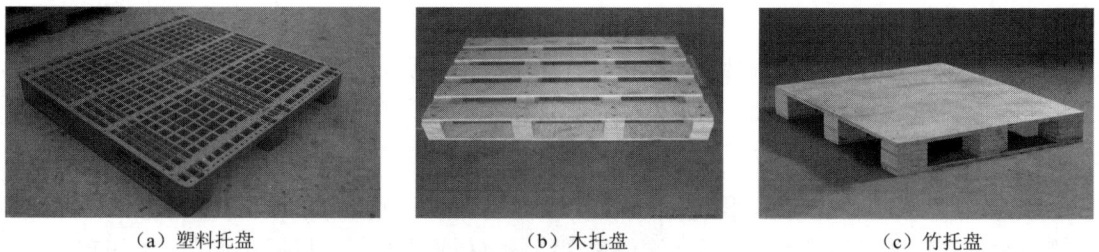

| （a）塑料托盘 | （b）木托盘 | （c）竹托盘 |

图5-5　常见的托盘种类

托盘是物流过程中承载货物的集装单元化工具之一，是与装卸搬运机械配套使用的重要集装器具，在仓库储存中使用最多，范围最广。

① 平托盘。常见的平托盘有单面型塑料托盘和双面型托盘，分别如图 5-6 和图 5-7 所示。

② 柱式托盘。柱式托盘如图 5-8 所示。

③ 箱式托盘。箱式托盘是在平托盘的基础上发展起来的，多用于散件或散状物料的集装，金属箱式托盘还可用于热加工车间集装热料。箱式托盘如图 5-9 所示。

④ 轮式托盘。轮式托盘也称物流台车，是在箱式托盘、柱式托盘的底部装上脚轮而成，既便于机械化搬运，又便于短距离的人力移动。轮式托盘如图 5-10 所示。

图5-6　单面型塑料托盘

图5-7　双面型托盘

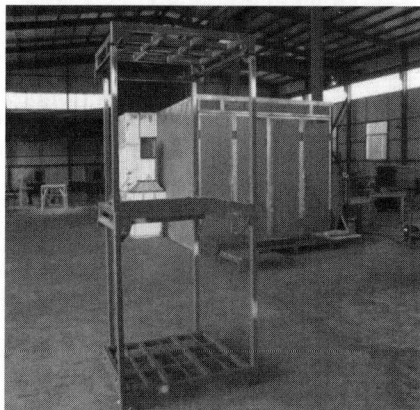

图5-8　柱式托盘

图5-9　箱式托盘

图5-10　轮式托盘

托盘主要有以下几个特点。

① 自重小。装卸、运输时托盘本身消耗的劳动较少，无效运输及装卸现象相比集装箱更少。

② 返空容易。返空时占用运力很少——由于托盘造价不高，又很容易互相代用，互用对方托盘抵补，所以无须像集装箱那样一定有固定归属者，返空比集装箱容易。

③ 装盘容易。托盘装盘无须像集装箱那样深入箱体内部，装盘后可采用捆扎、紧包等技术

处理，使用简便。

④ 装载量有限。装载量虽然比集装箱小，但是集中一定数量的托盘仍然比一般包装的组合量大得多。

⑤ 保护性差。托盘的保护性比集装箱差，露天存放困难，需要有仓库等配套设施。

目前流通中的托盘规格比较多。常见规格包括：2000mm×1000mm、1500mm×1100mm、1500mm×1000mm、1400mm×1200mm、1300mm×1000mm、1200mm×1000mm、1200mm×800mm、1200mm×1100mm、1100mm×1000mm、1100mm×1100mm、1100mm×900mm、1000mm×1000mm、1000mm×800mm、1200mm×1200mm、1300mm×1600mm、1300mm×1100mm 等。其中塑料托盘的规格相对比较集中，主要是 1100mm×1100mm（1100 系列）和 1200mm×1000mm（1200 系列），这两种规格约占塑料托盘的 50%左右。同时使用较多的还有 1140mm×1140mm（1140 系列）和 1219mm×1016mm（1219 系列）。

我国目前实施的 GB/T 2934—2007 中，规定联运通用平托盘标准的托盘尺寸为 1200mm×1000mm 和 1100mm×1100mm 两种。日本现行的 JIS20601—2001《组合货物托盘联运通用平托盘》规定标准托盘尺寸为 1100mm×1100mm。欧洲目前常用的标准托盘规格有四种，分别是1200mm×1000mm、1200mm×800mm、1140mm×1140mm 和 1219mm×1016mm。

（2）货架技术

货架是仓库中专门用于存放成件货物的保管设备，是仓库现代化和提高效率的重要工具。目前企业的仓储库房货架种类越来越趋向于自动化、智能化。其主要特点如下。

① 可通过增大货架高度来显著提升仓库的储存能力。

② 货架上的货物相互不接触、不挤压，减少货损。

③ 货物存取方便，结合计算机管理易实现先进先出。

④ 可采用防潮、防尘、防盗等措施来提高货物储存质量。

⑤ 有利于实现仓储系统的自动化管理。

（3）货架的分类

按照货架的结构、承载量和高低划分，货架可分为不同的类别，有着不同的适用范围。

① 按照货架的结构划分

a．整体式货架——货架是库房的骨架，屋顶支撑在货架上。

b．分体式货架——货架独立建在库房内，货架与仓库分开。

② 按货架的承载量划分

a．轻型货架——每层承重在 150kg 以下，如超市货架。

b．中型货架——每层承重在 150～500kg，如中型工业货架。

c．重型货架——每层承重在 500kg 以上，如重型工业货架。

③ 按货架的高度划分

a．低层货架——高度在 5m 以下，用于普通仓库。

b．中层货架——高度在 5～15m，可用于立体仓库。

c．高层货架——高度在 15m 以上，一般用于立体仓库。

4）常见的货架

（1）托盘式货架

托盘式货架又称工业货架，一般采用叉车等装卸设备作业，是以托盘单元方式来保管货物的货架，是机械化、自动化货架仓库的主要组成部分。工业货架如图 5-11 所示。

（2）屏挂式货架

屏挂式货架适用于多品种或多规格的各种小型零件的储存。屏挂式货架如图 5-12 所示。

图5-11　工业货架

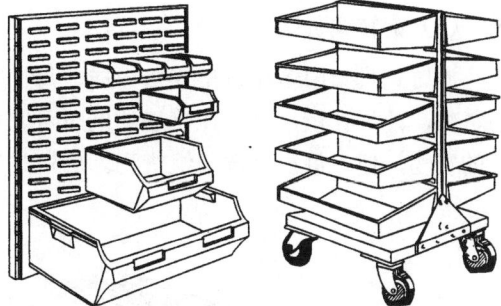

（a）固定式　　　　（b）移动式

图5-12　屏挂式货架

（3）重力式货架

重力式货架在货架每层的通道上安装有一定坡度的、带有轨道的导轨，入库的单元货物在重力的作用下由入库端流向出库端。重力式货架如图 5-13 所示。

图5-13　重力式货架

（4）悬臂式货架

悬臂式货架是指货架前端没有立柱，货物被存放在固定于后立柱的悬臂梁上。悬臂式货架如图 5-14 所示。

单臂式

双臂式

图5-14　悬臂式货架

（5）旋转式货架

旋转式货架由多排货架连接而成，每排步进式整体移动，每排可放同一品种不同包装大小的货物，便于计量，具有在拣选的同时可完成分货的功能；每排的不同货格中可以存放互相配套的货物，便于每次拣选一组货物。旋转式货架如图 5-15 所示。

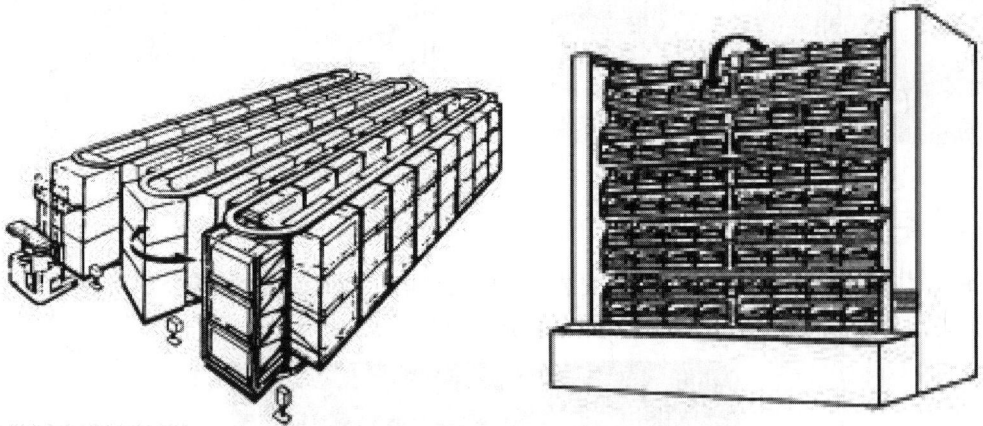

图5-15　旋转式货架

（6）阁楼式货架

阁楼式货架的底层货架不但是保管物品的场所，而且可以作为上层建筑承重梁的支撑（柱），使承重梁的跨距大大减小，建筑费用大大降低。阁楼式货架适用于库房较高、货物较轻、需要人工存取、储货量大的情况，也适用于对现有旧仓库的技术改造，可提高仓库的空间利用率。阁楼式货架如图 5-16 所示。

图5-16 阁楼式货架

（7）组合式货架

组合式货架的尺寸可根据货物的大小进行调整。组合式货架如图 5-17 所示。

（8）贯通（驶入）式货架

贯通式货架是可供叉车（或带货叉的无人搬运车）驶入、存取单元托盘货物的货架。贯通式货架如图 5-18 所示。

图5-17 组合式货架

图5-18 贯通式货架

（9）移动式货架

移动式货架是指在货架的底部安装运行车轮，可在地面上移动的货架。移动式货架如图 5-19 所示。

图5-19　移动式货架

5.3　库存管理

5.3.1　库存的定义与分类

1）库存的定义

库存作为企业经营活动的核心，是指为应对未来销售、生产或其他业务需求而预先储备的各类物品的集合。这些物品包括但不限于原材料、半成品、已完成的成品，以及在运输途中的在途物资和处于生产过程中的在制品等。

2）库存的分类

（1）按物品状态分类

① 原材料库存——尚未加工成产品的初始材料，如布料、金属、塑料等。

② 半成品库存——已经经过部分加工，但尚不是最终产品形态的物品，如已切割的木板、已组装的部件等。

③ 成品库存——已完成全部生产过程，可以直接销售给客户的物品。

（2）按存储位置分类

① 在库库存——存储在企业自有仓库或租赁仓库中的物品。

② 在途库存——处于运输过程中，尚未到达目的地的物品。

③ 在生产线上的库存——正在生产线上加工或等待加工的物品。

（3）按需求稳定性分类

① 稳定需求库存——市场需求相对稳定，库存量可以依据历史销售数据进行预测的物品。

② 波动需求库存——市场需求变化较大，需要依据实时销售数据和市场趋势进行库存调

整的物品。

（4）按管理策略分类

① JIT 库存——追求零库存的管理理念，要求在需要时恰好到达，减少库存积压的物品。

② 安全库存——为防止市场波动或供应链中断而保留的额外库存。

③ 季节性库存——为应对季节性需求变化而储存的物品。

（5）按所有权分类

① 自有库存——企业完全拥有所有权的库存。

② 托管库存——企业虽不拥有所有权，但委托第三方进行管理的库存。

③ 联营库存——由多个企业共同拥有和管理的库存。

5.3.2　库存的作用与风险

1）库存的作用

在供应链与物流管理的背景下，库存的作用主要体现在以下几个方面。

（1）确保供应的连续性。库存是供应链中不可或缺的一环，它能够确保在生产和销售的过程中，原材料、半成品和成品等物品能够持续供应，避免因缺货而导致生产中断或销售延误。

（2）满足市场需求。通过合理的库存管理，企业可以预测市场需求并提前储备相应的物品，从而及时满足客户的购买需求，提高客户满意度。

（3）优化成本。适量的库存可以避免因频繁采购而增加的运输、仓储等成本，同时也可以通过批量采购享受价格优惠，降低采购成本。

（4）应对市场波动。市场需求往往存在波动性和不确定性，库存可以作为一种缓冲机制，帮助企业应对市场的突发情况和变化，保持运营的稳定性。

（5）提高生产效率。通过合理的原材料和半成品库存管理，企业可以确保生产线的连续运行，减少因原材料短缺而导致的生产停顿，提高生产效率。

2）库存的风险

库存也存在一些风险，这些风险可能对企业造成负面影响。

（1）占用资金。库存的储存和管理需要占用大量的资金，包括采购成本、仓储成本、保险费用等，这会降低企业的资金利用率。

（2）增加风险。库存的积压可能增加企业的风险，如市场需求变化导致库存积压、物品过期或损坏等，这些风险会给企业带来经济损失。

（3）增加管理成本。库存的管理需要投入大量的人力、物力和财力，包括对库存管理系统的维护、库存数据的分析、库存的盘点等，这会增加企业的管理成本。

（4）掩盖问题。过多的库存可能掩盖供应链和物流管理中的问题，如生产计划不合理、采购决策失误等，这些问题如果得不到及时解决，会进一步加剧库存的积压和浪费。

（5）降低灵活性。大量的库存可能降低企业的灵活性，使企业在面对市场变化时难以快速调整生产计划和销售策略，从而影响企业的市场竞争力。

5.3.3　JIT 库存管理

在供应链与物流管理的实践中，库存控制是确保企业运营顺畅、成本控制得当的关键环节。在众多库存控制方法中，JIT 库存管理是一种在需要时准确地交付所需物料或零部件，以实现库存最小化的方法。它依赖于紧密的供应链合作和高效的生产计划，以保证生产和交付的及时性，从而降低库存水平和库存成本。

1）JIT 库存管理概述

JIT 库存管理，顾名思义，即"恰好-按时"库存管理，强调生产和交付过程中零部件和成品的准确、及时交付，以满足实际需求，实现库存最小化。它是一种基于精细生产计划和高效供应链管理的库存控制方法，旨在实现生产过程的精益化和资源的最优利用。

2）JIT 库存管理要点

（1）精细生产计划。JIT 库存管理依赖精细生产计划，以确保企业在客户需求发生变化时能够快速调整生产进程，并及时满足订单需求，避免库存积压或缺货。

（2）供应链协同。JIT 库存管理强调供应链各环节之间的紧密合作和信息共享，以确保零部件和原材料的及时供应，避免因供应链中断而导致的生产延误或缺货情况。

（3）零库存目标。JIT 库存管理的最终目标是实现零库存或极低的库存水平，以最大限度地降低库存持有成本和库存风险，同时提高资金周转率和生产效率。

（4）质量管理。JIT 库存管理强调产品质量的重要性，通过严格的质量管理和过程控制确保生产出的产品符合客户要求，减少因质量问题而导致的废品和返工，提高生产效率和客户满意度。

3）JIT 库存管理实施步骤

（1）生产流程优化。优化生产流程，减少生产环节和物料运输时间，提高生产效率和灵活性，以满足 JIT 库存管理的需求。

（2）供应链合作加强。加强与供应商和合作伙伴的合作，建立稳定、可靠的供应关系，确保零部件与原材料的及时供应和交付。

（3）库存水平监控。定期监控和评估库存水平，确保库存处于合适的水平，既能满足客户需求，又能避免库存积压或缺货情况。

（4）成本效益评估。评估 JIT 库存管理的成本效益，包括库存成本、运输成本、生产成本等方面的变化，以确定实施 JIT 库存管理后的经济效益和运营改进情况。

（5）客户满意度调查。通过客户满意度调查和反馈，了解客户对产品交付时间和产品质量的满意度，评估 JIT 库存管理对客户服务水平的影响。

4）JIT 库存管理优势

（1）降低库存成本和持有成本。

（2）提高生产效率和资源利用率。

（3）提高客户服务水平和交付准时率。

5）JIT 库存管理挑战

（1）需要投资于信息系统和生产技术的升级与改进。

（2）对生产和供应链的要求高，需要稳定的供应链和精细生产计划。

（3）对产品质量和交付时间的要求更高，需要加强质量管理和生产过程控制。

（4）通过实施 JIT 库存管理，企业可以有效降低库存成本，提高生产效率和客户服务水平，从而获得竞争优势和经济效益。

5.3.4　供应链环境下的库存问题与优化策略

在复杂的供应链环境中，库存管理不仅是物流管理的核心部分，更是企业实现高效运营、控制成本和提升竞争力的重要环节。然而，多种因素使得供应链环境下的库存管理面临诸多挑战。

1）牛鞭效应及其缓解策略

牛鞭效应，即供应链下游需求信息的微小波动在上游被显著放大的现象，是库存管理中的一大难题。为了缓解这一效应，企业需要采取以下措施。

（1）加强信息共享。通过构建信息共享平台，实现供应链上下游企业之间的实时数据交换，确保信息的准确性和及时性。

（2）协同规划。与供应商、分销商等合作伙伴共同制订供应链计划，确保各方目标一致，减少因信息不对称导致的库存波动。

（3）优化供应链管理策略。采用先进的供应链管理方法，如精益供应链管理、敏捷供应链管理等，提高供应链的响应速度和灵活性。

2）供应商可靠性问题及其应对策略

供应商可靠性不足可能会导致物品供应中断或延迟，严重影响企业的生产计划和库存水平。为了解决这一问题，企业应采取以下措施。

（1）建立稳定合作关系。与供应商建立长期稳定的合作关系，确保物品供应的稳定性和可靠性。

（2）加强供应商评估与管理。定期对供应商进行评估和审计，确保供应商符合企业的质量标准和交货要求。

（3）寻求多元化供应渠道。建立多元化的供应渠道，降低对单一供应商的依赖，提高供应链的抗风险能力。

3）市场需求的波动性和不确定性及其管理策略

市场需求的波动性和不确定性使得企业库存管理面临巨大挑战。为了应对市场需求的波动性和不确定性，企业需要采取以下措施。

（1）加强市场研究。通过市场调研、客户访谈等方式了解市场需求趋势，为库存决策提供有力支持。

（2）提高销售预测准确性。运用先进的数据分析技术和预测模型，提高销售预测的准确性和可靠性。

（3）制定灵活的库存管理策略。根据市场需求的变化灵活调整库存和采购计划，确保库存与市场需求相匹配。

4）库存成本控制与优化

库存成本是企业运营中不可忽视的一部分。为了控制与优化库存成本，企业需要采取以下措施。

（1）制定合理的库存策略。根据市场需求、产品特性等因素制定合理的库存策略，如经济订货量（EOQ）、安全库存水平等。

（2）优化采购计划。通过集中采购、长期合同等方式降低采购成本，同时确保物品供应的稳定性。

（3）加强库存管理。采用先进的库存管理技术和方法，如 ABC 分类法、定期盘点等，降低库存损耗和浪费。

5.4 出入库管理

出入库管理是供应链与物流管理中不可或缺的一环，它直接关系到企业物品流动的效率和准确性。有效的出入库管理能够确保物品在供应链中的顺畅流通，减少库存积压和浪费，提高企业的运营效率和客户满意度。

5.4.1 出入库管理概述

出入库管理是企业仓储和物流管理的关键环节，涉及对物品进出仓库的全过程进行有效规划、组织、控制和监督。它的主要目标是确保物品在仓库中的安全、准确和及时流动，为企业的生产和销售提供有力支持。

出入库管理的主要内容如下。

（1）入库前的准备工作。清点、检查和分类物品，准备入库单据并记录，确保物品符合质量标准。

（2）入库验收。与供应商确认订单信息，检查物品的数量、质量和规格，确保物品合格后入库。

（3）入库存储管理。对物品进行标识、分类和定位，根据物品特性设置适当的储存条件。

（4）出库拣选和包装。根据生产计划或销售订单从仓库中拣选物品，并进行妥善包装以确保运输安全。

（5）出库发货。制作出库单据，安排运输方式，跟踪物品运输状态，确保物品及时、准确送达。

（6）控制和监督。建立库存管理系统，制定标准操作程序，监控物品流向和库存情况，及时处理异常情况。

通过有效的出入库管理，企业可以降低库存成本、提高工作效率、优化供应链、提升客户满意度等。总之，出入库管理在企业仓储和物流管理中扮演着举足轻重的角色。

5.4.2　入库管理

入库管理是指库房在收到实物和相应入库验收单据的情况下，按照库房实物管理制度清点物品，按照要求将物品存放到指定地点，并在入库验收单上签字。入库流程图如图 5-20 所示。

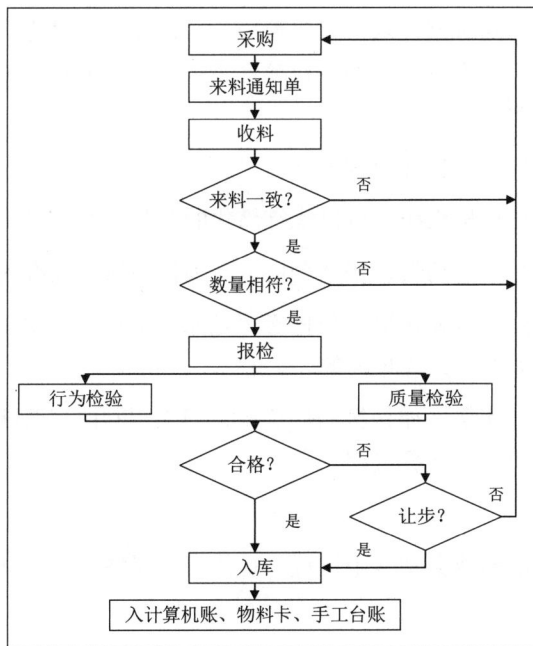

图5-20　入库流程图

入库后，库房管理员可以随时查询未记账的入库单，根据实物在库房的存放情况确定货位等明细信息，并检查批号等明细信息。核对正确后，入库记账并打印入库单，以此作为记账的依据。其中，入库单即库房管理员入库记账依据（一般情况下不包括金额信息，有时被进货单的一联代替）。单据样式如图 5-21 所示。

入　库　单

日期：2014年4月3日

序号	货品名称	规格型号	单位	数量	单价	金额	备注说明
1	马路划线漆	白色	桶	1	65.00	65.00	
2	电池		支	4	5.00	20.00	
3	铜接头	150平方	只	3	18.00	54.00	
4	铜接头	95平方		14	10.00	140.00	
5	铜丝绳夹头10		只	3	2.50	7.50	
6	铜接头	50平方		8	6.00	48.00	
7	手套	纱手套	包	1	15.00	15.00	
8	马路划线漆	黄色	桶	1	65.00	65.00	
9	橡胶水	2千克		1	28.00	28.00	
10	排水管	直径75	支	2	29.00	58.00	
11	束节	直径75	个	1	3.00	3.00	
12	门弯	直径75	个	1	6.00	6.00	
13	挂锁		把	1	10.00	10.00	
			合计金额：			519.50	

图5-21　单据样式

库房管理员的工作职责是确保入库实物同单据一致，并在系统中将入库单入库记账。若需调整在库信息，则使用复核修改入库单功能进行调整。

对于人员较少、业务流程实际并不复杂的企业，或库房没有利用计算机系统进行管理的企业，建议在所有业务结束的同时直接入库记保管账。在该部门的"进货单管理""移库单管理""调拨单管理""销售退货管理"等功能的授权属性下，将"功能行为属性"直接设置为入库记保管账，这样可以简化库房的操作。

入库管理过程中可能遇到的特殊问题如下。

（1）库房管理未使用计算机系统，可以执行简化的业务流程。

（2）医药行业对批号和货位的管理相当严格，必须使用符合标准的入库单功能。

（3）在管理规范的企业，入库记账的依据必须是原始单据，并要签字。原始单据的设计必须便于库房管理员使用，如打印入库单号等。

（4）处理某些特殊类型库房，如调拨的保管账、职工福利的保管账、为方便冲红票而设计的虚拟保管账等，应执行简化的业务流程。

5）配置说明

若自动记账需要在对应的业务功能中设置"功能行为属性"为自动记账。

5.4.3 出库管理

出库管理是指库房管理员按照公司的出库原则（先进先出、批次管理、后进先出等），根据库房综合员传来的销售发票、增值税发票清单、移库单、调拨出库单、报损单、进货退出单等拣货出库，并由搬运工将物品送到发货区。

出库流程参考图如图 5-22 所示。

库房配货调度员在收到相关部门传来的出库单据后，进行库房配货，并打印配货单。各库房管理员自动打印拣货单，拣货工根据拣货单拣货并复核出库。搬运工将物品运送到指定的发货区或装箱区待发货。发货员根据客户提货单或送货单（随货同行联）复核发货。司机和送货员将物品送到客户处后将客户签字的运输联返给公司。其中，配货单指系统依据配货原则进行配货后打印出的单据，一般记录相关单位、货品、数量、批号、批次、状态等信息。使用拣货

图5-22 出库流程参考图

单时，配货单一般用于发货前的核对；不使用拣货单时，配货单可以用于拣货，代替拣货单。拣货单指用于库房管理员拣货的单据，信息项基本与配货单相同，为了便于拣货，一般是仓库、相关单位进行分页打印。

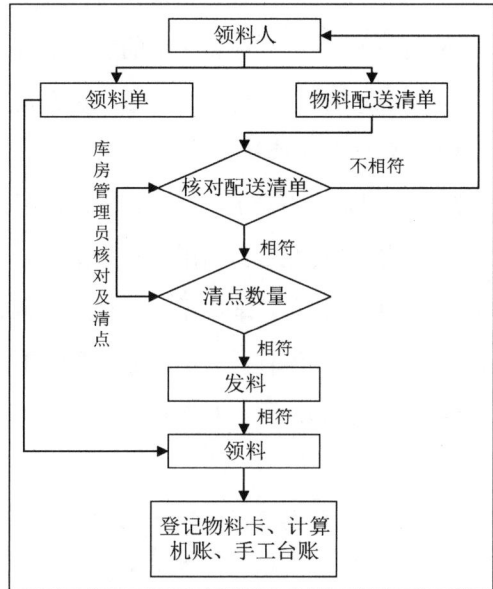

1）岗位设置

出库管理涉及以下四个岗位。

（1）库房配货调度员负责在系统内进行配货操作，对于需要调整的信息，使用配货手工调整功能进行调整，并在必要时为配货失败的配货单生成欠货单。

（2）库房管理员负责打印拣货单，并依据拣货单进行拣货，确保实物与拣货单一致，然后将货品移至备发区。

（3）发货员负责核对实物与相关单据是否相符，确认无误后进行发货。

（4）送货员负责将实物及相关单据送至客户处，并确保运输回执由对方签字后带回。

2）岗位操作规范

出库管理的操作规范如下。

（1）库房配货。根据系统或手工指令进行配货。

（2）配货手工调整。对系统配货结果进行必要的手动调整。

（3）查询并打印配货单。查询并打印配货单以供后续操作使用。

（4）拣货单管理。确保拣货单的准确性和完整性。

（5）拣货完工。完成拣货操作后，确保实物移至备发区。

（6）备货完工。完成备货前的所有准备工作。

（7）发货。核对并确认无误后，进行发货操作。

3）简化的业务流程

针对不同企业的需求，出库管理有以下简化流程。

（1）利用自动配货。适用于小型企业，可在相关单据确认时自动配货、自动出库记账。

（2）不要拣货单。适用于单一仓房的企业，可直接打印配货单代替拣货单。

（3）简化运输流程。对于运输业务简单的企业，可不使用复杂的运输系统。

（4）简化装箱流程。对散件装箱业务管理要求不高的企业，可跳过装箱流程。

4）注意事项

（1）配货策略选择。在库房配货的"功能行为属性"中进行设置，系统提供批次优先、批号优先、尽量配一个批号三种策略。

（2）拣货单生成方式。同样需要在库房配货的"功能行为属性"中进行设置。

5.5　WMS

5.5.1　WMS 概述

WMS（Warehouse Management System，仓储管理系统）是指通过入库作业、出库作业、仓库调拨、库存调拨等功能进行有效控制并对仓库作业及物流成本实施追踪，以实现仓库的科学化管理的系统。仓储管理的构成要素包括空间、设备、物品、人员。库存控制方法是指针对仓储中心的设备、物品、人员与车辆的动态信息进行即时掌握和监控，从而达到提升仓储作业与管理的质量、节省人力、降低成本的目的。

中小型物流企业一般存在流动资金少、仓储管理不规范、管理制度不完善、仓储技术不成熟、设施设备不齐全等问题。要在竞争激烈的市场中立足，企业就必须改变理念、更新硬件，而仓储管理是物流作业管理的核心，WMS 更是重中之重。

1）WMS 信息系统的结构类型

仓储系统中物流与信息流的合一，一般是通过对货物和货位进行编码，然后制作标签并将其粘贴到货物上，使其随货物一起运动而实现的。信息的传递可以是有线方式，也可以是无线方式，因此，WMS 信息系统的结构类型有两种。

（1）集中式的物流信息系统。该系统的特点是仓储作业所需数据全部储存在中央处理器内，物流信息在采集点通过识读装置一次录入后，通过网络传给主机，完成相应数据的更新和比较工作后，再由中央处理器将此信息与物流控制算法进行比较，然后通过网络传给控制制动器，最后对物流进行控制。

（2）分布式的物流管理系统。该系统按功能分成若干个模块，系统运行时各模块所需的信息由货物的标签携带，所需数据自给自足。各模块间的信息部分来自中央处理器。系统运行时所需的控制算法储存在分布式的数据库中，在识读装置读出标签信息后，由分布式的子系统逐个执行相应的指令，中央处理器协调子系统之间的工作。货物贴上此标签后，从进入仓库时开始自动完成相应信息的录入、货物管理及货物控制工作。

2）WMS 的核心子系统

WMS 以条码技术和数据库技术为基础，可实现对仓储管理中的货物进行进货、出货、库存、盘点等管理，并能够通过互联网进行客户订单的查询和管理。WMS 的核心子系统主要有以下几种。

（1）入库作业管理系统。入库作业管理系统包括预定进货数据处理系统和实际进货作业系统。其中，预定进货数据处理系统为进货调度、人力资源组织及设备资源分配提供数据，其基本数据有预定进货日期、进货商品种类、数量、供应商预先通告的进货日期、商品品种及入库数量。

（2）库存控制系统。库存控制系统主要完成库存商品的分类分级、订购数量和订货时间的确定、库存跟踪管理及库存盘点等作业。库存控制系统还可以根据需要设定定期盘点时间和循环盘点时间，使系统能够在预定的时间自动启动盘点系统、打印各种报表，这使实际盘点作业变得更加便利。

（3）出库作业管理系统。出库作业管理系统以客户为对象，涉及的作业包括从客户处取得订单、进行订单处理、出库订单处理、从出库准备到实际将货物运送至客户手中为止的一系列作业。

3）仓储管理的未来发展趋势

WMS 由条码技术、无线通信技术、计算机系统和其他附属设备组成。将条码技术和无线通信技术结合在一起使用，能及时获得准确的信息，这是 WMS 成功的基础。长期以来，传统仓储企业虽然形成了较强大的仓储能力，但是也长期存在企业信息化程度低、工作流程不规范、人力资源和时间消耗大、成本高等问题。针对这些问题，仓储物流走上了改革的道路。仓储管理的未来有以下几种发展趋势。

（1）在大型物流网络中整合仓储管理的集中模式与分散模式。由于现实中既有集中模式的仓库，也有分散模式的仓库，前者如国家储备粮系统，后者如连锁超市的配送中心。分散与集中各有其市场需求，两者缺一不可，因此，未来如何在大型物流网络中整合这两种模式，是仓储管理的研究热点。

（2）以 RFID 技术为代表的新技术正在深刻地影响着仓储管理和 WMS，甚至孕育着一场具有中国特色的"物流革命"。如今，RFID 技术已在物流、零售、身份识别、防伪、食品、航空、军事等众多领域得以应用。在物流环节中，企业可以通过在车辆、集装箱、托盘、货架等设备上应用 RFID 技术来提高物流管理水平。事实上，已经有很多企业在仓储管理中运用了 RFID 技术。

（3）JIT 配送。随着市场的逐步成熟，仓储管理在流程中的整合作用也将越来越明显，传统仓库也将向配送中心靠拢。JIT 的普遍化将导致配送需求的增长。WMS 的发展要基于需求的发展变化趋势。与此同时，配送需求的专业化和市场细分行业的深入发展也要求 WMS 支持 JIT 配送的专业化。

（4）商业智能（Business Intelligence，BI）技术在 WMS 中将越来越多地得到应用。BI 就是利用数据挖掘技术开发、积累数据信息，使之变成可以利用的可靠知识。例如，利用库存数据分析市场变化规律，发现市场中的异常现象，研究仓库优化方案等。信息的作用在于应用，在于支持决策。在低水平的应用中，通常由系统采集数据，人工进行决策。经过一定的数据积累，系统将具有决策能力，此时人工再根据实际需求决定是否采用系统的决策，这也标志着 WMS 迈上了一个新的台阶。

5.5.2　WMS 与其他系统的集成

WMS 通常需要与其他系统进行集成，以实现数据的无缝交互和业务流程的协同执行。以下是常见的 WMS 与其他系统的集成。

（1）WMS 与 ERP 系统的集成。ERP 系统是企业的核心业务管理系统，负责管理企业的财务、人力资源和供应链等方面。WMS 与 ERP 系统的集成可以实现订单和库存数据的同步更新，确保仓储流程与企业其他业务的紧密衔接。例如，当 ERP 系统生成销售订单时，WMS 可以自动更新库存并安排相应的仓储任务。

（2）WMS 与物流管理系统的集成。物流管理系统是负责管理整个供应链的系统，包括采购、运输、仓储等环节。WMS 与物流管理系统的集成可以实现对供应链各个环节的全面管理和监控，从而优化整个供应链的运作效率。例如，WMS 可以根据物流管理系统提供的运输计划来安排货物的入库和出库，并实时更新货物的状态信息。

（3）WMS 与电子商务平台的集成。随着电子商务的快速发展，WMS 需要与各种电子商务平台进行集成，以实现订单的及时处理和库存的实时更新。这种集成可以帮助企业快速响应市场需求，提高客户满意度。例如，当电子商务平台接收到客户订单时，WMS 可以自动更新库存并安排相应的订单拣货和发货任务。

5.5.3　WMS 与 RFID

在现代物流管理中，RFID 技术已经成为提高仓储管理效率和准确性的重要工具。通过 RFID 技术，企业可以实现对货物的实时跟踪和管理，从而提高仓储操作的自动化程度和数据的准确性。然而，尽管 RFID 技术带来了诸多好处，但是要充分发挥其潜力，需要与其他关键系统进行有效的集成。其中，与 WMS 的集成尤为重要。WMS 作为仓储管理的核心系统，负责管理和优化仓库内的各项操作，包括库存管理、订单处理、拣货和发货等。基于 RFID 技术的 WMS 可以实现对货物位置的实时更新、库存的自动盘点及订单的智能处理，从而进一步提高仓储管理的效率和精度。例如，在使用 RFID 标签对货物进行标识后，WMS 可以通过 RFID 读写器实时读取货物的位置信息，并将其与 WMS 进行同步，从而实现对库存状态的实时监控和管理。同时，在订单处理过程中，WMS 可以利用 RFID 技术自动识别货物并安排相应的拣货任务，大大提高了订单处理的速度和准确性。在企业中，RFID 技术作为一种先进的数据信息采集技术，可以有效提高企业的数据采集能力和数据安全性。具体而言，基于 RFID 技术的 WMS 是指在现有仓储管理中引入 RFID 技术，实现对仓库到货检验、入库、出库、调拨、移库移位、库存盘点等作业环节数据的自动化采集。该系统可保障仓储管理各个环节数据输入的速度和准确性，确保企业及时、准确地掌握库存的真实数据，实现库存的合理保持与控制企业库存。通过科学的编码，企业可以方便地对物品的批次、保质期等进行管理；利用系统的库位管理功能，还可以及时掌握所有库存物资当前所在位置，有利于提高仓储管理的工作效率。

基于 RFID 技术的 WMS 通常按照以下步骤进行设计。

1）系统设计

（1）系统概述。RFID 技术在 WMS 中的应用是指利用 RFID 标签记录货物全部信息（含货物信息和物流信息），其核心思想是：通过 RFID 读写器、RFID 标签、WMS 软件等实现仓储出入库的自动化管理、仓储仓容盘点、查询、规划。在仓库各货运出入库通道安装 RFID 读写器和天线，用于读取和写入出入口的物流信息。货物的出入库管理采用"单件货物-整件货物-托盘"三级联动方式：分别在单件货物、整件货物、托盘上粘贴 RFID 标签；单件货物标签与整件货物标签关联，整件货物标签与托盘标签关联，托盘标签与系统关联；按照单件货物分类编码、整件货物统一编码的规则完成打包与托盘装载。采用这种形式的仓储管理方式极大地提高了仓储的吞吐量，有效避免了数据冗余，并且节约了人力成本。

（2）系统架构。基于 RFID 技术的 WMS 采用层次化的结构设计，主要包括 UI 层、业务逻辑层、数据服务层。UI 层位于 WMS 客户端，主要用于实现用户和系统的人机交互，负责处理用户与系统之间的会话，将用户操作传送给业务逻辑层，并将业务逻辑层返回的消息回传给用户。业务逻辑层位于服务器端，是整个系统的核心，负责接收 UI 层的应用请求和响应，主要包括事件处理、业务查找、搜索等操作。数据库服务层位于服务器端，用来提供数据支持，包括用户信息、库存信息、出入库信息等。企业调用数据库服务层提供的方法，可以实现对数据库的操作。

2）系统功能模块

系统功能模块主要包含四个部分，包括用户操作、仓储管理、系统管理、帮助。系统功能模块结构图如图 5-23 所示。

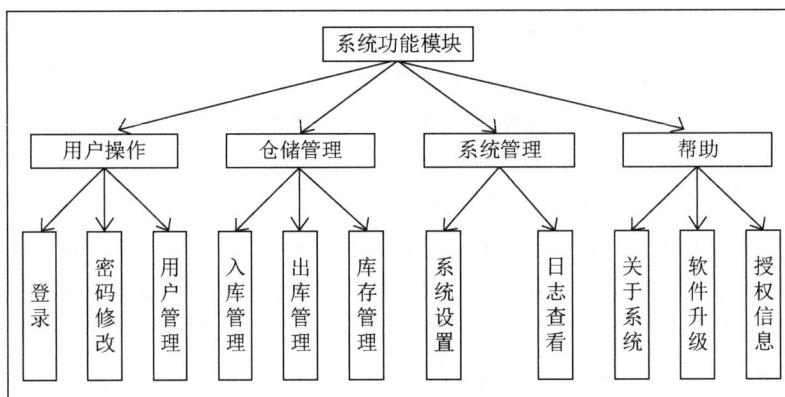

图5-23 系统功能模块结构图

（1）用户操作。用户操作模块一般包括登录、密码修改、用户管理三个部分。用户操作界面首先显示登录、注销、密码修改二级菜单栏（安全栏），管理员登录系统后，用户操作界面显示隐含的注销、密码修改、用户管理菜单栏，管理员可以根据需要修改登录信息和用户信息。

（2）仓储管理。仓储管理模块包括入库管理、出库管理、库存管理。用户可以根据操作员、货物类型、库存地、日期、产品注册码、货物指标等对货物的出入库信息进行查询。

（3）系统管理。系统管理模块包括系统设置、日志查看，实现系统的基本参数信息、网络管理和日志查看功能。

（4）帮助模块。帮助模块包括关于系统、软件升级、授权信息。用户可以从该模块了解WMS的信息，并了解升级情况，及时进行系统更新。

案例思考：新零售企业"新鲜优选"的仓储管理

1）企业简介

"新鲜优选"是中国一家专注于生鲜食品销售的新零售企业，成立于2015年。企业以线上线下相结合的销售模式为特色，致力于提供新鲜、高品质的生鲜产品，并通过自建仓配一体的物流体系实现快速配送。

2）仓储管理发展阶段

（1）人工和机械化仓储阶段。"新鲜优选"创立初期，仓储管理主要依靠人工操作和基本机械设备。叉车、货架等设备辅助人工完成入库、存储和出库等操作。

（2）自动化仓储阶段。随着企业规模的扩大，"新鲜优选"逐步引入自动化仓储技术。通过WMS的应用实现了对货物的智能化管理，提高了仓库操作效率和准确性。

（3）智能化仓储阶段。进入智能化仓储阶段后，"新鲜优选"加大了对信息技术的投入，实现了仓储系统与其他信息决策系统的集成。通过人工智能和大数据分析技术优化了仓储管理流程，提升了仓库的运作效率和响应速度。

3）仓储管理策略

（1）定制化仓储规划。"新鲜优选"根据生鲜食品的特性和销售情况制定了定制化的仓储规划。针对易腐品，采取温控仓储和冷链配送的措施，确保产品新鲜度和质量。

（2）信息化管理系统应用。"新鲜优选"建立了自主开发的 WMS，实现了对仓库操作的全面监控和管理。通过系统的实时数据分析，及时调整库存策略，减少库存积压和损耗。

（3）设施设备升级。"新鲜优选"不断引入先进的设施设备，提升仓库操作效率和智能化水平。例如，采用自动化的货架系统、机器人拣选系统和智能化的包装设备，实现了货物的快速处理和准确分拣。

4）仓储管理优势分析

（1）产品新鲜度保障。"新鲜优选"通过温控仓储和冷链配送，确保生鲜食品的新鲜度和质量，提升了消费者的购物体验和满意度。

（2）快速配送能力。由于建立了全国性的仓储网络和自建配送体系，"新鲜优选"能够实现快速配送，保障了订单的及时送达，提高了客户满意度。

（3）信息化管理水平高。企业自主开发的 WMS 能够实现对仓库操作的全面监控和管理，提升了仓库运作效率和准确性。

5）未来发展趋势

随着技术的不断进步和市场需求的不断变化，"新鲜优选"仓储管理将更加智能化、自动化和信息化。未来可能会加大对人工智能、大数据分析等技术的应用，进一步优化仓储管理流程，提高仓库操作效率和服务水平。

思考题

1. 请分析"新鲜优选"仓储管理的优势。
2. 请试着借助"新鲜优选"仓储管理的发展历程，探讨未来仓储管理的发展趋势。

第6章
运输管理与配送管理

本章学习目标

1. 理解运输与配送的基本概念与功能。

2. 分析不同运输方式的特点与选择。

3. 掌握配送管理及其优化方法。

4. 熟悉配送中心的管理与规划。

案例导入：国家能源集团降低社会物流成本超 14 亿元

2023 年，国家能源集团充分发挥自有路港航运输通道优势，积极采取货运协同清算、运价下浮等措施，累计降低社会物流成本约 14.2 亿元。

据了解，国家能源集团旗下的"包神—神朔—朔黄"铁路运输通道是我国"西煤东运""北煤南运"的重要物流通道，2023 年该线路货物运输量超过 5.6 亿吨，其中 95%以上为煤炭资源，承担着我国煤炭保供的重要职责。"这条通道是蒙西、陕北地区煤炭下水的距离最短、费用最低的通道，在 2023 年的总体运输量中，除集团自产煤炭运输外，累计发运社会煤炭、大宗散货等约 2.8 亿吨，占到了将近 50%。"据国家能源集团总调度室相关负责人介绍，"包神—神朔—朔黄"铁路通道在完成正向煤炭运输后，通过科学调度"反向运力"，在确保煤炭保供任务不受影响的前提下，可有效为沿线相关企业提供优质低价物流服务。

国能朔黄铁路有关负责人介绍说："例如，我们从 2018 年至今，就有效利用'反向运力'为钢铁企业运输矿粉累计超过 4100 万吨，同时采取优惠运价结算，粗略估算已累计节省运费成本超过 10 亿元。"

据介绍，近年来，国家能源集团深入推进大运输、大协同发展，积极推动旗下铁路由单一煤炭运输通道向多功能、综合性、现代化综合物流通道转型，逐步形成了"西连新疆、东达渤海、北接蒙古、南下广东、覆盖沿海、贯通内河"的"一体化双向多式联运"大物流格局。特别是 2024 年以来，按照中央财经委员会第四次会议关于"有效降低全社会物流成本"有关要求，实施了一系列举措，将中央决策部署落到实处。

"例如，我们在新朔铁路沿线 6 座站台启动了货运协同清算政策，平均吨煤清算金额 40 元，全部返还给客户，为客户降低总运输成本近 20%。此外，还在甘泉铁路实行阶梯运价，运价下浮 20%~40%，推行差异化客户管理，积极推动'蒙煤南下'。在黄大铁路实行运价下浮，助力山东等区域地方经济发展。针对非煤运输，实行运价下浮 12%~48.5%，特别是充分利用返程富余运力，推动了近 2000 万吨的'公转铁'运量提升。"国家能源集团总调度室相关负责人说，据粗略测算，这一系列举措降低了下游企业物流成本约 14.2 亿元，有效助力了地方经济发展，也在国家交通运输行业推动结构调整等工作方面起到了积极作用。

此外，在港口航运方面，记者还了解到，国家能源集团通过推动施行"到岸配送制"、电商平台订单拉动、加大船舶返程物流开发等措施，航运专业服务能力进一步提升；通过对黄骅港进行工艺流程改造，打造我国首个实现全流程远程集控的煤炭港口，并顺利开通了 3#、4#散杂货码头；对自有港口、电厂码头和自营船舶进行岸电技术改造，已建成国内最大的船舶岸电应用体系，提高了能源利用率，极大减少了船舶靠港废气排放，帮助船方降低了运行成本，大幅度节约了燃油支出。

资料来源：中国新闻网。

思考题

1. 多式联运模式的优势是什么？
2. 多式联运模式在市场上推广和应用时可能面临哪些挑战？

6.1　运输与配送

6.1.1　运输的概念及功能

1）运输的概念

运输是指通过特定的交通工具（如汽车、火车、船舶、飞机等）将物品或人员从一个地点安全、高效地转移到另一个地点的过程。根据中华人民共和国国家标准《物流术语》（GB/T 18354—2021），运输的定义是：利用载运工具、设施设备及人力等运力资源，使货物在较大空间上产生位置移动的活动。这一过程涉及物流规划、路线选择、装载与卸载、运输管理等多个环节，旨在实现物品或人员的空间位移。

2）运输的功能

（1）物品的空间位移。运输的核心功能是实现物品在地理空间上的位移。它解决了物品从生产地到消费地、从供应商到客户之间的物理距离问题。通过不同的运输方式（如公路、铁路、水路、航空等），物品能够迅速、安全地到达目的地，满足生产、销售或消费的需求。

（2）创造场所价值。除了单纯的物理位移，运输还能够通过改变物品的存储位置来创造额外的价值。这种价值被称为"场所价值"或"空间价值"。运输可以将物品从低价值区域转移到高价值区域，通过地理位置的变化提升物品的经济价值。例如，将农产品从农村运往城市市场，可以获取更高的销售价格。

（3）提供临时储存和集散功能。运输工具（如汽车、船舶、飞机等）在运输过程中可以暂存物品，作为临时的储存设施。这种功能有助于缓解仓库容量不足的问题，并满足某些特殊情况下物品临时存储的需求。运输还具有集散功能，即能将分散的物品集中起来进行批量运输，或将大批量物品分散到各个目的地。这种集散功能有助于降低运输成本，提高运输效率，并优化供应链的运作。

6.1.2　配送的定义

配送是指在经济合理的区域内，根据用户的订货要求，对物品进行拣选、加工、包装、分割、组配等作业，并按时送达指定地点的物流活动。根据中华人民共和国国家标准《物流术语》（GB/T 18354—2021），配送的定义是：根据客户要求，对物品进行分类、拣选、集货、包装、组配等作业，并按时送达指定地点的物流活动。配送活动强调对最终用户的服务，包括及时送达、物品状态良好、数量准确等。

6.1.3　运输与配送的关系

运输与配送之间存在密切的关系，同时也有明显的不同之处。

1）关系

（1）运输与配送虽同属于线路活动，但是由于功能上的差异，它们并不能互相替代，而是形成了相互依存、互为补充的关系。它们都提供运送服务，运输属于长期干线运输，配送则是运输的补充和终端运输。

（2）配送是运输的缩影或运输活动在一定范围内的体现。在经济合理区域范围内，配送是指根据客户要求对物品进行拣选、加工、包装、分割、组配等作业，并按时送达指定地点的运输活动。

2）不同之处

（1）概念与范围不同。运输是指用特定的设备和工具，将物品从一个地点向另一个地点运送的物流活动，范围较大，通常涉及城市、省份甚至国家之间的物品移动。配送是物流的一个缩影或在某个小范围中物流全部活动的体现，范围相对较小，更多指一座城市或城市某一区域内的物品移动。

（2）功能特点与实现环节不同。运输更多关注物品从一点到另一点的物理移动过程。在这个过程中，物品通常会在途中进行储存，以确保物品能够被安全、有效地从起点运送到目的地。配送除了包括基本的物理移动，还涵盖了拣选、加工、包装、组配等多个环节。这些环节使得配送能够满足客户对个性化、多样化的需求，如按时送达、特定的包装方式等。配送更多关注为客户提供高质量的服务体验。

（3）价格与运用领域不同。由于涉及大批量、远距离的物品移动，运输的整体价格相对较高，它更多用于工业领域，如原材料、半成品的运输。配送由于是小批量甚至单件物品的配送，并可能包含客户要求的服务内容，整体价格相对较低，它更多用于普通消费者的个人领域，如快递、外卖等。配送除了包括上述作业，还包括拣选等标志性作业。

6.1.4　运输原理

运输原理主要关注物品在供应链中的物理移动过程，它涉及运输方式的选择、运输路线的规划、运输工具的运用、运输成本的控制等方面。通过合理的运输安排，企业可以降低物流成本、提高物流效率，进而增强竞争力。在运输活动中，运输的三条基本原理是规模原理、距离原理、速度原理。

1）规模原理

规模原理指出，随着一次装载量的增加，每单位质量的运输成本会下降。这是因为，当转移一票货物的有关固定费用按整票货物的质量分摊时，一票货物越重，分摊到单位质量上的成本就越低。货物转移的固定成本包括接受运输订单的行政管理费、定位运输工具装卸的时间、开票及设备费用等。在满足用户要求的前提下，通过选择装载量大的运输工具和对密度低的货物进行包装以提高密度，可以有效地降低运输成本。单位货物运输成本与装载量的关系如图 6-1 所示。

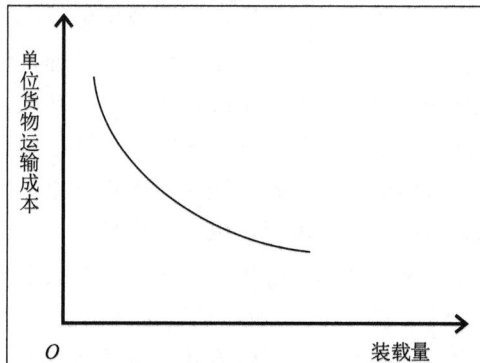

图6-1　单位货物运输成本与装载量的关系

既然单位货物运输成本与装载量有关，那么在运输工具容积一定的情况下，货物密度也会影响运输成本，比如密度低的货物可能无法达到运输工具的额定载重量，从而导致单位货物运输成本增高。单位货物运输成本与货物密度的关系如图 6-2 所示。对于低密度货物运输成本高的问题，解决办法是通过包装增加货物密度。

运输、配送均可在满足用户要求的前提下，通过选择装载量大的运输工具，以及通过包装增加货物密度，达到降低运输成本的目的。

2）距离原理

距离原理表明，随着一次运输距离的增加，单位运输距离的费用会降低，或者说运输费用的增加会变得越来越缓慢。单位货物运输成本与运输距离有关，这种关系如图 6-3 所示。

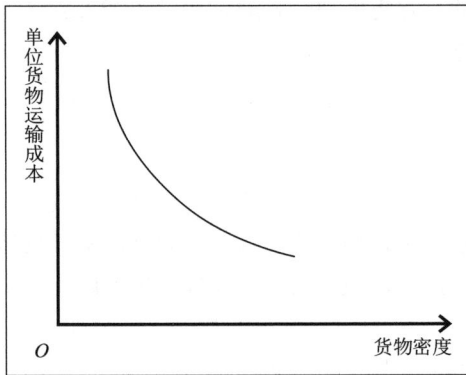

图6-2　单位货物运输成本与货物密度的关系　　图6-3　单位货物运输成本与运输距离的关系

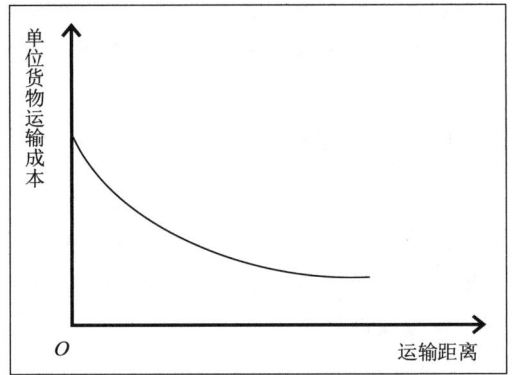

从图 6-3 中可以看出两点：第一，在运输距离为零时，单位货物运输成本并不为零，这是因为存在一个与货物提取和交付有关的固定费用；第二，单位货物运输成本随运输距离的增加而降低，即递减原理，这是因为，随着运输距离的增加，货物提取与交付有关的固定费用分摊到单位运输距离上的运输成本降低了。

3）速度原理

速度原理是指完成特定运输所需的时间越短，运输效用价值越高。首先，运输时间缩短意味着单位时间里的运输量增加，与时间有关的固定费用（如管理人员的工资、固定资产的使用费、运输工具的租赁费等）分摊到单位运输量上的费用减少。其次，由于运输时间缩短，物品在运输工具中停滞的时间缩短，从而使到货提前期变短，有利于减少库存、降低仓储费用。因此，快速运输是提高运输效用价值的有效途径。快速运输不仅指提高运输工具的行驶速度，还包括其他辅助作业（如分拣、包装、装卸搬运，以及中途换乘、转装等）的速度及相互之间的衔接。快速的运输方式当然是影响快速运输的重要因素，但是其运输成本一般较高，如铁路的运输成本高于水路，航空的运输成本最高。因此，通过选择快速的运输方式来实现快速运输时，应权衡运输速度与运输成本之间的关系。在运输方式已定的情况下，应尽可能加快各环节的速度，并使它们更好地衔接。

6.2 运输管理

物流系统的各种功能中，运输、仓储、流通加工是主体功能，装卸搬运、包装和信息处理则是从属功能，而主体功能中的运输功能的主导地位突出，是所有功能的核心。因此，运输对发展经济、提高国民生活水平有着十分重大的意义，现代的生产与消费就是靠运输事业来发展和实现的。按照运输过程中采用的运输方式，运输通常可以分为铁路运输、公路运输、水路运输、航空运输、管道运输、多式联运六种。

6.2.1 铁路运输

铁路运输是使用铁路设施、设备运输货物的一种运输方式。铁路运输主要承担长距离、大批量的货运，在没有水运条件的地区，几乎所有大批量货物都是依靠铁路运输的，这是在干线运输中起主力运输作用的运输方式。

1）铁路运输的优点

（1）运行速度快，铁路运输的速度相比其他陆上运输方式（如公路运输）更快。普通铁路的速度一般可达 80～120km/h，高速铁路的时速则远超这一数值。

（2）运输能力强，效率高。一列火车可以装载大量的货物，一次运输即可实现大批量货物一次性高效率运输。

（3）铁路运输受自然条件限制较小，连续性强，可以实现全天候的运输。无论是刮风下雨还是严寒酷暑，只要铁路线路畅通，列车就能正常运行。

（4）通用性好。铁路运输既可运输各类不同的货物，如大宗货物、散货、集装箱等，又可运送旅客。

（5）运输到发时间准确性较高。列车能够按照预定时间表准确到达和出发，为旅客和货物提供可靠的运输服务。

（6）运行比较平稳，安全性高。由于轨道的固定性，列车在行驶过程中相对稳定，且受到严格的信号和控制系统管理，大大降低了事故风险。

2）铁路运输的缺点

（1）固定成本较高。由于需要投入大量的资金建设铁路线路、车站、桥梁、隧道等基础设施，以及购置列车等设备，因此铁路运输的固定成本较高。此外，铁路建设的周期较长，需要投入大量的人力和物力资源。

（2）运输灵活性较低。由于轨道的固定性，铁路运输的灵活性相对较低。一旦铁路线路确定，就很难改变其运输方向或路径。同时，铁路运输对货物的包装和装载有一定的要求，需要符合特定的规范和标准。

（3）对近距离运输的适应性较差。由于铁路运输的固定成本较高、变动成本相对较低，使得近距离运输的运费较高。因此，在近距离运输中，铁路运输的竞争力相对较弱，不如公路运输灵活和便捷。

6.2.2 公路运输

公路运输是使用公路设施、设备运输货物的一种运输方式。公路运输主要以卡车为运输工具，包括专用运输车辆，如集装箱、散装、冷藏、危险品等运输车辆。公路运输是连接铁路运输、水路运输和航空运输起始端和末端的不可缺少的一部分，是沟通城乡、工农、生产与消费的桥梁和纽带。没有公路运输的衔接，铁路运输、水路运输和航空运输就不能正常进行。

1）公路运输的优点

（1）灵活性强。公路运输网络遍布全国，能够到达几乎任何地点，无论是繁华的城市还是偏远的乡村。这种广泛的覆盖性使得公路运输成为连接城市和乡村、内陆和沿海的重要纽带。此外，公路运输调度灵活，可以根据货物的特性和需求随时调整运输计划，能够实现门到门的直达服务。

（2）运输速度快。相较于铁路运输和水路运输，公路运输在短途和快速运输方面具有明显优势。由于车辆可以在公路上直接行驶，无须换装或中转，因此能够迅速响应市场需求，快速将货物送达目的地。

（3）投资少、资金周转快。这种低投入、高回报的特点使得公路运输更易于启动和运营，特别是在短途运输和城乡运输方面。这种灵活性使得公路运输成为许多企业特别是中小企业在物流配送中的首选方式。

2）公路运输的缺点

（1）运输能力弱，劳动生产率低。汽车体积小，一般无法运输大件物资，不适宜运输大宗货物和进行长距离运输。随着人口的增长，公路建设占地多可能产生一些新的问题。

（2）运输能耗成本很高。公路运输在运输过程中会消耗大量的燃油，这不仅增加了运输成本，也对环境造成了一定的压力。

（3）受天气影响大且安全隐患多。公路运输易受恶劣天气（如雨雪、雾霾等）的影响，导致运输放缓甚至中断。同时，其灵活性和开放性也伴随着较高的交通事故风险。

因此，公路运输比较适合在内陆地区运送短途旅客和运输货物，可与铁路运输、水路运输和航空运输联运，以满足铁路、港口集疏旅客和物资的要求。公路运输可以深入山区及偏僻的农村，也可以在远离铁路的区域从事干线运输。

6.2.3 水路运输

水路运输是使用船舶（或其他水运工具），在江、河、湖、海等水域运输货物的一种运输方式。

1）水路运输的优点

（1）运输能力强。在六种运输方式中，水路运输的运输能力最强，非常适合大宗货物的长距离运输。在长江干线，一支拖驳或顶推驳船队的运载能力已达到万吨级。目前，全球最大的顶推驳船队的运输能力达 3 万~4 万吨级，世界上最大的运输船的运输能力已超出 40 万吨。

（2）在运输条件良好的航道，船舶的通过能力几乎不受限制。

（3）通用性好。水路运输既可运送旅客，也可运输各种货物，尤其是大件货物。

（4）节省建设投资。水路运输只需要利用江、河、湖、海等自然水利资源，除了必须投资购建船舶、建设港口，内水航道投资较少，远洋航道几乎无须投资。

（5）运输成本低。水路运输的基本成本结构是高的可变成本和低的固定成本。尤其是海运，由于平均运距较长，所以其货运成本大大低于其他运输方式的货运成本。

（6）劳动生产率高。在确保货运大宗运输和远距离的前提下，水路运输的劳动生产率高。

（7）平均运距长。水路运输中的远洋运输在我国对外经济贸易中占有独特、重要的地位。我国有超过 90% 的外贸货物采用远洋运输。远洋运输是发展国际贸易的强大支柱，战时又可增强国防能力，这是其他任何运输方式无法代替的。

2）水路运输的缺点

（1）受自然条件影响较大。水路运输受天气、水文条件影响较大，比如大风、大雾、水流等都会影响船舶的航行安全。此外，内河航道和某些港口受季节影响较大，冬季结冰，枯水期水位变低，难以保证全年通航。

（2）运输速度慢。相对于其他运输方式，水路运输的速度较慢，若在途货物多，会增加货主的流动资金占有量。此外，船舶的体积和载重量均较大，因此它的加速和减速都需要较长的时间。

（3）连续性差。水路运输的连续性相对较差。船舶需要在港口进行装卸货、补给等操作，这些都会打断运输的连续性。此外，水路运输的营运范围受到天然航道的限制，如果没有天然航道或航道条件不佳，船舶就无法进行运输。

6.2.4　航空运输

航空运输是使用飞机或其他飞行器运输货物的一种运输方式。航空运输的单位成本很高，因此，其主要适合运输两类货物：一类是价值高、运费承担能力较强的货物，如贵重设备的零部件、高档商品等；另一类是紧急需要的物资，如救灾抢险物资等。

目前在世界范围内，航空运输都处于高速增长阶段。

1）航空运输的优点

（1）高速、直达。高速、直达是航空运输最突出的特点和优势。现代喷气式客机的巡航速度通常为 800～900km/h，比汽车快 5～10 倍，比火车快至少 2 倍，比轮船快 20～30 倍。由于在空中较少受到自然地理条件的限制，因而航线一般取两点间最短距离。这样，航空运输就能够实现两点间的高速、直达运输，尤其是在远程直达方面更有优势。

（2）安全性高。随着人类科学技术的进步，在不断对飞机进行技术革新的同时，维修技术也得到了提升，这些都加强了航空运输的安全性。尽管飞行事故可能导致机毁人亡（事故严重性最高），但是按单位货运周转量或单位飞行时间损失率来衡量，航空运输的安全性是很高的。

（3）时间价值高。从经济方面来讲，航空运输的成本及运价均高于铁路运输与水路运输，是一种价格较高的运输方式，因此一般不如其他运输方式普及，尤其是在发展中国家。但是如果考虑时间价值，航空运输又有着独特的经济价值。因此，随着经济的发展，人均收入及时间价值的提高，航空运输在运输总量中的占比呈上升之势。

（4）包装简便。货物空运的包装要求通常比其他运输方式的要低。在航空运输中，用一张塑料薄膜裹住托盘货物的现象并不少见。空中航行的平稳性和自动着陆系统降低了货损的比率，因此可以降低包装要求。

2）航空运输的缺点

（1）运输成本较高。航空运输的运输成本较高，主要是因为飞机的制造成本高昂，飞行时消耗的燃料也较多。此外，飞机的机舱容积和载重量都比较小，导致运输成本和运价比其他运输方式的高。

（2）受天气条件的影响较大。航空运输受天气条件的影响较大。恶劣的天气条件（如大风、大雾、雷暴等）都可能影响飞机的正常起飞和准点到达。

（3）运输能力有限。虽然航空运输的速度快，但是其运输能力有限。一架飞机一次只能运送较少数量的旅客和货物，这使得航空运输在大宗货物的长距离运输中可能不具备优势。

因此，航空运输适宜长途旅客的运送和体积小、价值高的物资（如鲜活产品及邮件等）的运输。

针对航空运输的优缺点，航空运输适用于如下所示的主要作业。

（1）承担国际运输任务，这是航空运输的主要收入来源。目前，国际间的一些客、货联系基本上依赖于航空运输。它对于对外开放、促进国际间技术、经济合作与文化交流具有重要作用。

（2）航空运输适用于高附加值、低质量、小体积的物品的运输。目前，邻近机场地区的工业区域为高级电子工业、精密机械工业、高级化学产品工业等高附加值产业的黄金发展地带。而且，机场发挥着流通中心的作用，为这些产业创造了优良的投资环境。

（3）航空运输没有特定的产品。当证明高成本是可行的情况时，厂商们通常会利用定期的或不定期的航空服务来运输货物。高价值或易腐烂的产品最有可能成为正常航空运输的服务对象。当一种产品的营销期极为有限时，比如节日产品、高级时装或鲜鱼之类的产品，航空运输是物流作业唯一实际的运输方式。零部件或消费类的日常物流产品也可能成为航空运输的候选对象。

6.2.5　管道运输

管道运输是通过由大型钢管、泵站和加压设备等组成的运输系统完成物料输送的一种运输方式，其运输原理是依靠物体在管道内顺着压力方向循序移动来实现输送。它和其他运输方式的重要区别在于管道设备是静止不动的。

目前全球的管道运输承担着很大比例的能源物资运输，包括原油、成品油、天然气、油田伴生气、煤浆等。其完成的运输量常常超乎人们的想象（如在美国，管道运输的运输量接近于公路运输的运输量），但很少有人注意到它的地位和作用。近年来，管道运输被进一步研究用于解决散状物料、成件货物、集装物料的运输，并向容器式管道运输系统发展。

1）管道运输的优点

（1）运输量大。一条输油管线可以源源不断地执行运输任务。根据管径的不同，其每年的运输量可以达到数百万吨到几千万吨，甚至超过一亿吨。管道运输的设计使得其能够连续、稳定地输送大量液体或气体。无论是石油、天然气还是其他流体，管道运输都能提供高效的运输服务。

（2）占地少。管道通常埋于地下，占用的土地很少。运输系统的建设实践证明，管道埋藏于地下的部分占其总长的 95%以上，因而对土地的占用很少，仅为公路的 3%、铁路的 10%左右。在交通运输规范系统中，优先考虑管道运输方案，对于节约土地资源的意义重大。

（3）安全性高、连续性强。由于石油、天然气易燃、易爆、易挥发、易泄漏，采用管道运输的方式既安全又可以大大降低挥发损耗和对空气、水、土壤的污染，也就是说，管道运输能较好地满足运输工程的绿色环保要求。此外，由于管道运输主要在地下进行，受自然和人为因素的影响较小，因此安全性高。无论是雨雪、大风还是其他恶劣天气，都不会对管道运输造成大的影响。管道运输在地下进行，可以确保运输系统长期稳定地运行。

（4）管道运输耗能少、成本低、运输效率高。发达国家采用管道运输石油，每吨公里的能耗不足铁路的 1/7，在大规模运输时，它的运输成本与水路运输的运输成本接近。因此在无水路运输的条件下，管道运输是一种最节能的运输方式。管道运输系统的建设周期与相同量的铁路系统的建设周期相比，一般来说要短 1/3 以上。

管道运输是一种连续工程，不存在空载行程，因而运输效率高。理论分析和实践证明，管道口径越大，运输距离越远，运输量越大，运输成本越低。

2）管道运输的缺点

（1）灵活性差。管道运输的路线固定，一旦建成就很难改变。管道运输不如其他运输方式灵活，除了承运的货物比较单一，它也不能随便扩展管线。因此，对于需要灵活调整运输路线的货物来说，管道运输可能不是最佳选择。对于一般用户来说，管道运输常常要与铁路运输或公路运输、水路运输配合才能完成全程输送。

（2）专用性强。管道运输的运输对象受到限制，承运的货物比较单一。只适合运输如石油、天然气、化学品、煤浆等气体和液体货物。对于固体货物或需要特殊包装的货物来说，管道运输可能无法胜任。

（3）固定投资大。为了进行连续输送，需要在各中间站建立储存库和加压站，以保障管道运输的畅通。此外，还需要投入大量的人力、物力和财力来建设和维护管道设施。

（4）专营性强。管道运输属于专用运输，其生产与运销融为一体，不提供给其他发货人使用。

6.2.6　多式联运

中华人民共和国国家标准《物流术语》（GB/T 18354—2021）对多式联运的定义是：货物由一种运载单元装载，通过两种或两种以上运输方式连续运输，并进行相关运输物流辅助作业的运输活动。目前国际上采用的多式联运有公铁联运、陆海联运、陆空联运、海空联运。

多式联运具有以下特点。

（1）全程至少使用两种运输方式，而且是不同运输方式的连续运输。

（2）多式联运的货物主要是集装箱货物，具有集装运输的特点。

（3）多式联运一票到底，实行单一费率的运输。发货人只要订立一份合同，一次付费，一次保险，通过一张单证即可完成全程运输。

（4）多式联运是不同运输方式的综合组织，全程运输均是由多式联运经营人组织完成的。无论涉及几种运输方式，分为几个运输区段，多式联运经营人要对全程负责。

（5）货物全程运输是通过多式联运经营人与各种运输方式、各区段的实际承运人订立分运或分包合同来完成的，各区段承运人对自己承担区段的货物运输负责。

（6）在起运地接管货物，在最终目的地交付货物及全程运输中各区段的衔接工作，由多式联运经营人的分支机构（代表）或委托的代理人完成。这些代理人及承担各项业务的第三方对自己承担的业务负责。

（7）多式联运经营人可以在全世界运输网中选择适当的运输路线、运输方式和各区段的实际承运人，以降低运输成本，提高运输速度，实现合理运输。

同传统运输方式相比，多式联运具有以下优点。

（1）提高了装卸效率，加速了船舶的周转。

（2）有利于提高运输质量，减少货损货差。

（3）节省各项费用，降低运输成本。

（4）简化货运手续，便于货物运输。

（5）把传统单一运输串联成连贯的成组运输。

6.2.7　运输网络设计

在物流与供应链管理的复杂领域中，合理的运输网络设计可以使配送活动更快、成本更低。以下是对运输网络设计的详细阐述，旨在提供一个条理清晰且内容丰富的视角。

1）运输网络设计的概念

运输网络设计是指在综合考虑企业资源、市场需求、成本效益与服务质量的基础上规划并优化货物从起点到终点的运输路径和节点布局的过程。它涉及多个方面，如运输方式的选择、仓储设施的布局、运输路线的规划等。

2）运输网络设计的必要性

一个合理有效的运输网络设计对于提高企业的运营效率和客户满意度具有重大意义。它可以帮助企业降低运输成本、提高运输效率、缩短交货时间，并提升服务质量。同时，运输网络设计还能够增强供应链的韧性和灵活性，以应对市场变化和突发事件。

3）运输网络设计的步骤

（1）需求分析。企业需要对市场需求进行深入分析，了解客户的分布、需求和运输偏好。这有助于企业明确运输网络设计的目标和方向。

（2）资源评估。企业需要对自身的运输资源进行评估，包括运输工具、仓储设施、人力资源等。这有助于企业了解自身的运输能力和限制，为后续的运输网络设计提供依据。

（3）网络规划。在需求分析和资源评估的基础上，企业可以开始进行运输网络规划。这包括确定运输方式、选择运输路线、规划仓储设施布局等。企业需要综合考虑成本、时间、可靠性等因素，以制定经济、高效、可靠的运输方案。

（4）优化与调整。完成运输网络规划后，企业需要进行优化与调整。这包括利用先进的数学算法、模型仿真等方法对运输网络进行精确分析和预测，找出潜在的问题和瓶颈，并提出有针对性的改进措施。同时，企业还需要根据市场变化和客户需求的变化不断对运输网络进行调整与优化。

4）运输网络设计的关键因素

（1）成本效益。运输网络设计需要综合考虑成本效益，确保在满足客户需求的同时实现运输成本的最小化。

（2）服务质量。运输网络设计需要关注服务质量，包括交货时间、货物安全、运输可靠性等方面。这有助于提升客户满意度和忠诚度。

（3）灵活性。运输网络设计需要具备一定的灵活性，以应对市场变化和突发事件。这包括快速调整运输计划、优化运输路线等方面。

（4）可持续性。随着人们环保意识的提高，运输网络设计还需要考虑可持续性。这包括选择环保的运输方式、降低能源消耗等方面。

6.3 配送管理

6.3.1 配送策略与配送模式

1）配送策略

配送策略是物流管理中的核心组成部分，它决定了货物从仓库到消费者手中的整个流程。以下是几种详细的配送策略。

（1）基于需求预测的配送策略

这种配送策略的关键在于利用历史销售数据、市场趋势分析及消费者行为研究等方法对未来的市场需求进行准确预测。通过预测，企业可以提前规划库存水平、调整生产计划，并据此制订配送计划。例如，在季节性产品销售高峰到来之前，企业可以预测需求增加，并提前增加库存、配送频次，以确保货物供应不断档。

（2）快速响应配送策略

对于某些对时间敏感的商品（如生鲜食品、药品等），企业需要快速响应并满足客户需求。这要求企业具备快速调整配送计划与路线的能力及足够的配送资源来确保货物的快速送达。例如，对于紧急订单，企业可以启用快速配送通道，使用更快的运输方式（如空运、专车等），并优先处理这些订单。

（3）共同配送策略

共同配送策略是指多个供应商共享配送资源，以降低配送成本和提高配送效率。这种策略有助于降低单个企业的物流成本，提高物流效率，同时也有助于减少城市交通拥堵和环境污染。通过共同配送，企业可以共享仓库、车辆、人力等资源，实现资源的最大化利用。为了实现共同配送，企业需要与其他企业或机构建立良好的合作关系，共享配送资源和信息，共同制订配送计划和标准，确保配送的协调性和一致性。

（4）定制化配送策略

定制化配送策略是指根据产品类型、客户需求等因素，采用不同的配送策略以满足不同客户的需求。这种策略有助于企业更好地满足客户的个性化需求，提高客户满意度和忠诚度。例如，对于高端产品，企业可以采用更快速、更安全的配送方式。对于偏远地区的客户，企业可以采用更灵活、更经济的配送方式。为了实现差异化配送，企业需要深入了解客户的需求和偏好，制定个性化的配送方案，并不断优化配送流程和服务质量。

2）配送模式

配送模式的选择取决于企业的业务特点、客户需求及物流成本等因素。以下是几种常见的配送模式。

（1）自营配送模式

自营配送模式下的企业拥有自己的配送中心和配送车队。这种模式的优点是企业可以完全掌控配送过程，确保配送服务的质量和效率。但是它也需要企业投入较多的资金和人力来建设与管理配送体系。

（2）第三方配送模式

第三方配送模式下，企业将配送活动委托给专业的第三方物流企业负责。这种模式的优点是企业可以专注于自己的核心业务，将配送活动外包给专业的物流企业，从而降低成本、提高效率。但是这要求企业与第三方物流企业建立良好的合作关系，确保配送服务的质量和效率。

（3）电商物流模式

电商物流模式是指电商平台通过整合供应链资源，提供从采购、仓储、配送到售后服务的全流程物流服务。这种模式的优点是具有高效、便捷、低成本的特点，能够满足客户对快速、准确配送的需求。但是这要求电商平台具备强大的物流网络和配送能力，以确保整个供应链的高效运作。

6.3.2　配送路径优化

1）配送路径优化需要考虑的因素

（1）运输网络。了解配送中心、客户和运输路线的组成，构建运输网络的平面图，为路径优化提供基本条件。

（2）配送中心。配送中心的数量和选址对路径优化至关重要，需要采取合理的中心分布和选址策略。

（3）客户。考虑客户在配送路径中的节点，包括客户位置分布、收货时间窗口和所需货物量等。

（4）货物。考虑货物的质量和体积，确保配送路径优化符合配送车辆的载货要求。

（5）目标函数。根据具体需求确定配送路径优化的目标，比如最小化总运输成本、最小化配送车辆总里程、最小化配送车辆数、最大化客户服务水平等。

（6）约束条件。考虑到车辆能力约束（如载重量和容积限制）、配送里程约束（每种配送车辆的最大配送距离限制）和任务时间窗口约束（客户要求的货物送达时间）等。

（7）优化算法。选择合适的优化算法解决配送路径优化问题，可分为精确算法和启发式算法两大类。

（8）经济车速。考虑车辆在路径中的经济车速，即以最节省燃料的方式行驶的速度。

（9）交通条件。考虑城市道路的交通拥堵情况，因为交通状况会影响车辆的行驶速度和路径选择。

（10）道路条件。了解备选路径的道路状况，包括车道干扰情况、宽度、数量、车流密度、路口数和施工路段等，以确保路径的可行性和效率。

（11）天气状况。考虑天气对车速的影响，包括对驾驶员心理和交通状况的影响，如降雨、降雪、冰雹等恶劣天气可能导致车速下降和产生安全问题。

（12）配送时效性。根据客户对配送时效的要求，尽量缩短配送时间，满足客户的期望。

综合考虑以上因素，建议采用合适的配送路径规划和优化方法，如基于数学模型的精确算法或基于启发式策略的近似算法，以实现配送路径优化。

2）配送路径优化问题的目标

（1）最小化总运输成本。优化配送路径，以缩短运输距离和运输时间，进而降低物流成本（燃料费用、人工费用和车辆维护成本等）。

（2）最小化配送车辆总里程。优化配送路径，减少车辆行驶的总里程数，以降低燃料消耗和减轻对交通网络的影响。

（3）最小化配送车辆数。优化配送路径，用尽可能少的配送车辆来满足所有客户的需求，以降低车辆投入和运营成本。

（4）最大化客户服务水平。基于客户的送货时间窗口和要求优化配送路径，以提高送货准时率和客户满意度，增强客户体验和忠诚度。

（5）最小化配送时间。优化配送路径，缩短配送时间，以满足客户对快速配送的需求，提高物流效率和竞争力。

（6）考虑环境影响。除了经济因素，将减少碳排放或缓解交通拥堵等环境影响因素纳入考虑，以实现可持续发展的物流配送。

6.3.3 配送服务质量优化

随着消费者对便利、效率和满意度的不断追求，卓越的配送服务已经成为企业成功的关键因素之一。无论是线上购物还是传统零售业，客户对货物准时、可靠、灵活和可追溯的配送需求日益增加。因此，企业必须重视并不断优化配送服务质量，以满足客户的期望并保持竞争优势。

配送服务质量是指在物流配送过程中，为客户提供满意的配送服务的能力和水平。优化配送服务质量可以提高客户满意度、增强企业竞争力并促进业务增长。

优质的配送服务质量对于企业来说具有多重意义。首先，配送服务质量直接关系到客户满意度和忠诚度。当客户能够在预期的时间内收到货物，并且货物状态完好时，他们将更加满意且愿意继续选择和推荐该企业。相反，如果配送服务存在延误、丢失或破损等问题，对企业形象和声誉造成负面影响，客户将感到失望，甚至可能转而选择其他企业。

　　其次，优质的配送服务质量可以提高企业的运营效率和成本控制水平。准时、可靠的配送可以避免因延误或错误配送导致的重复配送、客户投诉和退货等问题。通过合理规划配送路径、优化资源配置和提升配送效率，企业可以降低运输成本、减少货物滞留时间并提高资源利用率。这将有助于提升企业的竞争力并实现可持续发展。

　　最后，配送服务质量优化对于供应链管理而言具有重要意义。在现代供应链中，物流配送环节是连接供应商、生产商和客户的重要纽带。通过优化配送服务质量，企业可以实现供应链的协同和流程的无缝衔接，提高交货准确性和及时性。这有助于降低库存水平、提高供应链的敏捷性，并为企业在市场中赢得更大的优势创造有利条件。

　　配送服务质量优化可以从以下几个方面考虑。

　　1）准时性

　　配送服务的准时性是指按照客户要求的时间窗口进行配送，确保货物按时送达。为优化配送服务的准时性，可以采取以下措施。

　　（1）合理规划配送路线，优化路线顺序和交通状况，减少延误和拥堵。

　　（2）利用实时交通信息和路径规划算法动态调整配送路径，避免不可预测的交通事件。

　　（3）提前预留时间缓冲，考虑交通延误和其他不可控因素，确保在时间窗口内完成配送。

　　2）可靠性

　　配送服务的可靠性是指按照承诺的服务水平和标准始终提供一致的配送质量。为优化配送服务的可靠性，可以采取以下措施。

　　（1）建立健全的物流管理体系，包括订单管理、仓储管理和运输管理等，确保流程的可控性和无缝衔接。

　　（2）引入物流跟踪与追踪技术，提供实时的货物位置和配送状态信息，增加透明度和可视性。

　　（3）建立紧密的合作关系，与供应商、承运商和配送员保持良好的沟通与协作，提高协同效率和配送准确性。

　　3）灵活性

　　配送服务的灵活性是指能够根据客户需求和市场变化快速调整和适应配送方案。为优化配送服务的灵活性，可以采取以下措施。

　　（1）建立灵活的配送网络和合理的中转枢纽，以便根据需求进行快速路径调整和货物转运。

　　（2）引入多样化的配送方式，如快递、物流合作、自提点等，提供更多选择和便利性。

　　（3）利用技术工具与数据分析对配送需求进行预测和规划，提前做好资源配置和调度安排。

　　4）可追溯性

　　配送服务的可追溯性是指能够跟踪和记录配送过程中的关键信息，包括货物状态、签收信息和配送记录等。为优化配送服务的可追溯性，可以采取以下措施。

（1）引入条码、RFID 等物流跟踪技术，实时记录货物的位置和状态，提高配送过程的可视化和跟踪性。

（2）建立配送数据管理系统，对配送过程进行记录和分析，为后续优化提供数据支持和决策依据。

（3）提供配送信息查询和反馈渠道，使客户能够方便地获取配送状态和提供意见反馈，增加互动和提升参与度。

5）售后服务

配送服务的售后服务是指在配送完成后提供及时、有效的客户支持和问题解决方案。为优化配送服务的售后服务，可以采取以下措施。

（1）建立客户服务团队，负责处理配送相关问题、投诉和售后需求，提供个性化的解决方案。

（2）建立快速响应机制，及时回应客户的咨询和投诉，解决问题并提供满意的解决方案。

（3）收集和分析客户反馈和投诉数据，发现问题的根源并采取改进措施，持续提升售后服务质量。

（4）提供客户教育和培训，帮助客户正确使用和管理配送服务，提高客户满意度和忠诚度。

6.4 配送中心管理

6.4.1 配送中心的定义和作用

1）配送中心的定义

配送中心是从事配送业务的物流场所或组织，应基本符合下列要求。

（1）主要功能。配送中心以组织配送性销售或供应、执行实物配送为主要职能，通过集货、储存、拣选、配货、送货等功能实现资源的最终配置。

（2）信息枢纽。配送中心是物流信息的集结地，具有收集和处理物流信息的职能。它集中了各种物流信息，如订货信息、库存信息、货物在途信息、取货人信息、车辆信息等，这些信息经过配送中心处理后，按需求向外发布。

（3）集散地。配送中心是多个物流路径交会的节点，是物流集散地。它连接着多种运输方式，如铁路、公路、水路、航空等，可实现多式联运和运输方式的转换。

（4）储存功能。配送中心具有储存货物的功能，以备不时之需、满足市场需求。同时，配送中心通过储存货物可以有效地调节供需关系，实现货物的有效调配。

（5）现代化管理。配送中心通常配备先进的物流设施和管理系统，如自动化仓库、信息系统、配送车辆等，以实现快速、准确、高效的配送服务。

（6）客户服务。配送中心按照客户的订货要求在物流据点进行货物配备，并以最合理的方式送交客户，是联系供货方和需求方的纽带。

综上所述，配送中心是一个集集货、存储、拣选、配货、送货、信息处理等功能于一体的现代化物流场所或组织，是物流系统中的重要节点，在提高物流效率、降低物流成本、满足市场需求等方面具有重要作用。

2）配送中心的作用

配送中心在物流系统中扮演着至关重要的角色，其作用主要体现在以下几个方面。

（1）优化资源配置。配送中心通过集中存储、管理和配送货物，能够实现对资源的有效整合和优化配置。它可以根据市场需求和供应链情况合理调配货物资源，避免资源的浪费和重复投资，从而提高整个供应链的效率和响应速度。

（2）提高物流效率。配送中心通过引入先进的物流技术和设施，如自动化仓库、智能分拣系统、配送车辆等，能够大幅度提高物流效率。它能够快速、准确地完成货物的拣选、配货、包装、运输等作业，缩短订单处理时间，提高客户满意度。

（3）降低物流成本。配送中心通过集中采购、集中存储、集中配送等方式，能够降低物流成本。它可以通过集中采购获得更优惠的价格，通过集中存储降低库存成本，通过集中配送降低运输成本。此外，配送中心还能够通过优化配送路线、提高车辆利用率等方式进一步降低物流成本。

（4）满足多样化需求。随着市场需求的不断变化，客户需求呈现出个性化、多样化的特征，配送中心需满足客户的不同需求。例如，根据客户的需求提供定制化的配送服务，包括定时配送、定量配送、特殊包装等。

（5）加强供应链管理。配送中心是供应链中的重要节点，它连接着供应商、生产商、分销商和最终用户等各个环节。通过加强配送中心的管理和运营，可以加强供应链各环节的协作和沟通，提高供应链的协同性和响应速度，实现供应链的整体优化。

（6）增强客户服务体验。配送中心是客户服务的重要环节之一。它能够为客户提供及时、准确、便捷的配送服务，提高客户满意度和忠诚度。同时，配送中心还可以通过提供信息查询、投诉处理等服务加强与客户的互动和沟通，提升客户服务体验。

综上所述，配送中心在物流系统中具有优化资源配置、提高物流效率、降低物流成本、满足多样化需求、加强供应链管理和增强客户服务体验等重要作用。它是现代物流体系中不可或缺的一部分，对提高整个供应链的竞争力和客户满意度具有重要意义。

6.4.2　配送中心的作业流程

配送中心的作业流程由其功能定位决定。常见的配送中心有储存型配送中心、流通型配送中心、流通加工型配送中心。储存型配送中心的作业流程如图6-4所示。

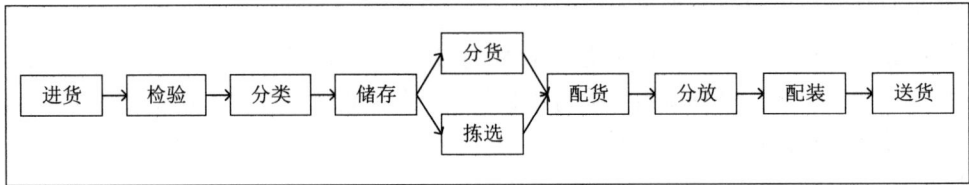

图6-4　储存型配送中心的作业流程

流通型配送中心的作业流程如图6-5所示。

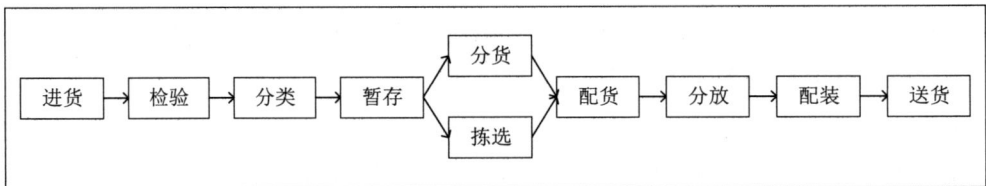

图6-5　流通型配送中心的作业流程

流通加工型配送中心的作业流程如图6-6所示。

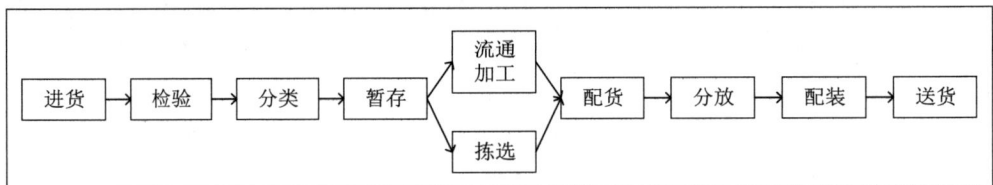

图6-6　流通加工型配送中心的作业流程

配送中心的工作主要围绕三大核心流程展开：配送货物、储备管理、信息管理。

1）配送货物

（1）调拨货物。根据连锁店的补货需求、传真形式的要货单及新品种的需求量，从本商场内部调拨货物。各商场接到要货单，即刻分派各领班进行配货（如果遇到货物不足的情况，领班立即通知本部门的经理进货）。配好货物后，通知配送中心并移至配送中心清点入库，交接签字。

（2）配货与接收。配送中心发出订单后，供应商根据订货要求组织送货。送货人员持配送中心订单的送货联将购进的货物送交配送中心，配送中心协同商品运营部和收货部，根据订单对供应商送到的货物（数量、品种、质量）等进行验收，对与合同规定不符的货物做拒收退货处理。文化用品、学生用品、小百货、食品、电话卡等直供货物的配货流程为：供应商需到配送中心签订合同，然后发货至各连锁店，或直接送货至配送中心清点入库，并完成交接签字，确保单据齐全完整。

（3）存储。配送中心将需要配送的货物移至配送中心仓库进行清点、分类、保管、交接后，如果在本仓库内发生货物丢失、缺少，则由配送中心分管人员进行赔偿。

（4）配货、送货。对于数量较大的货物，如矿泉水、香肠等，配送中心应根据连锁店每天的销量一次配送 5～7 天的备货量，以保证货物的正常销售。

（5）清点货物、交接签字。货物配送至连锁店后，由其班长按配货表单逐项审核货号、品名、规格、单价、数量等项目，完成清点与收货，并在一式四联的调拨单（连锁店、配送中心、商场、财务各一联）上确认签字。

（6）记账。一式四联的调拨单，由各部门按调出、调入的货物明细逐一记账。对于直接送货的供应商，配送中心人员要将各连锁店的收货单（按其供应商单位名称、单价、数量、金额要求填制清晰）收回两联（一联交配送中心记账，一联报财务）。配送货物流程如图 6-7 所示。

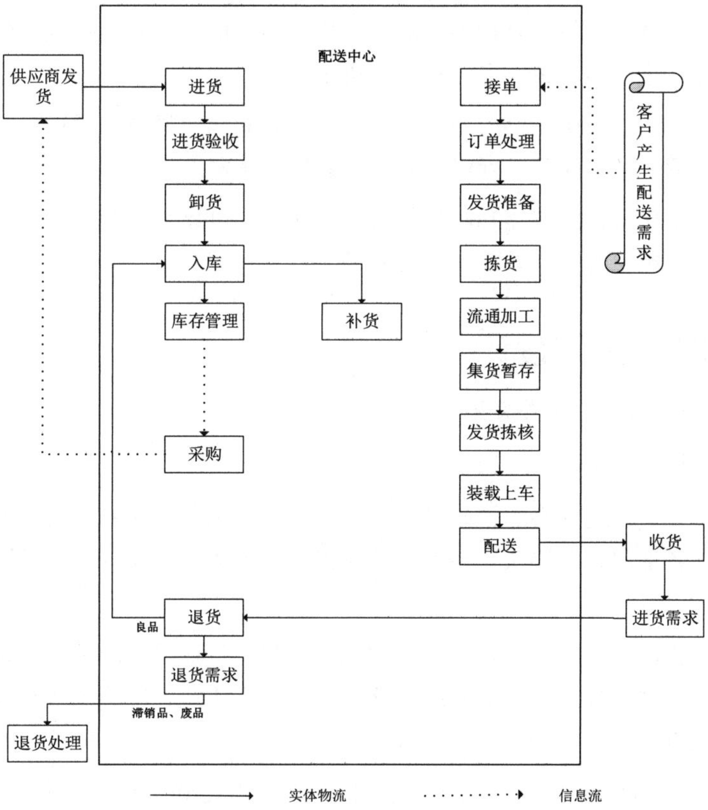

图6-7　配送货物流程

2）储备管理

在配送中心运营中，储备管理占据重要地位。为确保物流链的顺畅运转与高效管理，储备管理需要经过以下流程。

（1）库存管理。依据销售预测与实际市场需求实施精细化的库存规划。通过深入分析销售数据准确预测未来需求量，并据此调整库存水平，以避免库存积压并确保货物供应充足。

（2）库存检查。为维持库存的准确性和完整性，配送中心需要定期对库存进行全面检查。在此过程中，任何库存差异都将被及时发现并妥善处理，以确保库存数据的精准性。

（3）库存轮换。为确保库存货物的新鲜度和有效性，配送中心需要执行严格的库存轮换制度。通过定期更换老旧库存，确保连锁店接收的货物始终保持最新鲜、最优质的状态。

3）信息管理

信息管理是配送中心运营中的关键环节。为确保信息的准确性、时效性，信息管理需要经过以下流程。

（1）订单管理。高效、准确地处理连锁店的订单，并及时发货。在此过程中，注重与连锁店的沟通，确保订单信息的清晰无误。

（2）数据管理。全面收集并维护供货商、货物、销售情况及库存等核心信息。通过实时更新与深入分析这些数据，为管理层提供科学的决策依据。

（3）沟通协调。与连锁店和供应商建立稳定、高效的沟通渠道。通过定期会议、电话及邮件等沟通方式及时解决各类问题，确保供应链的顺畅与稳定。

通过上述三大工作流程的有序和高效运转，配送中心可以实现对货物的配送、储备和信息管理，有效地提升连锁店的运营效率和经营效果。

6.4.3　配送中心规划设计

1）配送中心规划设计的主要目标

配送中心规划设计的主要目标如下。

（1）服务优质化。配送中心的核心目标是提供卓越的服务，这包括为企业提供及时、准确的信息反馈，确保各部门、各层次、各环节都能得到有效的信息支持，从而更好地满足客户多样化的需求。

（2）效率最大化。配送中心应建立高效的配送机制，包括灵活的配货、发货、运输系统，以及自动化的库存管理、分拣、理货系统。这有助于实现快速、准确的货物配送，确保货物能被迅速送达指定地点。

（3）成本最优化。合理利用配送面积和空间，科学选择运输工具和线路，保持合理的库存规模和结构，实现配送中心的低成本运营。这不仅能提高企业的经济效益，还能提升企业的市场竞争力。

（4）安全可靠性。配送系统的安全性至关重要，配送中心应确保操作系统、防火墙系统、人员、程序和数据库的安全性，防止任何潜在的安全风险，保障客户的商业机密不被泄露。

2）配送中心规划设计的步骤

配送中心规划设计是一项系统性的工作，主要包括以下几个关键步骤。

（1）前期调研。通过广泛的网上调研、文献研究及现场考察，收集并分析配送中心建设的内部条件、外部环境和潜在客户信息。同时，深入了解配送货物的品种、货源、流量及流向，以及物流服务的供需情况和行业发展趋势。

（2）目标设定。根据前期调研结果明确配送中心建设的短期、中期和长期目标。同时，依据物流原理和实际情况制定配送中心建设的原则与准则。

（3）功能规划。将配送中心视为一个集成的物流系统，根据既定目标规划并设计配送中心需要具备的常规物流功能及特色功能。

（4）选址决策。对配送中心的选址进行细致分析，明确选址的评价标准，并选择合适的选址方法。选址决策应充分考虑未来发展潜力，因为一旦确定，很难进行大规模调整。

（5）作业流程设计。根据配送中心的功能和货物特性设计合理的作业流程，包括设施配备、场所分区等。不同类型的配送中心可能需要不同的作业流程设计。

（6）信息系统规划。制定配送中心的管理信息系统和网络平台规划，确保实现信息化、网络化、自动化。这有助于提高内部作业效率，并与外部系统实现有效连接，提升整体运营效率。

（7）设施设备选型。根据配送中心的功能分区和作业流程选择合适的建筑模式、空间布局及设备配置。在选型过程中，应充分考虑物料搬运的便捷性和作业流程的简化性，同时充分利用现有设施设备，降低建设成本。

通过以上步骤的系统性规划与设计，配送中心可实现高效、安全、低成本的运营，为企业创造更大的价值。

案例思考：乳制品企业冷链物流运输的透明管理革新之路

随着消费者对冷藏冷冻食品品质要求的不断提高，乳制品企业面临着前所未有的挑战。如何在保证食品新鲜、健康的同时实现运输过程的全程可控，成了乳制品企业亟待解决的问题。在这个背景下，某大型乳制品企业携手深圳易流科技有限公司（以下简称"易流科技"），共同探索出一条冷链物流运输的透明管理革新之路。

1）行业挑战与需求

在冷链物流行业，温度是影响食品品质的关键因素。然而，由于冷链物流行业尚属新兴领域，缺乏成熟完备的管理体系，许多企业在运输过程中难以实现对温度的精准控制。这不仅影响了食品的品质，也损害了企业的声誉和消费者的利益。因此，乳制品企业急需一种高效、合理的物流过程管理理念和方法，以确保运输过程温度受控，保障食品品质。

2）透明管理系统的引入

为了应对行业挑战，某大型乳制品企业选择了与易流科技合作，引入其专业的"运输过程透明管理"系统平台。该系统平台通过应用"动态温度追踪""开门异常报警""冷机状态记录""温度超限报警"等多种方式全方位、多角度管理运输过程，确保运输过程全程"在线、透明、可控"。

3）技术与管理相结合

在冷链物流运输过程中，技术和管理是相辅相成的。易流科技通过先进的技术手段实现了对运输过程的实时监控和数据分析。同时，结合乳制品企业的实际需求，易流科技为其量身定制了一套符合企业特点的管理方案。这种技术与管理相结合的模式不仅提高了运输过程的管控力度，也降低了企业的运营成本。

4）成本与质量平衡

在保证食品品质的同时降低冷链物流的运输成本是企业追求的目标。易流科技的"运输过程透明管理"系统平台通过行驶线路优化和油耗实时查询等功能帮助企业实现了这一目标。系统平台通过分析历史运输数据筛选出既考虑成本又兼顾效率的运输线路，并通过实时监控油量变化及时提醒司机注意调整驾驶状态。这些措施有效降低了企业的运输成本，提高了企业的竞争力。

5）企业竞争力的提升

引入"运输过程透明管理"系统平台后，该乳制品企业的竞争力得到了显著提升。首先，这一系统平台保证了运输过程温度受控，确保了食品品质的稳定性和可靠性。其次，系统平台提高了运输过程的透明度和可控性，降低了企业的运营风险。最后，系统平台通过优化行驶线路和降低油耗等方式降低了企业的运营成本，提高了企业的盈利能力。这些措施不仅增强了企业的市场竞争力，也赢得了消费者的信任。

6）行业发展趋势与展望

随着消费者对食品品质要求的不断提高和冷链物流行业的快速发展，未来冷链物流行业将呈现以下几个发展趋势：一是技术创新将成为推动行业发展的核心动力；二是标准化、专业化、智能化将成为行业发展的重要方向；三是绿色环保、节能减排将成为行业发展的基本要求。面对这些趋势和挑战，乳制品企业需要继续加强与先进科技企业的合作与交流，不断引入新技术、新理念和新模式，推动冷链物流运输的透明管理不断革新与升级。同时，还需要关注市场需求的变化和消费者需求的升级，不断优化产品结构和提高服务水平，以满足消费者的多样化需求。

思考题

1. 冷链运输的适用场景是什么？
2. 对于其他企业而言，易流科技的成功经验有哪些值得借鉴的地方？

第7章

供应链信息管理

本章学习目标

1. 了解供应链信息管理的概念，以及信息流在供应链管理中的作用。

2. 理解供应链信息的特征、分类及价值。

3. 熟悉供应链信息共享的过程及意义。

4. 掌握供应链信息系统的划分及供应链管理采用的核心信息技术。

案例导入：海尔的 COSMOPlat 互联网平台

作为全国供应链创新与应用试点企业，海尔为了满足日益成熟的中国消费市场需求，从 1988 年开始，便以整合供应链为中心，历经流程再造、模块化、互联工厂建设，再到工业互联网平台搭建等过程；将供应链的制造模式前连引领战略，后连个性化定制，整合全球一流的研发资源网、供应商资源网、用户资源网，打造精准、高效、满负荷下的定制包销体系；打破了传统制造模式与供应链体系，构建起以用户全流程最佳体验为中心的智慧创新供应链生态系统；实现了从大规模制造向大规模定制的转型，通过建设共创共赢生态圈，逐步形成高精度、高效率的智慧供应链生态系统，其核心载体就是海尔的 COSMOPlat 互联网平台。

COSMOPlat 是海尔推出的具有中国自主知识产权、全球首家引入用户全流程参与体验的工业互联网平台。它采用先进的物联网框架，通过四个架构将业务战略、目标、需求等转化成应用软件程序和系统；从全周期、全流程、全生态三个方面颠覆传统的工业体系，实现了透明化、可视化和无缝化，推动以计划为中心向以用户全流程最佳体验为中心的转型，聚焦与用户的零距离交互，致力于满足用户个性化定制需求；实现了跨用户和跨资源的零距离对接，最终促成供应商、企业、用户全链条的价值增值，形成开放共赢的生态架构。

COSMOPlat 着力打造"用户交互定制平台""精准营销平台""开放设计平台""模块化采购平台""智能制造平台""智慧物流平台""智慧服务平台"供应链全流程七大子平台，通过生态圈模式与七大子平台互联互通，赋能衣联网、食联网、农业、房车等 15 个行业物联生态，践行跨行业、跨领域生态赋能，并复制到 11 个区域和 20 个国家，提供大规模定制社会化服务，助推企业转型升级。

在"人单合一"管理模式下，COSMOPlat 建立了全球领先的世界级工业互联网生态品牌平台，率先开启了物联网时代的生态品牌建设。海尔 COSMOPlat 创新供应链将走向物联网、智慧化、模块化，通过跨行业、跨领域的赋能与实践推动各行业供应链的整合优化，助力全球企业转型升级，形成可复制的供应链新模式，为全国供应链领域的管理创新提供新的模式和思路。

思考题

1. 海尔在建设供应链管理信息系统方面采取了哪些创新措施？

2. 海尔的 COSMOPlat 互联网平台有哪些重要作用？

7.1 供应链信息管理概述

7.1.1 供应链信息管理的概念

1）信息流

信息论的奠基人香农（1948）描述了通信的数学理论，创立面向通信系统的信息论（Information Theory），为信息交流理论的发展提供了长期的理论基础。信息流（Information Flow）的内涵应分别从广义和狭义两个角度进行分析：广义的信息流是指人们采用各种方式来实现信息交流，从面对面的直接交谈直到采用各种现代化的传递媒介，包括信息的收集、传递、处理、储存、检索、分析等过程；狭义的信息流是从现代信息技术研究、发展、应用的角度看的，指的是信息处理过程中信息在计算机系统和通信网络中的流动。

1948 年，控制论的创始人之一维纳在《控制论：或关于在动物和机器中控制和通信的科学》一书中对信息的描述是："信息是信息，不是物质，也不是能量。"也就是说，信息是世界上物质与能量之外的第三个基本概念。现在，哲学家和科学家普遍认为，物质、能量、信息是物质世界的三大支柱，是科学历史上三个最重要的基本概念。同年，香农在其著名的论文《通信的数学理论》中给出了信息的科学定义，并建立了信息的定性和定量描述方法。香农对信息的定义是："信息是事物运动状态或存在方式的不确定性的描述。"

供应链通常包含两个部分：物质部分与信息部分。物质部分主要进行物流与资金流管理。一般情况下，信息部分是由知识差形成的信息流，流向由供求关系决定。信息流大都是从客户需求开始的，通过零售商、分销商、批发商传到制造商那里，再由制造商传给供应商。现阶段企业管理的基本结构分为三个层次，从上至下分为决策层、管理层、操作层，其中操作层是各类信息形成的主要环境。信息的收集、传输和分类处理的过程正是信息流的形成过程。

在不同的领域，信息被赋予不同的定义。在供应链管理中，信息是供应链系统内外存在的知识差，是链接各节点企业的一项指令设置，是供应链系统的"神经中枢"。信息流就是信息从一个实体到另一个实体的交换与传递。信息流反映了供应链系统中各组成部分之间的关系。一般来说，信息流包括信源、信道、信宿三大要素：信源即信息的来源，信道即信息的传播渠道，信宿即信息的接受对象。供应链的信息流是指在整个供应链上信息的流动，它是一种虚拟形态，涵盖了供应链上的供需信息和管理信息，伴随物流的运作而不断产生。有效的供应链管理的关键在于及时传递需求和供给信息，提供准确的管理信息，使供应链成员都能得到实时信息，形成统一的计划与执行，最终为客户提供更好的服务。

信息流在供应链中扮演着至关重要的角色，它是连接供应链不同部分的纽带。信息流不仅支持物流、商流和资金流的顺畅运作，而且是它们之间的沟通和传递媒介。信息流对于供应链的每个环节都至关重要，它影响着从供应商到制造商、分销商直至最终消费者的每一个决策和操作。

供应链信息流的内容丰富多样，包括但不限于供应源信息、生产信息、配送信息、零售信息和需求信息。这些信息的有效流动直接关系到企业的决策与运营，信息流的管理和优化可以大幅提升供应链的效率和响应速度。

信息流主要具有以下特征。

（1）时间性。信息流的时间性是由信息的时间性决定的，并在某种程度上反映信息的价值。信息流的时间是供应链的信息流管理的重要目标之一。

（2）协调性。信息流需要上游（企业）与下游（企业）之间有效的交流与传递，并使供应链各节点之间相互协调地运作。

（3）连续性。信息流的连续性由时间上的连续性和空间上的连续性两部分组成。从时间上来看，选择合适的时间能够获得到合适的信息。从空间上来看，信息流的流程要简洁，为信息共享提供方便，进一步提升信息共享的幅度。

2）供应链信息化

随着信息技术的发展，越来越多的企业开始认识到供应链信息化的重要性，供应链信息化是指在供应链管理过程中，通过信息技术的集成应用，实现供应链各环节的高效协同和信息共享。这包括但不限于供应链计划、采购、生产、库存管理、物流配送、销售等环节。信息化使得供应链管理更加精细化、智能化，有助于企业实现资源优化配置、提高决策效率、降低运营风险。目前，我国企业在供应链信息化方面取得了一定的进展。许多企业已经开始实施 ERP、WMS 等系统，这些系统在提高管理效率、降低运营成本方面发挥了重要作用。同时，随着互联网、大数据、云计算等技术的发展，供应链信息化开始向更深层次发展，如供应链数据分析、智能物流等。

3）供应链的动态性

供应链作为一张复合多阶网络，不同层级的目标通常存在差异甚至相互冲突，有时无法同时实现。供应链是会随时间变化而变化的动态系统。动态性使得计划、控制、生产、配送等流程难以精确达到预期的目标。动态性因素并不只是需求变动。交货时间是否提前，生产过程是否安全，突发事件是否得到有效解决，仓储运输是否按照规定的产品性状在恰当的时间送往正确的地点等同样是动态性因素，这些会造成供应链中的不确定性。供应链管理的难点是寻找系统最优策略和应对不确定性，最优策略即全局优化，既能保证系统综合成本最低，又能维持服务水平；供应链的动态性普遍存在，方案设计是应对动态性的关键环节。

4）供应链信息管理

供应链信息管理（Supply Chain Information Management）是指利用信息技术及软件系统管理供应链中的各种信息和数据，从而实现供应链的高效运作和优化。它是现代企业供应链管理的重要组成部分，涉及对供应链中各个环节的数据和信息进行收集、分析、处理、传输与应用，以支持做出决策和优化供应链运作。

供应链信息管理的目标是通过信息系统实现对供应链的数据处理、信息处理、知识处理的过程，使数据向信息转化，信息向知识转化，最终产生企业价值。

7.1.2 信息流在供应链管理中的作用

供应链管理的核心问题是如何通过有效协调和控制供应链上的四种流，即物流、信息流、资金流、作业流，实现整个供应链的稳定和高效运行，以达到满足最终用户需求的目的。

在供应链运行的过程中，物流、资金流、作业流都紧密围绕信息流展开。只有依据准确的信息做出决策，才能确保供应链上的各种因素（如各环节的生产量、库存量、生产周期等）维持稳定的水平，保障供应链稳定且高效地运行，从而更好地满足最终用户的需求，这也是保证供应链所有成员企业之间长期稳定合作必不可少的条件之一。因此，供应链系统中的需求信息及其管理对供应链系统的稳定性和运行效率具有重要影响。企业进行供应链管理时，可以通过需求信息管理为供应链相关决策提供正确依据，实现供应链的稳定且高效运行，进而维系供应链成员企业之间长期稳定的合作关系。

在供应链的四种流中，信息流的结构和运行机制最复杂，其流动最频繁、最活跃、最不稳定、最容易受到其他因素的影响。需求信息在供应链上传输时会体现出各种特性，如需求信息采集和传输的频率、输入信息的时间、输入信息的模式、信息传输的延迟、信息传输的速度等。市场环境的特点会通过需求信息对供应链系统的运行稳定性和运行效率产生重要的影响。需求信息的采集和处理会影响供应链各个环节对需求的响应，从而影响供应链系统运行的稳定性和效率。需求信息在传递和处理的过程中普遍存在不确定性，会影响整个供应链系统的正常运行，甚至破坏供应链系统的秩序，给整个供应链系统造成重大损失，进而影响与供应链合作伙伴的合作关系。

供应链中的信息种类繁多、信息结构复杂。对供应链产生影响的信息可以分为两个部分：

供应链内部信息和供应链环境信息，这些信息由个人信息、工作组信息、企业信息等构成。也可以按供应链环节将信息分为供应信息、生产信息、配送和销售信息、市场需求信息、社会环境信息等。

在这些信息中，供应信息和生产信息是优化配置供应链资源、制定供应链管理决策的依据。配送和销售信息有利于企业制定更有效的管理决策。市场需求信息是制订生产计划、控制生产成本、满足客户需求的依据。社会环境信息涉及社会环境的变化，如政策法规、经济环境等，这些信息对供应链的整体运作有重要影响。供应链内部信息可帮助企业制定更有效的管理决策。供应链环境信息会对供应链的整体战略选择、运行和绩效产生重要的影响。

7.2　供应链信息的特征、分类及价值

信息是对事物的状态和存在形式的不确定性的描述。处在快速变动中的供应链在运行中必然存在不确定性。实际上，在现代社会环境中，很多市场需求变化都可能使供应链产生不确定性。市场需求量增长、供货提前期缩短、产品品种增加、技术创新速度提高等现代市场的主要特征都会使市场需求的不确定性提高。供应链上的信息具有很强的支配和影响力，因此具有很高的价值。然而其种类繁多、结构复杂、内容多变，管理难度很大。另外，供应链成员企业之间还存在信息内容分散、信息不对称、交叉影响、使用者成分和目的不同等问题，使供应链信息成为供应链上管理难度最大的要素之一。供应链信息管理的目的在于降低供应链中的不确定性，提高客户满意度，使企业能更好地为客户服务，提高客户服务水平，同时提高企业乃至整个供应链的运行效率和竞争能力。信息管理水平的提高也标志着供应链及其成员企业管理水平的提高，企业可以以信息资源代替人、财、物等其他资源。

7.2.1　供应链信息的特征

1）信息的定义

人类社会的生存和发展时时刻刻都离不开接收信息、传递信息、处理信息和利用信息。在信息社会中，人们在各种生产、科学研究、社会活动中均涉及信息的交换和利用。而信息本身是一个既抽象又复杂的概念。信息具有许多独特的性质和功能，但是它也是可以测度的，而且正是信息测度导致了信息科学的出现。最早对信息进行科学定义的是哈特利。他在 1928 年发表于《贝尔系统电话》杂志上的一篇题为《信息传输》的论文中首先提出"信息"这一概念。他认为，发信者发出的信息就是他在通信符号表中选择符号的具体方式，并主张用所选择的自由度来度量信息。基于这种思想，哈特利推导出了最早的信息度量公式：

$$H = \log S^N$$

式中，H 为信息量，S 为符号数，N 为选择次数。

哈特利朴素地认为："信息是选择的自由度。"他简要地解释了信息的概念，但这种解释存

在严重的局限性。首先，他所定义的信息没有涉及信息的内容和价值，只考虑选择的方式；其次，即使考虑选择的方式，也未考虑各种可能选择方式的统计性质；最后，既然将信息理解为选择的方式，就必须有一个选择的主体作为限制条件。因此，这样的信息只是一种认识论意义上的信息。

1948 年，控制论的创始人之一，美国科学家维纳出版了专著《控制论：或关于在动物和机器中控制和通信的科学》。他在书中指出："信息是信息，不是物质，也不是能量。"后来，维纳在《人有人的用处》一书中继续提出："信息是人们在适应外部世界，并使这种适应反作用于外部世界的过程中，同外部世界进行相互交换的内容的名称。""接收信息和使用信息的过程，就是我们适应外部世界环境的偶然性变化的过程，也是我们在这个环境中有效地生活的过程。""要有效地生活，就必须有足够的信息。"然而，人们在与外部世界相互作用的过程中，还进行着物质与能量的交换，这样，就又把信息与物质、能量混同起来。所以，维纳关于信息的定义是不完善的。

1948 年，公认的信息论创始人香农在《贝尔系统电话》杂志上发表了《通信的数学理论》一文，文中对信息的定义可归纳为：信息是事物运动状态或存在方式的不确定性的描述。其主要贡献还包括：推导出了信息测度的数学公式，标志着信息科学进入了定量研究阶段；发现了信息编码的三大定理，为现代通信技术的发展奠定了理论基础。

香农还建立了通信系统模型，其示意图如图 7-1 所示。

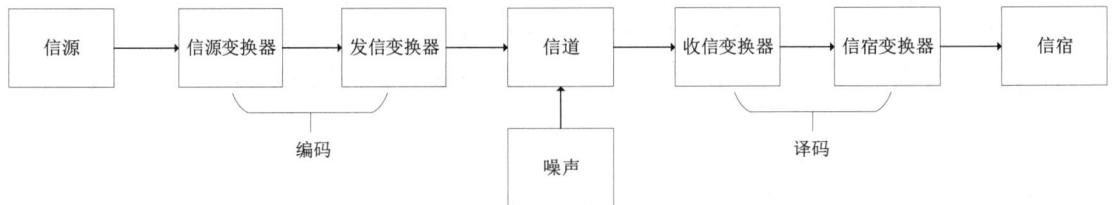

图7-1　通信系统模型示意图

意大利学者朗格在 1975 年出版的《信息论：新的趋势与未决问题》一书中提出："信息是反映事物的形式、关系和差别的东西。信息包含于客体间的差别中，而不是在客体本身中。"即用变异度、差异量来度量信息。从某些角度来看，差异确实是信息，但是不能说没有差异就没有信息，因此这样的定义也是不完善的。我国学者钟义信教授在本体论的层次（最高、最普遍的层次，也是无约束条件的层次）上对信息下了定义。他认为："信息就是事物运动的状态和方式，就是关于事物运动的千差万别的状态和方式的知识。"

据不完全统计，信息的定义有 100 多种，涉及图书情报领域、心理学领域、信息资源管理领域、通信和信息科学领域。通过比较各家各派的信息定义，本书认为，作为与物质、能量同一层次的信息定义，钟义信教授归纳的定义具有最强的普遍性，其不仅能涵盖其他信息定义，而且通过引入约束条件，还能转换为其他信息定义。

需要说明的是，不同领域对信息及其相关概念的认识不是对等的，供应链信息管理领域的信息概念不同于钟义信的信息概念，心理学家的信息定义也不同于图书情报领域的信息定义。本书的主要研究对象是供应链中产生、传递、处理和利用的信息，因此具有背景特殊性。供应链成员会产生、接收和利用各种不同的信息，但是他们对信息的需求主要是为了降低生产和销售中的不确定性、精确生产、消除浪费。因此，对于供应链中信息的研究，更多的是从消除不确定性的角度来考虑的，即将信息看作事物运动状态或存在方式的不确定性的描述。

2）供应链信息的特征与属性

供应链成员在日常的生产经营活动中每时每刻都会接收来自不同渠道的信息。这些信息是企业进行各种生产经营决策所必需的重要资源。这些信息的质量直接影响企业决策的水平，进一步影响企业的收益。随着 IT 技术的不断发展，信息的作用越来越明显，供应链成员越来越依赖各种信息来规避风险、创造价值。要利用好信息这一宝贵资源，首先要明确供应链信息的特征及其属性。

供应链中信息的种类繁多，每个供应链节点都面临着不同渠道的信息，比如零售商信息渠道涉及客户、供应商、企业外部环境、竞争对手和合作伙伴。不同渠道的信息又多种多样，比如供应商的信息包括生产信息、订单状态信息、库存信息、产品信息、供应能力信息、促销信息、财务信息、技术进步信息等。供应链信息指导着物流的运动。在激烈竞争的市场环境下，有效利用正确的信息以提升企业的竞争优势，已成为供应链上所有企业的策略之一。从某种意义上来说，供应链实际上是一个用于满足客户需求的信息驱动事务链。因此，为了有效控制信息，了解和掌握供应链信息的特征是有必要的。供应链信息既具有所有信息共有的基本特征，同时也具有一些特殊性。

供应链信息具有如下基本特征。

（1）可转移性。信息可以在时间或空间上从一点转移到另一点。在时间上的转移称为存储，在空间上的转移称为传输或通信。

（2）有序性。信息可以用来消除系统的不确定性，有利于系统的自组织，增强系统的有序性。

（3）动态性。信息的内容和形式会随时间推移持续经历更新、取舍、积累和充实，是有时效、有寿命的。这就是信息的动态性。

（4）共享性。共享性是信息区别于物质和能量的主要特性。信息不因消耗而趋于枯竭，易复制、易扩散并可被无限利用，为资源共享提供了条件。萧伯纳有一个可以说明信息共享性的形象的比喻："倘若你有一个苹果，我有一个苹果，而我们彼此交换这些苹果，那么你我仍然各有一个苹果。但是，倘若你有一个主意，我也有一个主意，我们彼此交换这些主意，那么我们每个人将有两个主意。"这里的"主意"就是人脑创造并储存的信息。信息的共享性表现在：同一内容的信息可以在同一时间由两个或两个以上的使用者使用，供给信息的人并不失去他对信息内容的掌握。在网络时代，信息共享是一个重要特征，这种共享性具有两方面的价值：一是能够提高效率、降低成本，如通过计算机访问馆藏联合目录和期刊索引；二是在资源分布不均时可调用远程异地资源，如利用网络实现馆际互借等。

（5）异步性。人们对事物运动状态和方式的认识通常是在事物运动发生后才产生的。或者说，信息主体事物对本源事物运动状态和方式变化的反映总是在后者发生之后才出现。但是，信息在这个意义上的滞后性并不意味着人类不能产生和利用超前于事实发生的信息。人们了解与认识已经发生的事实的目的并不在于承认既成事实或被动地等待下一次的接受和承认，而是在于积累经验并摸索规律，能动地迎接或改变或消除同类事件的再次发生。信息的滞后性和超前性构成了信息与本源事物在运动状态和方式变化时间上的异步性。当然，如果容许的时间段与滞后和超前的时间段相比可以忽略的话，信息仍然是相对同步的。

（6）时效性。信息与物质商品不同，信息通常只在某一时刻或某一时间内有用。

（7）保密性。并非所有信息都可以在供应链上对外开放，如新产品开发策略信息通常在一定范围和一定时间内保密。因此，按保密程度（或级别），信息可以分为绝密信息、保密信息、一般信息。

（8）相对性。很多信息可能既及时又准确，但是缺乏针对性。

供应链信息的特殊性主要体现在以下方面。

（1）动态性。同一信息所包含的信息量在不同时期会有所变化。在从信息产生到该信息所指示的事件实际发生的过程中，关于该事件发生与否的各种信息不断增加与排除，概率分布逐渐发生变化，其所含有的信息量也随之改变。至事件发生时，概率为1，信息量为0。由于供应链的环境特性，信息的动态变化过程在供应链中表现得极为迅速。

（2）可共享性。同一条信息扩散后可被不同的信宿使用，甚至用在不同的方面。作为同一级的信息，其信息量在使用过程中互不影响、互无冲突，这种共享性是可以同时实现的，并且不会因多次使用而出现自然损耗。物质资源的拥有则具有唯一性，至少在同一时间点上具有唯一性。信息的这一特性对增强供应链内部企业间的合作起到了非常积极的作用。作为对信息风险和信息失真的防范，信息共享可谓公理式的解决方案。

（3）可伸缩性。企业通过对信息进行分析、归纳和总结，能使信息更加集中、简明，凸显其本质、特点，从而更符合信息使用者的需求。同时，通过对信息的挖掘，企业还能扩大与充实信息资源。供应链信息种类繁多，变化迅速，传递频繁，因此合理的分析和处理可极大地提高信息的利用率，充分挖掘其内在价值。

（4）传递特殊性。信息作为抽象化的物质，具有特殊的运输方式，常需要转化为某种特殊符号进行传递，如文字、数据、语言等。在供应链中，信息的传递通常是伴随物流、资金流、作业流的传递同时开展的，传递的及时性与准确性直接影响整个供应链的绩效表现。

（5）信息的流动跨越不同部门和企业。同一信息既需要在企业内部流动，同时也可能在部分企业之间流动。

（6）强调为客户服务。横向信息传递的最终目的是提供客户真正需要的服务和信息。

（7）信息量大。物流信息随着物流活动及商品交易活动的展开而大量产生。多品种小批量生产和多频度小数量配送使库存、运输等物流活动的信息大量增加。零售商广泛采用 POS 读取销售时点的商品品种、价格、数量等即时销售信息，并对这些销售信息进行加工整理，通过 EDI 传送给相关企业。随着企业间合作倾向的增强和信息技术的发展，物流信息和资金信息的信息量都将越来越大。另外，供应链自身越复杂，供应链上企业之间的交易就越多，那么产生的信息的量也越大。但是并不是所有的信息都是有用的，从大量信息中找出有用的信息是很重要的。

（8）更新快。物流信息的更新速度快。多品种小批量生产、多频度小数量配送、利用 POS 的即时销售使得各种作业活动频繁发生，从而要求物流信息不断更新，而且更新的速度越来越快。随着物流和库存等的快速变化，信息也进行了更新。在现代竞争方式下，客户的需求日益更新，这使得信息的更新更快了。

（9）来源多样化。物流信息不仅包括企业内部的物流信息（如生产信息、库存信息、市场信息和需求信息等），还包括企业间的物流信息和与物流活动有关的基础设施的信息。企业竞争优势的获得需要供应链各参与企业之间相互协调合作，手段之一是信息即时交换和共享。许多企业把物流信息标准化和格式化，利用 EDI 在相关企业间进行传送，实现信息共享。另外，物流活动往往利用道路、港湾、机场等基础设施。因此，为了高效率地完成物流活动，必须掌握与基础设施有关的信息，比如在国际物流过程中必须掌握报关所需信息、港湾作用信息等。

（10）核查性。供应链上的信息在传递过程中可能存在误差，错误的信息将导致错误的决策。所以，在使用信息前需要核查信息的真假，确保信息无误。

为了有效共享供应链信息，且使共享的信息真正得到有效利用，了解和掌握供应链信息的特征是有必要的。因此，在研究供应链信息的传递和处理机制时，必须考虑信息具有的以上特征，针对不同信息采取不同的方法。

7.2.2　供应链信息的分类

1）按内容分类

供应链信息按照内容可以分为以下几类。

（1）生产信息。企业的生产决定其对上游企业的产成品的需求，也影响对下游企业原材料的供给。在供应链中，下游企业需要根据上游供应商的生产来决定自己的库存和生产情况。美国各大汽车生产商都可以直接访问他们的订单在几大钢铁公司的完成情况，确保自己的钢铁材料不出现短缺。有时候供应商的生产波动会给整个经济带来严重后果，这在石油、钢铁等资源性行业中表现得最突出。同样，下游企业的生产又决定了它们对供应商的需求，从而影响供应商的需求和生产计划。

（2）库存信息。供应链管理要实现既定目标前提下的成本最小化，库存管理便显得尤为重要。需求波动及生产、运输中的偶然故障等因素带来的不确定性是无法避免的。为了应对这种不确定性，传统做法是建立安全库存，依赖间断性的库存缓冲环节来维持，保证商品供应过程中的物流畅通。于是，供应商为了防止出现影响连续生产的缺货，建立了产成品安全库存；制造商为了防止出现影响连续生产的缺货，建立了原材料安全库存。然而，在供应链上，上游供应商的产成品对应下游制造商的原材料，双方对同一物料建立安全库存是重复性浪费。如果相邻节点上的企业共同合作管理库存，从理论上讲安全库存可以降低一半，从而大大降低库存成本。因此，库存信息对上下游企业安排生产计划具有重要作用。宝洁公司与沃尔玛的协议规定，宝洁公司可便捷地管理沃尔玛遍布全球各地的零售商店里的产品库存。这使得宝洁公司能了解自身产品的受欢迎程度，以便安排合适的生产。

（3）销售信息。供应链中的牛鞭效应已经引起越来越多企业和研究人员的重视。它表明来自下游企业的订货信息经常歪曲市场的实际情况，进而误导上游企业的决策。这种不真实还会在沿着供应链向上游前进的过程中不断放大。例如，当消费者需求出现一定增长时，销售商会按线性方式预测未来需求，会为了保证连续供给而更大幅度地增加对制造商的订货，而制造商基于同样的想法也会更大幅度地向它的供应商订货。如此下去，需求量波动的幅度沿着供应链向上游逐级放大，越来越夸大市场需求的增长。

（4）技术进步信息。消费者得到的最终产品的每一次更新都是供应链上所有企业共同努力的结果，因为在供应链环境下，每家企业都只专注于小范围内的核心业务。如果一两家企业的技术进步得不到其他企业的相应支持，则无法形成最终产品或服务。例如，在日新月异的电子计算机行业中，技术进步的信息必须及时传递。英特尔公司往往提前发布其即将推出的下一代CPU 的性能和技术特点，以便主板生产商开发支持这种 CPU 的主板，对硬盘、显示卡等生产商而言也是如此。当各个专业供应商都推出了相应的高性能产品后，电子计算机整机提供商才能将它们组合成下一代产品并推向市场。其中的任何一环都不能脱节。

（5）其他信息。其他信息包括质量信息和销售预测。

① 质量信息。产品质量是决定竞争力的关键因素。在供应链里，上游企业的供货量直接影响下游企业的产品质量。供应链中各家企业都应使用兼容的质量体系和工具。ISO9000 是表明一家企业能够为合作伙伴提供可靠产品的基本保证。无论一家企业的产品质量出现何种较大的波动，都应当及时通知下游购买者以做出适当应对。

② 销售预测。每家企业都在做预测，并且按对未来的销售预测向供应商订货。各家企业预测的依据不同，结果会出现差异。

2）按内容的真实性分类

供应链信息按照内容的真实性可以分为以下几类。

（1）完全真实信息。完全真实信息是指供应链成员获得的信息与信息源发出时的情况完全相同，未发生任何形式的失真和时滞，可以真实地描述信息源当时的状态，如销售时点数据等。

（2）有限真实信息。有限真实信息是指信息从信息源发出后，在传播过程中受到噪声或人为因素的影响，发生了失真，即信息所指对象的状态与真实状态之间存在一定的差距。

从供应链管理的角度，结合供应链系统自身自然属性和社会属性的特点可以看出，供应链信息首先表现为语法层面和语义层面的客观实得信息。此类信息既包括自然信息，也包括社会信息，一般以数据的方式传递、处理和存储，是包含经济甚至工业、科技因素的离散型信息。但是对于不同的信息接收实体来说，供应链上的信息也具有语用层面的特征。供应链系统中信息繁多，其分类标准也非常复杂，主要有信息拥有者、信息的内容、信息的共有性、信息的层次、信息的性质、信息的来源、信息功能、载体形式等，如表 7-1 所示。

表 7-1　供应链系统中信息的分类标准

分 类 标 准	类　　　别
信息拥有者	个人信息、工作组信息、企业信息、供应链信息
信息的内容	计划信息、技术信息、需求信息、供给信息、决策信息、控制信息、协调信息
信息的共有性	共享信息、私有信息
信息的层次	战略性信息、战术性信息、业务性信息
信息的性质	生产信息、技术信息、经济信息、资源信息
信息的来源	系统内部信息、系统外部信息
信息功能	商流信息、人事信息、财务信息、管理信息
载体形式	交往信息、文献信息、数据信息、实物信息

7.2.3　供应链信息的价值

1）供应链信息价值的含义

供应链信息价值在供应链管理领域是指全信息的价值，有语法、语义、语用三个层面的含义。在语法层面，信息价值即通常所指的能够消除人们头脑中的不确定性的程度。在语义层面，信息价值即信息能够消除不确定性的最大程度。在语用层面，信息价值则是针对具体信宿而言的，表现为信息主观衍生含义层实际能够带给信宿的效用，如决策价值、咨询价值、预测价值等。因此在度量信息价值的过程中，需要考虑各个层面的不同影响因素。

2）供应链信息价值的特点

供应链信息价值从语法、语义、语用三个层面含义来理解，具有多维性、间接性、积累性、特殊性和相对性等特点。深入理解信息价值特点，将有助于供应链各节点与环节实现信息的高效管理和价值最大化。

（1）多维性。大多数信息具有多维客观属性。客观属性与受信者的不同需求交互时，会产生不同的信息价值内涵。正如光的波粒二象性，信息的多维性与物质的普遍性是一致的，但信息的多维性不同于物质资源的多维性，能够同时实现信息价值。例如，一块木头用来做家具，在家居生活中发挥价值的同时，就无法再发挥其燃烧发热的价值。而在供应链中，由于信息不断地在各成员之间传递，每个成员关注的信息类型各异，这些信息可以同时为不同成员提供价值。

（2）间接性。信息价值有时不能直接体现，需要通过信息在其他方面的价值实现来间接体现。例如，一系列的市场调查问卷仅是一组数据，这组数据最初仅可用于市场描述，当形成调研报告后，经过公司管理层使用并做出相应决策，其决策价值才得以体现。而决策实施并取得一定成效之后，才能表现出其经济价值。因此，信息价值常常是间接体现的，尤其是知识信息的价值。供应链信息价值的实现，通常需要基于对信息的预处理，采取合适的决策与行动，从而极大地挖掘其内在价值。

（3）积累性。同一信息可以由不同使用者在不同时间多次使用，其价值得到不断的积累和加强。供应链信息的共享程度越高，积累的信息价值就越高。从供应链整个系统而言，信息的合理共享可以促进信息价值的最大化，优化运作。但是恶意共享虚假信息会破坏整个供应链系统的良性运作，降低信息的价值。

（4）特殊性和相对性。信息的使用方式和利用率不同，使得同一信息的价值对于不同使用者来说具有特殊性和相对性。信息中心的合理设计，也就是为供应链运作提供信息共享的平台，有助于供应链上的成员各取所需，从而促进供应链信息价值的实现。

3）供应链信息价值的度量

供应链信息价值的度量可以通过以下几个关键指标实现。

（1）净资产收益率（Return on Equity，ROE）。ROE 是衡量供应链管理对企业财务贡献的重要指标，也可以用来衡量供应链信息价值。较高的 ROE 值通常意味着企业能够有效地利用其信息资源产生利润，因此可能更有吸引力。相反，较低的 ROE 值可能表明企业需要改进其信息运营效率或策略来提高盈利能力。ROE 通过提高净利润率、总资产周转率和杠杆率来体现。其中，提高营收和降低成本可以增加净利润率，优化流程和缩短交期可以提高总资产周转率，而杠杆率则反映了企业资金的来源和使用效率。

（2）成本降低和现金流管理。良好的供应链管理可以显著降低总成本，有效管理周转资金，减少库存和交易成本。例如，良好的供应链管理可以使库存减少 50%，供应链总成本占收入比重降低 20%，准时交付率提高 40%，库存周转速度提高两倍。

（3）客户价值和市场响应能力。供应链管理通过提高市场响应能力增加客户价值。通过优化供应链流程和资源共享，企业可以提供更好的产品和服务，满足客户需求，从而提高市场竞争力。

（4）信息同步和流程优化。信息技术在供应链管理中的作用不可忽视。信息技术的进步使得信息传递更加高效，减少了信息传递时间，从而缩短了产品交付时间，提升了市场响应能力。

（5）价值链创新与协同。价值链是企业为客户创造价值的关键活动组合。通过价值链的组合创新与高效协同，企业可以显著提升业绩。例如，华为通过供应链管理与产品管理、营销管理的组合创新，成功进入高端市场并成为国产手机的领军者。

7.3 供应链的信息传递与共享

7.3.1 传统供应链信息传递与处理中的问题

在传统的供应链中，信息传递和处理存在如下问题。

（1）不共享。一方面，信息共享增加了企业的成本，因为各种软硬件系统需要大量直接的投入，在管理上也需要投入相当高的转换成本。另一方面，供应链是随着市场机遇的产生而形成、消失的，信息共享意味着部分机密信息的公开，增加了企业的经营风险。由于以上原因，在传统供应链中，信息共享基本上是不能够实现的，"信息孤岛"现象严重。结果，一方面，信息数据的不准确性很高，容易产生错误决策。另一方面，因为信息不透明现象比较严重，导致整个供应链无法实现同步化。

（2）信息失真严重。供应链中不仅存在牛鞭效应这种经典的信息失真，还存在其他类型的信息失真。因为在传统供应链中，企业之间的关系是交易关系，考虑的主要是眼前的既得利益，因此不可避免地会出现某些企业为了自身利益而篡改正确信息来牺牲他人利益的情况。这将导致供应链中的个别企业的短期利益很高，但是长期来看，这是一个不稳定、没有市场竞争力的供应链。

（3）信息传递方式不合理。传统的供应链中的信息是逐级传递的，任何非相邻的两级都无法直接进行沟通，而且信息通过任何一级时都被加工处理了。实际和理论都证明，这种传递方式存在严重的不合理性：①整个供应链各级都容易发生信息失真的连锁性；②会出现信息传递延时现象，任何一级获得的信息都要经过一段时间的处理才会传递给上游。信息获得的滞后会导致各个环节反应的延迟和异步，从而导致整个供应链对市场变化反应迟钝，效率低下。

信息传递和处理存在的上述问题将会增强供应链中的不确定性。供应链的不确定性反过来又会对信息流产生负面的影响，主要表现为：供应链上存在大量的不确定性，这种不确定性会使信息在传递过程中产生大量的波动，导致信息放大、扰动和截流等失真现象，从而影响信息在供应链上产生的价值。所谓不确定性，指的是这样一种情况：当引入时间因素后，事物的特征和状态不可充分地、准确地加以观察、测定和预见。在供应链企业之间的合作过程中，存在着各种产生内生不确定性和外生不确定性的因素。各种不确定性导致供应链上信息的扭曲，最著名的信息失真例子是"牛鞭效应"和随机信息失真。

7.3.2 牛鞭效应与随机信息失真

1）牛鞭效应

根据中华人民共和国国家标准《物流术语》（GB/T 18354—2021），牛鞭效应的定义是：由供应链下游需求的小变动引发的供应链上游需求变动逐级放大的现象。在经济学中，牛鞭效应描述了供应链中需求和供应之间的波动传导现象。具体来说，当市场需求猛增时，上游供应商可能会过度反应并增加产量，下游供应商再次过度反应并减少产量，最终导致供需失衡和价格波动。

牛鞭效应还可以用于描述其他领域的连锁反应现象，比如社交媒体中信息的传播、交通堵塞的蔓延、自然灾害的影响，等等。这种效应强调了系统中小幅度的变化可能会被放大，并对整个系统产生重大影响。因此，了解和预测牛鞭效应对于管理风险、提高效率和稳定系统非常重要。

2）随机信息失真

随机信息失真是一种无规律的、突发的信息波动。它产生的原因有很多种，可能是人为的，也可能是非人为的。供应链下游一旦发生随机信息失真，那么供应链的上游就无章可循。即使上游着力应对，也只是疲于奔命，最终精疲力竭也无法满足下游的要求。可以看出，随机信息失真产生的影响是破坏性的和毁灭性的，它不仅使供应链上游浪费人力、物力、财力来应对变动，而且供应链下游将遭受严重的损失和打击，需求得不到满足。

总结以上内容，供应链中牛鞭效应和随机信息失真的区别与联系如表 7-2 所示。

表 7-2　供应链中牛鞭效应和随机信息失真的区别与联系

内　　容	牛鞭效应	随机信息失真
性　　质	相同，属于一种信息波动、信息扭曲	
产生的后果	具有破坏性，影响整个供应链的绩效	
后果的严重性	大	更大
形　　式	单一	多样
规　律　性	有规律	无规律
应　对　性	可以有效应对	无法有效应对

7.3.3　供应链信息共享

供应链信息共享是指客户的需求信息在整个供应链的各个环节中共享，供应链的各个节点都能了解上下游需求的任何变动。例如，供应链需求信息的共享一方面使各企业能够及时地了解真实的市场需求，提高客户需求完成率，另一方面可能降低安全库存，导致客户订单履行率降低。

供应链通过供应链节点企业之间的合作实现物流、信息流、资金流在整个链条上的高效流动，发挥出强大的整体竞争优势。物流是供应链中最明显、最直观的流动，有人认为供应链管理就是物流管理的延伸和扩展。但是进入信息社会之后，信息的价值已经赋予供应链新的寓意和地位。在供应链中，一切物流、资金流都紧密地围绕信息流展开。只有在信息流的指引下，物流和资金流才是有效的，才能实现效率更优、成本更低。如果供应链上信息流不畅通，就会导致整个供应链处于瘫痪状态：供应链上的所有企业不能及时获取有效的信息，供应商提供的产品不能满足生产商的需求，生产商不能生产出满足客户需求的产品，分销商和零售商没有办法获得满足销售的产品。最后，整条供应链将崩溃，相关企业将蒙受巨大的损失。可以说，供应链上信息流的阻塞和隔断是影响供应链运作的致命伤。因而，致力于信息共享是提高供应链整体竞争力的关键。供应链信息共享对于供应链管理具有如下意义。

（1）供应链信息共享有助于促进有效预测。每家企业都要做预测，并按对未来销售的预测向供应商订货。由于预测的依据不同，各企业的预测结果会出现差异。供应链信息共享使供应链上的企业可以进行合作预测，并且这种预测可以反复进行。所有参与者共同讨论未来市场的状况，通过合作得到意见一致的预测值。这意味着，供应链的所有参与者共享信息，从而减少牛鞭效应。

（2）供应链信息共享有助于供应链协调。一体化的供应链按目标业务有组织地连接合作伙伴企业，并与从原材料供应到向客户按时交货的反映和控制整个物流的信息相协调。在所有供应链成员企业之间建立合作伙伴式的业务关系，有助于供应链的协调，实现供应链的共同目标。整个供应链通过目标一体化，将可预见的真正需求及供应、运输中的信息共享给供应链伙伴，并以此信息协调所有供应链伙伴的活动。

（3）供应链信息共享有助于实现聚合效应。供应链是动态联盟的一种形式，其理念之一是：为把握某一市场机遇，由一群具有不同能力的企业组成一个虚拟企业（或动态联盟），以对快速变化的市场需求做出敏捷的反应。由于该虚拟企业中的各个成员都将各自的精力置于自己的核心能力之上，因此，由这样的一批企业组成的虚拟企业应比什么都做得"大而全"的企业更具有优势和竞争力。实际上，要实现"1+1>2"的系统聚合效应，关键之一在于能否在供应链中有效地实现信息共享。在供应链中实现了有效的信息共享之后，各个成员企业的核心能力的优势或缺陷才能充分显现。只有在相互了解的基础上，才有可能做到优势互补、取长补短。否则，由于接口不对，组织与组织之间的摩擦将消耗系统大量的资源，造成不必要的浪费。

（4）供应链信息共享有助于支持供应链的快速反应。供应链信息共享可以使供应链上的合作伙伴企业协同工作。通过对库存、采购、生产、销售等信息进行查询和分析，企业能在最短的时间内准确掌握客户的需求，了解上下游企业的供货、存货和生产情况，从而缩短供货时间，提高产品质量，最大限度地降低采购成本、生产成本、库存成本、缺货成本等，同时提高客户的满意度，从而从容、快速地应对客户需求的变化。

（5）供应链信息共享有助于降低供应链的运行风险。供应链中存在许多不确定性，如市场需求的突然变化、订货的延迟到达、客户取消订单、生产中出现故障等，这些都是供应链运行的风险。在供应链信息共享的情况下，供应链上各企业可以及时沟通，最大限度地降低各种风险带来的损失。

供应链信息共享不仅存在于有直接供需关系的相邻节点企业之间，而且要求实现跨越式传递，在整条供应链中共享零售商的销售信息。这样，供应链成员便可以通过共享的销售数据来分析销售趋势、客户偏好和客户分布，从而为客户提供个性化、差异化的服务，最大限度地满足不同类型客户的需求。

根据供应链信息共享的内容，可以将信息分为以下九类：①最终用户的需求信息；②库存信息；③订单状态信息；④需求预测信息；⑤生产信息；⑥促销信息；⑦技术进步信息；⑧质量信息；⑨网络供应链中的信息流。

总之，在供应链中，共享上述信息是完全有可能的。例如，对于只存在一个核心企业的供应链，由于核心企业在供应链中占主导地位，对其他企业具有很强的辐射能力和吸引能力，并能够协调整个供应链的运作，其他企业对核心企业有很强的依赖性，因此核心企业几乎能够从其他企业处获得任何所需的信息。

为了有效共享供应链中的信息，且使共享的信息真正得到有效利用，了解和掌握供应链信息的特性是有必要的。供应链信息既具有所有信息共有的基本特征，同时也具有自身独有的特征。

7.4 供应链信息管理技术

7.4.1 MIS

1）MIS 的定义

MIS（Management Information System，管理信息系统）是一门不断发展的新兴学科，其定义随着计算机技术和通信技术的进步不断更新。现代 MIS 是一个以人为主导，利用计算机硬件、软件、网络通信设备及其他办公设备，进行信息收集、传输、加工、储存、更新和维护的集成化人机系统。它以实现企业战略竞优、提高效益和效率为目的，支持企业的高层决策、中层控制、基层运作。MIS 的主要任务是最大限度地利用现代计算机技术及网络通信技术加强企业的信息管理，即通过对企业的人力、物力、财力、设备、技术等资源进行调研，收集正确的数据并将其加工处理成各种信息资料，及时提供给管理人员，以便进行正确的决策，不断提高企业的管理水平和经济效益。目前，计算机网络已经成为企业进行技术改造及提高管理水平的重要手段。在现代社会，MIS 已经深入各行各业。由于计算机技术的迅速发展和普及，MIS 事实上主要是指计算机 MIS。

（1）MIS 的对象就是信息。信息是经过加工的、对决策者有价值的数据。信息的主要特征是来源分散（如信息可来源于生产第一线、市场、行政管理部门等）、数量庞大、时间性强。信息的加工方式有多种，从企业信息管理的角度看，可分为物流和信息流。生产过程是一个物流的投入产出过程，是不可逆的过程。管理过程是信息流的过程，具有信息反馈的特征。

（2）系统是由相互联系、相互作用的若干要素按一定的法则组成并具有一定功能的整体。系统至少包含两个要素，且各要素和整体之间、整体和环境之间存在一定的有机联系。系统由输入、处理、输出、反馈、控制五个基本要素组成。MIS 输入的是数据，经过处理，输出的是信息。

（3）管理信息涵盖信息的采集、传递、储存、加工、维护、使用六个环节。任何地方只要有管理就必然有信息，如果形成了系统就需要 MIS。计算机设备使 MIS 更有效，尤其是在现代社会，MIS 已经和计算机设备不可分离。因此，一般来说，MIS 就是指计算机 MIS。MIS 包括计算机、网络通信设备等硬件，以及操作系统、应用软件等软件。随着计算机技术和通信技术的迅速发展，还会出现更多的内容。但是计算机设备并不是 MIS 的必要条件。

随着互联网技术的发展，企业通过计算机网络获得信息必将为自身带来巨大的经济效益和社会效益，企业的办公及管理都将朝着高效、快速、无纸化的方向发展。MIS 通常用于系统决策，比如，企业可以利用 MIS 找出目前迫切需要解决的问题，并将信息及时反馈给高层管理人员，使他们了解当前工作发展的进展或不足。换句话说，MIS 的最终目的是使高层管理人员能够及时了解公司现状，把握将来的发展路径。

2）MIS 的划分

（1）基于组织职能进行划分，MIS 可以分为办公系统、决策系统、生产系统、信息系统。

（2）基于信息处理层次进行划分，MIS 可以分为面向数量的执行系统、面向价值的核算系统、报告监控系统、分析信息系统、规划决策系统，自下向上形成信息金字塔。

（3）基于历史发展进行划分，MIS 可以分为第一代 MIS，由手工操作，工具有文件柜、笔记本等；第二代 MIS，增加了机械辅助办公设备，如打字机、收款机、自动记账机等；第三代 MIS，使用计算机、电传机、电话、打印机等电子设备。

（4）基于规模进行划分。随着通信技术和计算机技术的飞速发展，从地域上划分，现代 MIS 已逐渐由局域范围走向广域范围。MIS 的综合结构可以划分为横向综合结构和纵向综合结构。横向综合结构指同一管理层次各种职能部门的综合，如劳资部门、人事部门。纵向综合结构指具有某种职能的各管理层的业务组织在一起，如上下级的对口部门。

7.4.2　信息管理技术

1）信息标准化技术

在 MIS 中，通过标准化能够实现系统间的数据交换和共享。这个领域主要的信息标准化技术是 EDI。EDI 被认为是企业间计算机与计算机交换商业文件的标准形式。国际标准化组织（ISO）将 EDI 描述为按照统一标准，将商业或行政事务处理、转换成结构化的事务处理或信息数据格式，并借助计算机网络实现的一种数据电子传输方法。在供应链管理的应用中，EDI 是实现供应链上下游信息交互的有效技术手段。

EDI 的使用能够提高企业内部的生产效率，降低运作成本，改善渠道关系，提高对客户的响应速度，缩短事务处理周期，缩短订货周期，降低不确定性，提高企业的国际竞争力。利用 EDI 相关数据，并借助于某些 ERP 软件，企业能够对未来一段时期内的销售进行预测，从而控制库存水平、缩短订单周期、提高客户满意度。

据估算，EDI 可以使库存节省 23%，使资料错误处理成本降低 30%，使纸张成本节省 25%。此外，库存交货时间也能够显著缩短。

目前，我国大多数连锁零售企业建立了 POS，有的已经采用了无线 POS，因此零售商能够获得动态的销售信息。如果能通过 EDI 将信息及时地传送给制造商，实现信息数据化共享，那么制造商就能根据市场需求的变化相应地调整生产，避免出现过高的库存水平，零售商也能及时地得到批发商（或制造商）的补货，以免产生缺货的现象。这样，整条供应链上的成员都能从中获得收益。

2）信息编码技术

企业中的信息标准化了，但是如何才能将难于利用的"天然信息"转化成人人都能利用的"智力信息"呢？这就要靠编码技术了。从这个意义上讲，信息处理技术就是编码技术，信息社会就是编码社会。只要留意周围的一切，就会发现：人们每天、每时、每刻都在和编码打交道，比如电话号码、手机号码、汽车牌照码、各种证件码、条码、四角号码、书码、门牌号码、信码、邮政编码、产品码、文件码、设备码、系统码、程序码，等等。

EAN•UCC 系统是由国际物品编码协会（EAN International）和美国统一代码委员会（UCC）共同开发、管理和维护的全球统一和通用的商业语言。它为贸易产品与服务（即贸易项目）、物流单元、资产、位置及特殊应用领域等提供全球唯一的标识。在全球范围内，该系统可为商品、服务、资产和位置提供唯一标识，广泛应用于工业、商业、出版业、卫生行业、物流行业、金融行业、服务业等。EAN•UCC 系统主要包括三种条码符号：EAN/UPC 条码符号（EAN-13 条码、EAN-8 条码、UPC-A 条码、UPC-E 条码等）、ITF-14 条码符号、EAN /UCC -128 条码符号。目前，欧盟已经采用 EAN•UCC 系统，成功地对牛肉、鱼肉、蔬菜等展开了食品跟踪。将 EAN•UCC 系统应用于危害分析和关键控制点（Hazard Analysis and Critical Control Point，HACCP），可以对食品进行有效标识，保存相关的信息，从而对食品供应链全过程进行跟踪与追溯，建立从"农场到餐桌"的食物供应链跟踪与追溯体系。

采用 EAN•UCC 系统可以对供应链全过程中的产品及其属性信息、参与方信息等进行有效的标识，还可以对供应链全过程的各个节点进行有效的标识，建立各个环节信息管理、传递和交换机制，从而实现对供应链产品原料、加工、包装、贮藏、运输、销售等环节的跟踪与追溯，及时发现存在的问题并妥善处理。

3）信息标识技术

（1）条码

条码，又称条形码，由一组按一定编码规则排列的条、空符号组成，用于表示一定的由字符、数字及符号组成的信息。条码系统是由条码符号设计、制作及扫描阅读组成的自动识别系统，是实现快速、准确并可靠地采集数据的有效手段。国际上广泛使用的条码类型主要包括以下几种。

① EAN-13（国际商品条码）。EAN-13 是一种常见的一维条码，通常用于标识商品和产品。

它由 13 个数字组成，包含国家代码、厂商代码和产品代码等信息。

② UPC-A（统一产品代码）。UPC-A 是美国和加拿大常用的一维条码，也用于标识商品和产品。它由 12 个数字组成，包括国家代码、厂商代码和产品代码等信息。

③ Code 39。Code 39 是一种常见的一维条码，可以表示数字、大写字母和一些特殊字符。它具有良好的可读性和广泛的应用范围，常用于库存管理和标识货物。

④ Code 128。Code 128 是一种高密度的一维条码，可以表示全 ASCII 字符集中的任意字符。它具有较高的数据密度和安全性，常用于物流和运输领域。

⑤ QR 码。QR 码是一种二维条码，由黑白方块组成，可以存储大量信息。它具有快速读取和大容量存储的特点，广泛应用于移动支付、电子票务、产品认证等领域。

⑥ Data Matrix 码。Data Matrix 码是一种紧凑型的二维条码，由黑白小方块组成，可以存储大量数据。它具有较高的密度和可靠性，常用于电子元件标识、医疗保健等领域。

这些条码在国际上得到了广泛的应用，涵盖了不同行业和应用场景，为供应链管理、产品追溯和信息交换等提供了重要支持。

（2）电子标签

电子标签，又称 RFID 标签，是一种提高识别效率和准确性的工具。与传统的条码相比，电子标签具有许多优势，比如更快的识别速度、更长的识别距离和更大的存储容量，因此在供应链管理、库存追踪和物流管理等领域有着广泛的应用。电子标签与条码的区别在于，它是一种集成电路，能够自动或者在外力的作用下将存储的信息发射出去。人们在超市和书店经常见到的条码就是电子标签。最基本的电子标签系统通常由以下三个部分组成。

① 电子标签。它由耦合元件及芯片组成，每个电子标签具有电子编码，高容量电子标签有用户可写入的存储空间，附着在物体上，标识目标对象。它可以存储和传输数据，并且能够通过无线射频信号与读写器进行通信。电子标签可以被固定在物品表面或嵌入物品内部，用于标识和跟踪物品。

② 读写器。读写器是用于与电子标签进行通信的设备，它可以发送射频信号给电子标签，并接收电子标签返回的数据。读写器通常连接计算机系统或网络，用于读取电子标签的信息并进行数据处理和管理。读写器的类型和功能可以根据应用需求进行选择，比如固定式读写器、手持式读写器等。

③ 后端系统。后端系统是用于管理和处理电子标签数据的计算机系统或软件平台。它通常包括数据库、应用程序、用户界面等组件，用于存储、分析和展示电子标签中的信息。后端系统可以实现对物品的实时跟踪、库存管理、数据分析等功能，为企业提供供应链可视化和智能决策支持。

上述三个部分组成了基本的电子标签系统。通过电子标签系统，企业可以实现对物品的高效识别和管理，提高供应链的效率和可靠性。

4）信息识别技术

信息识别技术涵盖了一系列能够识别、提取和处理信息的技术和方法。这些技术在各个领域有广泛的应用，从计算机视觉到自然语言处理，再到生物识别和物联网等领域。以下是一些常见的信息识别技术。

（1）计算机视觉（Computer Vision）

计算机视觉是一种利用计算机对图像和视频进行分析与理解的技术。它包括图像识别、目标检测、图像分割等子领域，常用于人脸识别、物体识别、医学影像分析等应用。

（2）光学字符识别（Optical Character Recognition，OCR）

OCR 技术是一种将印刷或手写的文字转换为可编辑文本的技术。它通过识别图像中的文字，将其转换为电子文本格式，用于文档数字化、自动化数据输入等场景。

（3）语音识别（Speech Recognition）

语音识别是一种将语音信号转换为文本或指令的技术。它可以识别和理解说话者的语音，并将其转换为可理解的文本或指令，常用于语音助手、语音搜索等应用。

（4）自然语言处理（Natural Language Processing，NLP）

NLP 技术是一种处理和理解自然语言的技术。它包括文本分类、命名实体识别、情感分析等子领域，常用于机器翻译、智能客服、文本挖掘等应用。

（5）生物识别（Biometric Recognition）

生物识别技术是一种利用个体生物特征进行识别和验证的技术。常见的生物识别技术包括指纹识别、虹膜识别、人脸识别等，用于身份认证、门禁系统、支付验证等场景。

（6）物联网识别（IoT Identification）

物联网识别技术是一种用于识别和管理物联网设备的技术。它包括设备识别、数据采集、远程监控等功能，常用于智能家居、工业自动化等领域。

这些信息识别技术在不同的应用场景中发挥着重要作用，为提高效率、增强安全性和改善用户体验提供了有力支持。随着人工智能和大数据等技术的不断发展，信息识别技术也将不断创新和进步，为各行各业带来更多可能性。

5）信息传输技术

信息传输技术是指用于将信息从一个地点传送到另一个地点的技术和方法。这些技术涵盖了从有线传输到无线通信的多种形式。以下是一些常见的信息传输技术。

（1）有线传输技术

① 电缆传输。通过电缆传输信号，包括电力线通信和各种类型的数据电缆，比如同轴电缆、双绞线、光纤电缆等。

② 同轴电缆。常用于有线电视网络和局域网等场景，具有较高的带宽和较强的抗干扰能力。

③ 双绞线。常用于电话线路和局域网中，通过双绞线将数据信号传输到目标设备上。

④ 光纤传输。利用光纤作为传输介质，通过光的反射和折射实现信息传输，具有高速、大容量和抗干扰能力强等优点，被广泛用于长距离通信和高速网络连接。

（2）无线传输技术

① 无线局域网（Wi-Fi）。通过无线局域网技术，可以实现无线网络覆盖，为设备提供无线接入互联网的功能。

② 蓝牙（Bluetooth）。用于在短距离范围内（通常为几米到几十米）连接和交换数据，如连接耳机、键盘、鼠标等外部设备。

③ 红外线通信。利用红外线光信号进行短距离数据传输，常用于遥控器、红外通信设备等。

④ 移动通信技术。包括 2G、3G、4G、5G 等移动通信网络，通过基站和移动设备之间的无线连接实现移动电话、短信、数据传输等功能。

⑤ 卫星通信。利用卫星作为中继器，将信号传输到地面或其他卫星，实现全球范围的通信覆盖，常用于偏远地区通信。

（3）其他信息传输技术

① 声波通信。利用声波传输数据，常用于无线传感器网络、水下通信等环境。

② 激光通信。利用激光光束进行数据传输，常用于短距离高速通信和光通信系统。

上述信息传输技术在不同的应用场景中发挥着重要作用，为人们提供了各种各样的通信方式和互联互通的能力。随着科技的不断进步和创新，信息传输技术也在不断演进和完善，为人们的生活和工作带来更多便利和可能性。

6）信息跟踪技术

在供应链信息管理中，各种信息的及时跟踪、处理是重要保障。信息跟踪技术主要包括全球定位系统（GPS）技术和地理信息系统（GIS）技术。

（1）GPS 技术。GPS 是一种利用卫星信号确定地理位置的技术。通过接收来自卫星的信号，GPS 设备能够计算出接收器与卫星之间的距离，从而确定接收器的位置。GPS 系统由一组卫星组成，这些卫星围绕地球轨道运行，信号覆盖全球范围。GPS 技术在导航、车辆追踪、航空航海、地质勘探等领域有广泛应用。例如，人们可以利用 GPS 设备确定自己的位置并规划到达目的地的最佳路线；军事上可以利用 GPS 进行定位和导航。GPS 技术的发展使得定位变得更加精确和可靠，为人们的生活和工作提供了便利和安全保障。

（2）GIS 技术。GIS 是一种将地理空间信息与属性信息结合的信息系统。GIS 包括硬件、软件、数据和人员，用于管理、分析和展示地理数据。地理空间信息包括地图、地形、地貌等，属性信息包括人口统计、土地利用、资源分布等。GIS 技术被广泛应用于城市规划、环境保护、资源管理、农业、地质勘探、灾害管理等领域。例如，政府部门可以利用 GIS 分析人口分布和土地利用情况，制定城市规划和土地利用政策；环境保护部门可以利用 GIS 监测和管理环境污染源；农业部门可以利用 GIS 进行土壤分析和农田规划。GIS 技术的发展为地理信息的管理和应用提供了强大的工具支持，为社会经济的发展和环境保护提供了重要的决策支持。

案例思考：京东方供应链信息管理

1）企业介绍

京东方科技集团股份有限公司（以下简称"BOE"）创立于 1993 年 4 月，是一家物联网技术、产品与服务提供商，核心业务包括显示器件、智慧系统和健康服务。其产品被广泛应用于手机、平板电脑、笔记本电脑、显示器、电视、车载、数字信息显示、健康医疗、金融应用、可穿戴设备等领域。根据全球创新活动的领先指标《2016 全球创新报告》统计，在 2016 年时，BOE 已跻身半导体领域全球第二大创新公司。此外，BOE 显示器显示屏、电视显示屏市场占有率位列全球第二，智能手机液晶显示屏、平板电脑显示屏出货量市场占有率位列全球第一。

2）信息化建设历程

BOE 团队通过推动备品备件管理提升、RMA（退货授权）、主数据标准化、MRP（物资需求计划）项目等生产与运营业务流程优化，提升了企业精益管理能力；推进集团 OEP（程序的入口点）高效运营和信息化落地，通过集团 ERP one instance、全面预算管理系统、BW（业务数据仓库）系统等项目，完成了业务流程标准化、集团化管理整合、信息系统的集成化，以支撑集团业务扩张和产业布局；完成移动办公、合同管理系统、HRIS（人力资源管理系统）、ITSM（IT 服务管理）系统等职能组织的信息化建设，提升了各组织的服务效率；完成 B2C 电子商务平台、GPM（绿色产品管理）、SRM（供应商关系管理）、客户服务、资金管理、MDM（主数据管理）、客户 EDI 等系统建设，强化了上下游供应链的协同能力；推进集团云平台建设，深化"互联网+"应用，为智能制造业务模式的实现及新业务的轻资产化运营提供了支撑。

（1）SRM 系统。BOE 建立了供应商管理门户，通过实现供应商准入管理平台、采购寻源管理、采购协同，以及供应商绩效评价功能等，实现供应商全生命周期线上管理。

支撑采购过程集中管理，有助于确保整个集团的业务的合规性，从而使成本节约最大化。BOE 建立了涵盖两大事业群的集团级供应商关系管理系统，帮助公司增进与供应商的协作并实现持续改进，建立合作共赢的"价值生态圈"；在企业信息化方面，BOE 通过 SRM 系统平台建设推进"供应商端+互联网"建设。

（2）合同管理系统。BOE 实现了集团合同管理系统建设，建立了合同全生命周期管理一体化平台。合同管理系统包含合同管理、相关方管理、知识库管理等功能模块，完成了 Portal、ERP等业务应用系统的集成。合同全生命周期管理一体化平台统一了合同相关方管理、审查、审批、监管平台，实现合同全生命周期闭环管理。合同相关部门同平台协作，与业务平台有机集成，合同信息流与业务信息流交互顺畅；用户登录、操作便捷；满足批量化与个性化业务需求，提升法务支援效率，实现协同、便捷、高效的法务支援；提升公司法务流程化、标准化、信息化水平；固化合同管理流程最优实践，确保合同管理流程合规、统一；提升标准合同、操作指引等标准化成果的精细化程度与可用性。

思考题

1. BOE 是如何进行供应链信息管理的？

2. 请举例说明"互联网+"对企业供应链信息管理的影响。

第8章
供应链合作伙伴关系管理

本章学习目标

1. 了解供应链合作伙伴关系的内涵。

2. 了解供应链合作伙伴关系的形成。

3. 熟悉供应链合作伙伴的选择。

案例导入："企业+农户"型农产品供应链合作伙伴关系的建立

目前，"企业+农户"型农产品供应链已经成为带动小农生产进入现代农业发展轨道的有效形式之一。然而，农户信任问题一直是我国"企业+农户"型农产品供应链发展的最大阻力。一方面，由于农产品生产前期的生产资料投入很大、生产周期较长，农户面临着巨大的市场风险，并且农户在和企业合作的过程中处于弱势地位，加剧了农户对订单农业的不信任。另一方面，企业在与农户签订采购订单时，为了获得充足的供货保障，存在故意放大订单数量的动机。一旦后期销售行情处于下行状态，企业为了降低自身的经济损失，往往会减少采购数量。

2018 年《中国经营报》报道，山东临沂奶农与南京卫岗乳业公司签订了供应协议，但是由于卫岗乳业突然单方面宣布缩减当月的原奶收购量，大批奶农的原奶因此滞销，损失惨重。农户对合作社比较信任的比例仅为 38.3%。为了解决农户的信任问题，企业在实践中往往会创新性地设计互惠契约来实现双方利益的联结。企业和农户的交易之间形成了两种典型的互惠契约：成本共担契约和收益共享契约。考虑到不同的交易特征和缔约环境，企业和农户会选择不同的契约。例如，2015 年，宁夏吴王米业与当地农户签订合作协议，农户通过土地流转入股公司，年加工水稻 12 万吨，农民享受分红，增收 1237 万元。2016 年，益海嘉里公司与龙江五常市的稻农签订了新季水稻合作协议，并提供 1000 亩农地的预付款。2016 年，浙江青莲食品与当地养殖户签订合作协议，养殖户以众筹的形式租赁牧场，获得一定比例的牧场运营利润分红。2016

年，阿里巴巴与安徽省定远县的农户签订合作协议，并提供种子、农药等物资支持。2018 年，广东温氏集团与黎平县大稼乡高村农民签订合作协议，生猪出栏，农户人均分红约 6000 元。2018 年，中粮糖业与 6127 户农户签订合作协议，发放甜菜预付款 4377.8 万元。

思考题

1. 在"企业+农户"型农产品供应链发展中，供应链合作伙伴关系如何形成？

2. 在不同的市场条件下，企业和农户分别会如何选择构建供应链合作伙伴关系？

8.1　供应链合作伙伴关系概述

8.1.1　供应链合作伙伴关系的内涵

1）供应链合作伙伴关系的定义

供应链合作伙伴关系（Supply Chain Partnership，SCP）目前没有统一的定义。例如，有人称之为供应商-制造商（Supplier-Manufacturer）关系，或者卖方/供应商-买方（Vendor/Supplier-Buyer）关系，甚至有人称之为供应商关系（Supplier Partnership）。供应链合作伙伴关系可以理解为供需双方在一定时期内共享信息、共担风险、共同获利的一种战略性协议关系。

供应链合作伙伴关系是随着集成化供应链管理思想的出现而形成的，是供应链中的企业为了达到特定的目标和利益而形成的一种不同于简单交易关系的新型合作方式。建立供应链合作伙伴关系的目的是降低供应链交易的总成本，提高对最终用户需求的响应速度，降低供应链上的库存水平，提高信息共享程度，改进相互之间信息交流的质量，保持战略合作伙伴关系的一体化，从而使整个供应链产生更加明显的竞争优势，以实现供应链各个企业在收益、质量、产量、交货期、客户满意度等方面的绩效目标。显然，供应链合作伙伴关系非常强调企业之间的合作和信任。

建立供应链合作伙伴关系意味着各个企业之间的新产品和技术共同开发、数据和信息交换、市场机会共享和风险共担。在供应链合作伙伴关系环境下，制造商选择供应商不再只考虑价格优势，而是更注重选择在优质服务、技术革新、产品设计等方面具有综合优势的，能够进行良好合作的供应商。供应链合作伙伴关系发展的主要特征是从过去的以产品、物流业务交易为核心转向以资源集成、合作与共享为核心。在集成、合作与共享的逻辑思想指导下，供应商和制造商把它们相互的需求与技术集成在一起，以实现为制造商提供最有用产品的共同目标。因此，供应商与制造商的交换不仅仅是物质上的交换，还包括一系列可见和不可见的服务的整合，如研发流程设计、信息共享、物流服务等。

2）传统企业之间的关系

莱明在《超越伙伴关系：革新的战略和精细供应》一书中将自动化工业中企业关系的发展分为以下五个阶段。

（1）传统关系阶段（1975年前）。这一时期的市场特征基本上是供不应求。企业的管理战略是：改进工艺和技术，提高生产率；扩大生产规模，降低单位产品成本。市场相对稳定，企业各忙各的，竞争比较温和、竞争压力较小。

（2）自由竞争阶段（1972年至1985年）。市场上产品供应日趋饱和，企业间的竞争非常激烈，竞争力的破坏性很大。竞争压力很大，具有爆炸性，令人无法忍受。

（3）合伙关系阶段（1982年前后）。市场竞争激烈、秩序混乱，客户对产品的质量要求日益提高。质量竞争使得企业经营战略转向纵向一体化，以确保最终产品质量稳定。企业间合作比较紧密，部分合作具有一定的战略性，竞争压力适中。

（4）伙伴关系阶段（20世纪90年代初期）。市场变化节奏加快，纵向一体化经营模式反应迟缓，失去市场的风险、投资的风险、行业的经营风险都在不断增加。企业逐渐由纵向一体化经营模式转向横向一体化经营模式，纷纷采取快速响应市场变化的竞争战略。企业间确立伙伴关系，经营合作具有一定的层次性、能动性，竞争压力很大。

（5）战略联盟关系阶段（20世纪90年代后期）。由于市场全球化的发展，经营难度和经营风险不断增加，企业间不得不进行更加紧密的合作，于是产生了双赢的合作竞争和企业间的战略联盟。企业间的竞争压力非常大，但是这种压力是企业为了更好地发展而自我施加的。

3）供应链合作伙伴关系与传统企业间关系的区别

在新的竞争环境下，供应链合作伙伴关系研究强调直接的、长期的合作，强调共同努力实现共有的计划、解决共同问题，强调相互之间的信任与合作。这与传统的企业间关系模式有着很大的区别。

供应链合作伙伴关系与传统的企业间关系，以供应商关系为例，它们的主要区别如表8-1所示。

表8-1　供应链合作伙伴关系与传统的企业间关系的主要区别（以供应商关系为例）

对　比　项　目	传统的企业间关系	供应链合作伙伴关系
相互交换的主体	物料	物料、服务
供应商选择标准	强调低价格	多个标准并行考虑（交货期、质量和可靠性等）
稳定性	变化频繁	长期、稳定、紧密合作
合同性质	单一、短期	侧重长期战略合同
供应批量	小	大
供应商数量	很多	少（少而精，可以长期、紧密合作）
供应商规模	可能很小	大
供应商的定位	当地	全国和全球
信息交流	信息专有	信息共享（电子化连接、共享各种信息）
技术支持	被动提供	主动提供甚至介入产品开发
质量控制	入库验收、检查控制	质量保证（供应商对产品质量负全部责任）
选择范围	每年一次投标评估	广泛评估可增值的供应商

8.1.2　供应链合作伙伴关系的形成

1）供应链合作伙伴关系的形成阶段

从历史上看，企业关系大致经历了三个发展阶段（见图8-1）。

与供应链企业集成度（合作紧密性）

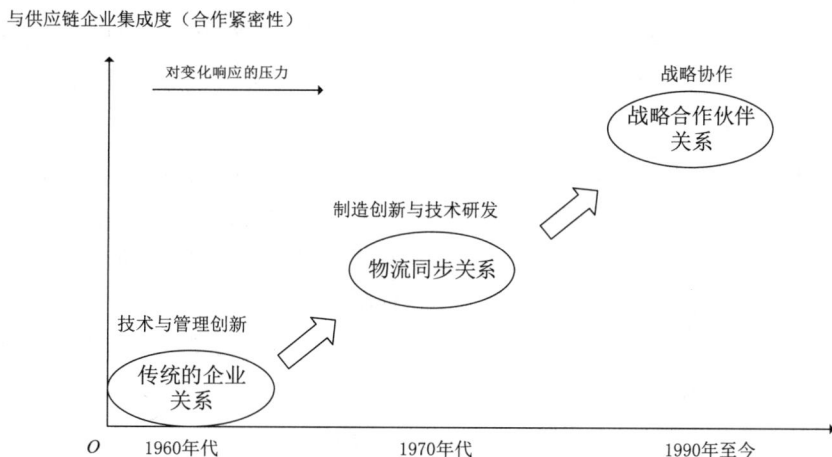

图8-1　企业关系的三个发展阶段

（1）传统的企业关系。在传统的企业关系中，供应管理被等同于一般业务管理，企业之间的关系主要是"买卖"关系。基于这种企业关系，企业的管理理念是以生产者为中心的，供应商与分销商处于次要的、附属的地位。企业间很少沟通与合作，更谈不上企业间的战略联盟与协作了。

（2）物流同步关系。从传统的以生产为中心的企业关系向物流同步关系转化，JIT 等管理思想起着催化剂的作用，因为 JIT 的实施要求所有相关企业的物流必须同步运行，否则无法使整个系统达到准时生产。为了达到生产的均衡化和物流同步化，必须加强部门间、企业间的合作与沟通。基于物流同步关系的企业合作关系虽然比过去的"买卖"关系更近了一步，但仍可认为是一种处于作业层和技术层的合作。在信息共享（透明性）、服务支持（协作性）、并行工程（同步性）、群体决策（集智性）、柔性化与敏捷性等方面，其都不能很好地适应越来越激烈的市场竞争的需要，企业需要更高层次的合作与集成。

（3）战略合作伙伴关系。建立战略合作伙伴关系的企业体现了企业内外资源集成与优化利用的思想。基于这种企业运作环境，产品制造过程（从产品研究开发到投放市场）的周期大大缩短，而且客户定制化程度更高。模块化、通用化、标准化组件的生产模式使企业在多变的市场中具有更高的柔性和敏捷性，虚拟制造与动态联盟则强化了业务外包策略的应用。企业集成从原来的中低层次的内部业务流程重组（BPR）上升到企业间的战略协作，这是一种最高级别的企业集成模式。在这种企业关系中，市场竞争策略的最明显变化就是基于时间的竞争和基于价值链的价值让渡系统管理（或基于价值的供应链管理），这标志着从竞争走向竞合。

2）有利于供应链合作伙伴关系形成的质量保证体系

已建立战略合作伙伴关系的企业必须将客户需求贯穿设计、加工至配送的全流程，企业不仅要关心产品质量，而且要关心广告、服务、原材料供应、销售、售后服务等活动的质量。这种基于供应链全流程且以并行工程为基础的质量思想通常被称为"过程质量"。这种质量思想旨在通过实施供应链各节点企业的全面质量管理，达到"零缺陷"输入与输出，实现基于"双零"（零库存、零缺陷）的精益供应链目标。"双零"这一理想目标，为企业指明了不断改进和努力的方向。

为获得客户满意的产品质量，企业普遍采用了质量功能展开（Quality Function Deployment，QFD）的管理方法。QFD 是实现供应链质量保证的有效方法。作为一种面向全面质量管理的理想模式，QFD 能将客户需求反映到企业制造全过程中，通过产品质量功能的配置满足客户的需求，从而提高客户满意度。在这个过程中，质量控制的标准直接来自客户，因而能消除产品多余的功能与过度的质量设计，尽可能减少浪费，满足精益生产的要求，形成客户质量要求—工程质量要求—零件特性质量要求—工艺操作质量要求的牵引作用。

3）有利于战略合作伙伴关系形成的技术与服务协作

具有战略合作伙伴关系的供应链的竞争优势并不仅仅是企业有形资产的联合和增加，更在于企业成为价值链的一部分，通过知识的优化重组实现了强强联合，也就是"用最小的组织实现了最大的管理效能"。通过信息共享，企业将精力用于最具创新性的活动，运用集体的智慧提高应变能力和创新能力。在面向 21 世纪知识经济时代的供应链管理中，信息技术的作用越来越大。供应链管理过程中的知识或技术的扩散与传统意义上的信息流是不同的。企业也并不是拥有了合适的软件系统和充分的信息量就能够增强竞争力，而是要合理利用知识链（或技术链）确定各项具体技术在每个环节中的作用，注重那些能显著提升企业创新能力的知识及信息的合理运用与扩散作用。因此，知识主管（Chief Knowledge Officer，CKO）和信息主管（Chief Information Officer，CIO）在企业中的作用不容忽视。

国内外学者从经济学、组织行为学、信息传播学、市场渗透和空间转移的原理等方面对技术扩散现象进行了研究，但是这些研究大都基于传统的市场模式。互联网的普及和信息技术的飞速发展改变了原有的知识与技术扩散途径，网络化知识与技术传播扩散机制、网络知识的采用、网络知识产权、大数据管理等，已成为知识经济时代亟待研究的课题。供应链管理是 21 世纪信息化时代的主流管理模式，自然要面对合作企业之间技术与知识的扩散和协作支持问题，传统的企业技术合作模式和扩散机制对以供应链管理为基础的企业技术扩散而言不完全适用。

4）有利于供应链合作伙伴关系形成的总周期管理

供应链合作伙伴关系的形成有利于缩短供应链总周期，对供应链管理企业具有重要意义，如图 8-2 所示。

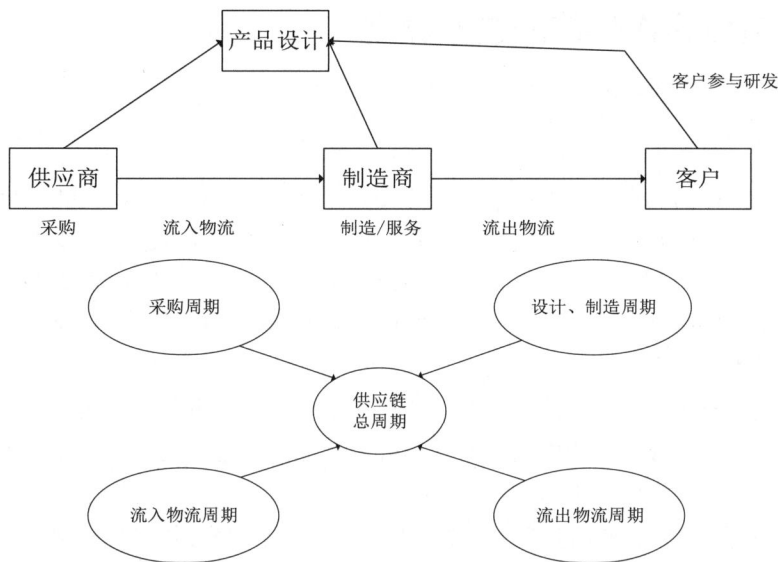

图8-2 供应链合作伙伴关系有利于缩短供应链总周期

速度是企业赢得竞争的关键所在。在供应链中，制造商要求供应商加快生产运作速度，通过缩短供应链总周期达到降低成本和提高服务质量的目的。从图 8-2 中可以看出，要缩短供应链总周期，主要依靠缩短采购周期、流入物流周期、流出物流周期和设计、制造周期（需客户、制造商与供应商共同参与）来实现。很显然，加强供应链合作伙伴关系的意义重大。

具体而言，供应商与制造商之间战略合作伙伴关系的建立具有如下意义：①对于供应商（卖方）：保证有稳定的市场需求；更好地了解或理解客户需求；提高运作质量；提高零部件生产质量；降低生产成本；提高对买主改变交货期的反应速度和柔性；获得更高的利润（相比非战略合作伙伴关系的供应商）。②对于制造商（买方）：降低成本（降低合同成本）；实现数量折扣、稳定而有竞争力的价格；提高产品质量和降低库存水平；改善时间管理；缩短交货提前期和提高可靠性；提高面向工艺的企业规划；实现更好的产品设计和更快的对产品变化的反应速度；强化数据信息的获取和管理控制。③对于供应商和制造商（买卖双方）：改善相互之间的交流；实现共同的期望和目标；共担风险和共享利益；共同参与产品和工艺开发，实现相互之间的工艺集成、技术和物理集成；减少外在因素的影响及其造成的风险；降低投机思想和投机行为的可能性；增强矛盾冲突解决能力；在订单、生产、运输上实现规模效益以降低成本；降低管理成本；提高资产利用率。

8.2 供应链合作伙伴的选择

供应链合作伙伴是由供应商、生产商或制造商、销售商和用户或客户组成的一个整体，各方之间具有有机的内在关联性。无论是哪一种角色，在选择供应链合作伙伴时都必须考虑对它的评价。因此，供应链合作伙伴的选择原则及供应链合作伙伴的选择方法是管理人员必须掌握的基本内容。

8.2.1 供应链合作伙伴的选择原则

1）选择供应链合作伙伴时考虑的主要原则

（1）单一供应商原则

单一供应商原则的优点主要表现在：节省协调管理的时间和精力，有助于与供应商发展伙伴关系；双方可在产品开发、质量控制、计划交货、降低成本等方面共同改进；供应商早期参与对供应链价值改进的贡献机会较大。但是该模式也存在很大的风险，主要表现在：供应商的失误可能导致整个供应链崩溃；企业更换供应商的时间和成本较高；供应商有了可靠客户，会失去竞争的原动力及应变、革新的主动性，以致不能完全掌握市场的真正需求；等等。在企业实际工作中，包括丰田公司在内的很多企业选择了单一供应商原则。虽然与丰田公司合作的供应商曾因火灾烧毁工厂导致供货中断，给丰田公司造成很大的损失，但是这么多年来，丰田公司始终坚持单一供应商原则。丰田公司认为，单一供应商原则带来的收益远远大于损失。针对该原则的风险问题，一家企业的负责人曾说："选择单一供应商原则当然有风险，但倘若我们把所有的鸡蛋放在一个篮子里，并且非常小心地照看这个篮子，便可降低风险带来的损失。"所以，有的大企业设置了供应关系管理经理岗位，与供应商保持密切的关系。

（2）多供应商原则

多供应商原则的优点主要表现在：通过多个供应商供货可以分摊供应环节中断的风险，从而激励供应商始终保持旺盛的竞争力（成本、交货期、服务）；可以促使供应商不断创新，因为它们一旦跟不上时代步伐就会被淘汰。多供应商原则也有缺点：供应商知道自身被他人替代的可能性很大，缺乏长期合作的信心，忠诚度可能不够；多供应商之间过度的价格竞争容易导致供应链出现偷工减料等风险；等等。实际上，多供应商原则虽然能够避免单一供应商供货中断而导致整个供应链中断的风险，但这也是有条件的。如果一个地区发生了突发状况，整个地区的供应商实际上也都无法保证供货。另外，一个供应商供货中断，其他供应商不一定有足够的产能保证需要。同时，由于现在的市场是全球性的，一个供应商的突发事件会给整个行业的客户带来采购上的问题。因此，多供应商原则未必能够降低供应链供货中断的风险。

2）选择供应链合作伙伴时考虑的主要因素

供应链管理是一个开放系统，供应商隶属于该系统的一部分，因此，供应商的选择会受到各种政治、经济和其他外界因素的影响。选择供应链合作伙伴时考虑的主要因素如下。

（1）价格因素。它主要是指供应商供给的原材料、初级产品（如零部件）或消费品组成部分的价格，供应商的产品价格决定了消费品的价格和整条供应链的投入产出比，会对制造商和销售商的利润率产生一定程度的影响。

（2）质量因素。它主要是指供应商供给的原材料、初级产品或消费品组成部分的质量。原材料、零部件、半成品的质量决定了产品的质量，这是供应链生存之本。产品的使用价值是以产品质量为基础的。如果产品的质量低劣，该产品将会缺乏市场竞争力，并很快退出市场。而供应商所供产品的质量是消费品质量的关键所在，因此，质量是一个重要因素。

（3）交货周期因素。对于企业或供应链来说，市场是外在系统，它的变化或波动都会引起企业或供应链的变化或波动，市场的不稳定性会导致供应链各级库存的波动，由于交货提前期的存在，必然导致供应链各级库存变化的滞后性和库存的逐级放大效应。交货提前期越短，库存量的波动越小，企业对市场的反应速度越快，对市场反应的灵敏度越高。由此可见，交货周期也是重要因素之一。

（4）交货可靠性因素。交货可靠性是指供应商按照订货方要求的时间和地点将指定产品准时送到指定地点的能力。如果供应商的交货可靠性较低，必定影响制造商的生产计划和销售商的销售计划及时机。这样，就会引起整个供应链的连锁反应，造成大量的资源浪费并导致成本上升，甚至会导致供应链解体。因此，交货可靠性也是比较重要的因素。

（5）品种柔性因素。在全球竞争加剧、产品需求日新月异的环境下，企业生产的产品必须多样化，以适应客户的需求，达到占有市场和获取利润的目的。因此，多数企业采用了 JIT 生产方式。为了提高企业产品的市场竞争力，必须发展柔性生产能力。而企业的柔性生产能力是以供应商的品种柔性为基础的，供应商的品种柔性决定了消费品的种类。

（6）研发和设计能力因素。供应链的集成是未来企业管理的发展方向。产品的更新是企业的市场动力。产品的研发和设计不仅仅是生产商的分内之事，集成化供应链要求供应商也应承担部分的研发和设计工作。因此，供应商的研发和设计能力也是一个重要因素。

（7）特殊加工工艺能力因素。每种产品都具有独特性，没有独特性的产品的市场生存力较弱。产品的独特性要求特殊的加工工艺，所以，供应商的特殊加工工艺能力也是重要因素之一。

（8）其他影响因素。例如，项目管理能力、供应商的地理位置、供应商的库存水平等。华中科技大学管理学院"CIMS 供应链管理"课题组曾进行过一次调查，其统计数据显示，我国企业在 20 世纪 90 年代末期选择合作伙伴时，主要的标准是产品质量，这与国际上重视质量的趋势是一致的；其次是价格，92.4%的企业考虑了这个标准；此外，69.7%的企业考虑了交货提前期。

通过近些年来的调查数据和一些企业管理人员的观点，我们发现，我国企业选择供应链合作伙伴时存在较多问题：一是选择方法不科学，企业在选择供应链合作伙伴时主观成分偏多，有时往往根据企业的印象来确定供应链合作伙伴，选择中还存在一些个人成分；二是选择的标准不全面，目前企业的选择标准多集中在产品质量、价格、品种柔性、提前期和批量等方面，没有形成一个全面的综合评价指标体系，不能对企业做出全面、具体、客观的评价；三是选择机制不配套，各个部门各行其是，有时使选择流程流于形式，最终根据个人好恶确定供应链合作伙伴；四是对供应链合作伙伴关系的重要性认识不足，对待供应链合作伙伴的态度恶劣。这些问题影响着企业建立供应链合作伙伴关系的基础，从整个供应链来看是不利的。

8.2.2　供应链合作伙伴的选择方法

1）选择供应链合作伙伴的步骤

供应链合作伙伴的选择是供应链合作伙伴关系运行的基础。在今天，供应链合作伙伴的业绩对制造企业的影响越来越大，主要表现在交货期、产品质量、提前期、库存水平、产品设计等方面。供应链合作伙伴的评价、选择对企业来说是多目标的，包含许多可见和不可见的多层次的因素。

选择供应链合作伙伴的步骤如图 8-3 所示，企业必须确定各个步骤的开始时间，每个步骤对企业来说都是动态的（企业可以自行决定先后顺序和开始时间），并且每个步骤对企业来说都是一次改善业务的过程。

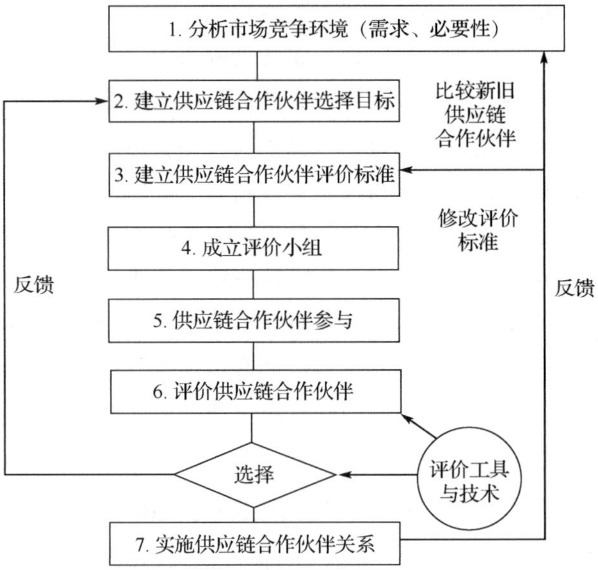

图8-3　选择供应链合作伙伴的步骤

步骤 1：分析市场竞争环境（需求、必要性）

市场需求是企业一切活动的驱动源。建立基于信任、合作、开放性交流的长期供应链合作伙伴关系，必须首先分析市场竞争环境，其目的是针对产品市场开发建立供应链合作伙伴关系。这就要求企业必须知道现在的产品需求是什么、产品的类型和特征是什么，以确认客户的需求并判断是否有建立供应链合作伙伴关系的必要。如果已建立供应链合作伙伴关系，则需要根据需求变化评估供应链合作伙伴关系变化的必要性，判断是否有必要重新选择供应链合作伙伴，同时分析现有供应链合作伙伴的现状，总结企业存在的问题。

步骤 2：建立供应链合作伙伴选择目标

企业必须确定供应链合作伙伴评价程序，确定信息流程和负责人，而且必须建立切合实际的供应链合作伙伴选择目标。供应链合作伙伴的选择、评价不仅仅是简单的选择、评价过程，更是企业自身和其他企业之间的一次业务流程重组过程，实施得好，还可带来一系列的附加利益。

步骤 3：建立供应链合作伙伴评价标准

供应链合作伙伴评价标准是企业对供应链合作伙伴进行综合评价的依据和标准，是反映企业本身和环境构成的复杂系统的不同属性的指标，是按隶属关系、层次结构有序组成的集合。企业应根据系统全面性、简明科学性、稳定可比性、灵活可操作性的原则，建立集成化供应链管理环境下的供应链合作伙伴评价标准。不同行业、企业、产品需求及环境下的供应链合作伙伴评价标准应是不一样的，但是基本上涉及供应链合作伙伴的业绩、设备管理、人力资源开发、质量控制、成本控制、技术开发、客户满意度、交货协议等可能影响供应链合作伙伴关系的内容。

步骤 4：成立评价小组

企业必须建立一个小组以组织和实施供应链合作伙伴评价工作。组员应以来自采购、质量、生产工程等与供应链合作伙伴关系密切的部门为主，兼有外聘的评审专家。小组成员必须具备团队合作精神和一定的专业技能。评价小组必须同时得到制造企业和供应链合作伙伴企业最高领导层的支持。

步骤 5：供应链合作伙伴参与

一旦企业决定实施供应链合作伙伴评价，评价小组必须与初步选定的供应链合作伙伴取得联系，以确认它们是否愿意与企业建立供应链合作伙伴关系，是否有获得更高业绩水平的愿望。企业应尽可能早地邀请供应链合作伙伴参与评价程序的设计。由于企业的力量和资源是有限的，企业只能与少数的、关键的供应链合作伙伴保持紧密合作，因此参与的供应链合作伙伴不能太多。

步骤 6：评价供应链合作伙伴

评价供应链合作伙伴的一个主要工作是调查、收集有关供应链合作伙伴的生产运作等的全方位信息。在收集供应链合作伙伴信息的基础上，企业可以利用一定的工具与技术评价供应链合作伙伴，并在评价过程的最终决策点，利用一定的工具与技术选择供应链合作伙伴。如果选择成功，就可以开始实施供应链合作伙伴关系；如果没有合适的供应链合作伙伴可选，就返回步骤 2 重新开始评价与选择。

步骤 7：实施供应链合作伙伴关系

在实施供应链合作伙伴关系的过程中，鉴于市场需求不断变化，企业可以根据实际情况及时修改供应链合作伙伴评价标准，或重新开始供应链合作伙伴的评价与选择。在重新选择供应链合作伙伴的时候，企业应给予原有供应链合作伙伴以足够的时间来适应变化。

2）供应链合作伙伴关系评价

供应链合作伙伴关系评价是供应链管理领域的一个重要方面，它关系企业整体运营的效率和成果。通过供应链合作伙伴关系评价，企业可以更好地理解和管理与供应链合作伙伴的关系，从而优化供应链的各个环节，提高整体运营的效率和竞争力。

首先，信任度是评价供应链合作伙伴关系的重要指标之一。建立在信任基础上的供应链合作伙伴关系可以提高供应链合作伙伴间的互信度，减少信息不对称现象和降低合作风险，有利于双方长期合作关系的建立和发展。而沟通效率则是保持供应链合作伙伴关系良好的关键因素，沟通畅通、信息透明，有利于双方互相理解和协作，及时解决问题和调整方向。

其次，互惠关系是评价供应链合作伙伴关系的重要标准之一。供应链合作伙伴之间应该建立平等互利的关系，共同分享资源、技术和信息，相互支持、相互促进，共同成长和发展。在效率和质量方面，供应链合作伙伴之间应该共同努力提升供应链的运作效率和产品质量，通过合作优势互补，共同提高供应链的整体竞争力。

再次，创新能力是评价供应链合作伙伴关系的一项重要指标。供应链合作伙伴之间应该共同探索创新、共同研发新产品或服务，以应对市场需求和变化，不断完善和提升供应链价值链，实现持续创新和扩大竞争优势。

最后，风险管理也是供应链合作伙伴关系评价的关键方面之一。供应链合作伙伴之间应建立健全的风险管理机制，共同承担风险，建立危机应对预案，降低风险对供应链的影响。

通过以上几个方面综合评价供应链合作伙伴关系，企业可以更全面地了解和优化与供应链合作伙伴的关系，实现供应链的协同管理、共赢合作，提高整个供应链的效率和竞争力。

3）选择供应链合作伙伴的常用方法

随着理论与实践的发展，目前选择供应链合作伙伴的方法比较多，一般要根据供应单位的多少、对供应单位的了解程度及对物资需要的时间是否紧迫等因素来确定。目前，国内外常用的选择供应链合作伙伴的方法如下。

（1）直观判断法

直观判断法是根据征询和调查所得的资料并结合人的分析判断，对供应链合作伙伴进行分析、评价的一种方法。这种方法主要是倾听和采纳有经验的采购人员的意见，或者直接由采购人员凭经验做出判断。它的缺点是带有明显的主观性，因此常用于企业非主要原材料供应链合作伙伴的选择，或在供应链合作伙伴选择的初期淘汰环节中使用。

（2）招标法

当采购数量大、供应链合作伙伴竞争激烈时，可采用招标法来选择合适的供应链合作伙伴。该方法的流程为：首先由企业提出招标条件，各招标供应链合作伙伴进行竞标，然后由企业决标，与提出最有利条件的供应链合作伙伴签订合同或协议。招标法可以是公开招标，也可以是指定竞标。公开招标不限制投标者的资格；指定竞标则由企业预先选择若干个可能的供应链合作伙伴，再进行竞标和决标。招标法竞争性强，企业能在更广泛的范围内选择合适的供应链合作伙伴，以获得供应条件有利的、便宜而适用的物资。但招标法手续比较烦琐、时间长，不能满足紧急采购的需要。这主要是因为供应商不够了解投标者，双方没有时间充分协商，可能产生货不对路或不能按时到货的后果。

（3）协商选择法

在供货方较多、企业难以抉择时，可以采用协商选择法，即由企业先选出供应条件较为有利的几个供应链合作伙伴，分别同它们进行协商，再确定合适的供应链合作伙伴。与招标法相比，协商选择法的供需双方能充分协商，在物资质量、交货日期和售后服务等方面比较有保证。但是由于选择范围有限，不一定能得到价格最合理、供应条件最有利的供应来源。当采购时间紧迫、投标单位少、竞争程度低、订购物资规格和技术条件复杂时，协商选择法比招标法更合适。

（4）采购成本比较法

对于质量和交货期都能满足要求的供应链合作伙伴，则需要通过计算采购成本来进行比较分析。采购成本一般为售价、采购费用、运输费用等各项支出的总和。采购成本比较法是通过计算分析各个不同供应链合作伙伴的采购成本，以选择采购成本较低的供应链合作伙伴的一种方法。但是这种方法容易造成唯"低价中标论"，从而牺牲必要的质量水平，产生质量事故隐患。

（5）ABC 成本法

鲁德霍夫和科林斯于 1996 年提出作业成本法（ABC 成本法），通过计算合作伙伴的总成本来选择供应链合作伙伴，他们提出的总成本模型为：

$$S_i = (p_i - p_{\min}) \times q + \sum_j c_j \times D_{ij}$$

式中，S_i 为第 i 个合作伙伴的成本值；p_i 为第 i 个合作伙伴的单位销售价格；$p_{\min}$ 为合作伙伴中单位销售价格的最小值；q 为采购量；c_j 为因企业采购相关活动导致的成本因子 j 的单位成本；D_{ij} 为因合作伙伴 i 导致的在采购企业内部的成本因子 j 的单位成本。

这个总成本模型可用于分析企业因采购活动而产生的直接和间接成本的大小。一般而言，企业将选择成本值最小的供应链合作伙伴。

（6）层次分析法

层次分析法由著名运筹学家萨蒂于 20 世纪 70 年代提出，韦伯等提出利用层次分析法选择供应链合作伙伴。它的基本原理是根据具有递阶结构的目标、子目标（准则）、约束条件、部门等来评价方案，采用两两比较的方法确定判断矩阵，然后把判断矩阵的最大特征根对应的特征向量的分量作为相应的系数，最后综合给出各方案的权重（优先程度）。由于评价者需要对照相对重要性函数表给出因素两两比较的重要性等级，因此该方法可靠性高、误差小。不足之处是，当遇到因素众多、规模较大的问题时，该方法容易出现问题，如判断矩阵难以满足一致性要求，往往难以进一步对其分组。它作为一种定性和定量相结合的工具，目前已在许多领域得到了广泛的应用。

另外，蒂默曼提出的合作伙伴评价分类法，温德和罗宾森、格理格利提出的标重法，这些都可以用于选择供应链合作伙伴，但是它们在供应链环境下的应用都存在一些问题，因为没有考虑具体的环境，所以不能保证在所有环境下都能有效地对供应链合作伙伴进行评价和选择。

（7）神经网络算法

人工神经网络（Artificial Neural Network，ANN）是 20 世纪 80 年代后期迅速发展的一门新兴学科。ANN 可以模拟人脑的某些智能行为，如知觉、灵感和形象思维等，具有自学习、自适应和非线性动态处理等特征。

这里将 ANN 应用于供应链管理环境下供应链合作伙伴的选择，旨在建立更加接近于人类思维模式的定性与定量相结合的综合评价选择模型。该模型通过对给定样本模式进行学习，可获取评价专家的知识、经验、主观判断及对目标重要性的倾向。当对供应链合作伙伴做出综合评价时，该模型可再现评价专家的经验、知识和直觉思维，从而实现了定性分析与定量分析的有效结合，也可以较好地保证供应链合作伙伴综合评价结果的客观性。

案例思考：如何正确选择供应链合作伙伴

曾阿牛受聘到一家日用品制造商 PG 公司担任物流总监。他通过对第三方物流企业进行调研分析后，发现了一个令人惊讶的现象：为 PG 公司在同一个城市提供市内分销配送服务的 3 家物流企业（两大一小），虽提供同样的服务，运价差异却很大，最高运价甚至是最低运价的两倍之多（见表 8-2）。

表 8-2 3 家物流企业的对比

物 流 企 业	运　　价	物流商业性质
N	3.7 元/吨公里	PG 公司所在集团参股的第三方大型物流企业
M	3.0 元/吨公里	第三方大型物流企业
W	1.8 元/吨公里	第三方小型物流企业（搬家公司）

这样的选择结果究竟是怎么来的呢？虽说在制造商的供应链环节中，物流企业选择不像产能规划、产品战略、库存模式那样直接影响企业的全面成本，但是毕竟每年几千万甚至几亿元投了进去，至少也要明白所选的第三方物流企业究竟怎样，曾阿牛决定认真做一下分析。

PG 公司拥有上百个品种的产品，年营业额达百亿元人民币。

PG 公司每月 70% 的销售量来自经销商（全国共 600 多家），其余来自一些重点零售客户（KA）和特别渠道，如机构、学校等。

因此，PG 公司设立了以生产技术为导向的供应链部门，由其负责制订公司的调拨计划、需求和供应计划，以及产成品的仓储、运输、销售订单处理等业务，并在武汉、成都、西安等城市设立区域配送中心（RDC），由这些区域配送中心负责支持各自区域的销售活动。

每周，PG 公司总部计划部门会根据各区域配送中心覆盖地区的销售预测、部门设定的库存目标、当前库存和生产基地的供应周期等向生产基地下达补货计划。每年，除了管理人员的薪酬、办公费用和 IT 系统支出，大部分的物流支出（总共约 2 亿元）花在了仓储、分装、运输领域。

仓储方面的主要支出是区域配送中心的支出。PG 公司所有的区域配送中心采用外包租赁形式，外包给了不同的第三方物流企业，也就是租赁它们的仓库。区域配送中心的主要职责是收发货、仓储、分拣、轻度加工和按订单配送，其中轻度加工主要是为 PG 公司的不定期的促销活动服务，这往往需要诸如贴标签、再包装等工作。

运输主要包括从生产基地到区域配送中心的干线运输、从区域配送中心到经销商的支线运输、从区域配送中心到零售商的配送。运输的整体费用占 PG 公司储运支出的 80%。PG 公司有少量的车辆，它的大部分运输活动采用了外包——PG 公司会在配送中心所在区域寻找基于该市范围内的物流企业。

PG 公司的物流业务模式对其物流合作伙伴也有许多不利。例如，PG 公司有上百个单品，目前把销售量小的品种存在一个仓库中，而现在下游分销客户订货一般包含 10 多个品种。为了完成配货，物流企业需要在各个地点的仓库分别装货，完成配货需要花费大概一整天的时间，而物流企业真正运输的时间平均只有一天，这大大增加了物流企业的配送成本。

产品规格增加还导致物流企业运输工具装载能力下降。仅以 60 吨的火车皮为例，如果装载单一品种，可以满载 60 吨。但是客户订货一般有 10 多个品种的产品，数量大小不一，装载能力就下降到 50 吨，从而使每吨运输费用增加了 20%。假如能对品种进行有效管理，使得火车皮装载能力提高到 53 吨，每吨运输费用会降低大约 5%，那么物流企业每年可以节约运输费用 400 万元左右。这种装载问题同样存在于厢式货车（市内配送）等固定容积运输工具上。

面对 PG 公司的这一现状，曾阿牛决定深入研究一下。

每年六七月份，PG 公司都会举行物流商招标会，确定下一年度的物流企业，顺势对区域的经销商、KA 物流策略进行相应的调整。

搞招标会，设想得挺好，看起来也不是很难：只要生产技术部储运经理的分析报告往招标会上一放，各物流企业针对分析报告内容提交各自的解决方案，储运经理根据这些解决方案确定一家第三方物流企业，这次招标活动就算圆满结束了。至少在 1 年的时间里，PG 公司不用再为换物流企业的事情操心——很多公司都采用这种方法。

但是每当这个时候，问题会接踵而至。正如 PG 公司所抱怨的，与中标物流企业确定服务价格、协商具体服务合同条款真是个麻烦事。要知道，一场招投标活动，招标方和投标方各有算盘：招标方担心物流企业报价有假，在投标现场故意砸价，其实真正干起来，服务条款难以保证，物流企业到时候还可能借机涨价；投标的物流企业担心合作难以持久，成本不好换算，如果为 PG 公司投入人力、物力，甚至购买新物流设备，资金压力太大。

这样谈来谈去，最后 PG 公司也看花了眼，就会去查探当地哪家物流企业的口碑好，反而把价格放在了一边。这样虽然能缩小范围，但是终究还会剩下几家候选。PG 公司本想在这几家中挑选一个大型物流企业，但是大型物流企业实力渐长，可能店大欺客，物流成本谈不下来；小型物流企业虽然服务口碑不错，但是以它的配送能力，又没法兼顾区域内的全面市场。

这时 PG 公司内部又有话了：如果全选集团外的物流企业，它们又不是只接我们一家的，万一到了旺季，无法保证对我们的服务怎么办？岂不是白白地把市场送给对手品牌？因此还是应该把部分业务分配给 PG 公司参股的物流企业为好。

到底应该选哪一种物流企业呢？到头来，PG 公司只好大小都选，就出现了这一幕：它们提供同样的服务，价格差异却很大，生产商也无法管理——大型物流企业会说，嫌价高，你去找小型物流企业啊；小型物流企业会说，嫌我远地方的货物送得慢，你去找价高的送啊！

其实，物流企业也是一肚子委屈。报价高的 N 物流企业虽然隶属于 PG 公司，但是它在合作条件上其实与其他第三方物流企业相同——他们的管理者会说：我知道自家的价格肯定不比对手有竞争力，但我们绝对不是店大欺客。

这宗大单落到 N 物流企业头上，不仅意味着巨大的业务量，同时也意味着它得承担 PG 公司的物流风险。因为现在 PG 公司要求的报价单毕竟与过去投标的报价单不同，物流企业的解决方案报价明明白白列出了 N 物流企业的成本底线，细分到细节，成本透明且没有任何弹性空间。一旦遭遇淡季或是其他原因引起的销售量变化，N 物流企业就有亏本的危险。而 M 物流企业的客户除了 PG 公司，还有其他客户，因此一些如叉车、货架、人工等的服务资源都可能被共享，成本可以摊薄。

那么，N 物流企业要是跟 W 物流企业比呢？N 物流企业可以说 W 物流企业是故意砸价，但是口说无凭，从专业角度讲，如果 W 物流企业在报价时采用作业成本法来具体分析各项仓储配送活动的成本，则真有可能会报价低！

例如，同样的两个仓库都用 30 名工人工作 30 天，成本完全摊到每月每箱的报价中，而不管 PG 公司的业务是否是全时使用。W 物流企业作为小型物流企业，在报价中，可能考虑到业务真正耗用的人工有时多、有时少，因此是按比例分摊的人工成本，那么搬运工人这项的报价就比 N 物流企业的报价低。

既然理论上（解决方案中）真实存在这样的情况，那么 PG 公司就基本无法判断 W 物流企业的报价是真实的低成本低价，还是恶性地报低价。而且 PG 公司在运作中也的确不觉得 W 物流企业的服务差多少。

PG 公司还拿 W 物流企业和 M 物流企业的价格去找 N 物流企业，一再表示别人的报价比 N 物流企业的报价低，可是 N 物流企业的管理者说：我们也没有办法改变。

PG 公司与大型物流企业的价格谈判会比较麻烦，大型物流企业大都会提出最低运输量的要求（所谓的保本业务量），不过它们的运作还算正规；小型物流企业的报价低，也好操控，但是它们是不是先报低价胜标，日后再找各种借口涨价？要是那样，招标岂不是白搞了？或届时再搞？选择大型物流企业好还是小型物流企业好？又如何管理招投标呢？

这些问题不得不使曾阿牛对那些报价高的物流企业表示同情，同时也惋惜会有这么多改进的地方。为什么 PG 公司没有动静呢？要知道，PG 公司毕竟是这条供应链上的主导者。

PG 公司存在这么多的物流管理问题却都没有解决，更谈不上对第三方物流伙伴进行仔细的筛选了。更何况有 N 物流企业这样一个"特殊关系"物流商，PG 公司更难在招标中进行精细化的考虑。

如果招标的考察工作做得不精细，那么招标方和投标方两边都犹犹豫豫，不尴不尬的场面就很容易出现。

思考题

曾阿牛应该如何解决供应链上的这些问题？

第 9 章
供应链绩效评价及激励机制

本章学习目标

1. 了解供应链绩效评价的理论基础。
2. 学会构建和应用供应链绩效评价指标体系。
3. 熟悉并应用供应链绩效评价主要模型。
4. 了解供应链激励机制的概念与特征，设计并实施有效的供应链激励机制。

案例导入：弗莱克斯的供应链绩效管理

自 2000 年以来，电子制造服务（EMS）提供商弗莱克斯特罗尼克斯国际公司（以下简称"弗莱克斯"）面临着前所未有的市场挑战和机遇。随着惠普、3COM、诺基亚等高科技原厂委托制造（Original Equipment Manufacture，OEM）的外包趋势，EMS 行业的竞争日益激烈。弗莱克斯不仅要应对大幅度缩减制造成本和直接材料成本的压力，还需要确保供应链的稳定性和高效性。

在传统的供应链绩效控制方法中，弗莱克斯和其他企业一样，首先关注改善交易流程和数据存储。通过安装交易性应用软件，企业能够减少数据冗余和错误，实现产品和品质数据、库存状况及消费者账单信息的一致性。然而，这种方法往往忽视了供应链中的其他重要环节，如采购、制造、分销、物流等的整体优化。

指标项目和平衡计分卡作为传统的绩效控制方法，虽然在一定程度上提高了供应链的透明度，但是仍存在诸多局限性。指标项目往往只关注某些特定指标，而忽略了供应链的整体性能。平衡计分卡虽然试图从多个角度评估绩效，但是它往往作为静态的管理工具，难以驱动行为或绩效的持续改进。

为了克服传统方法的局限性，弗莱克斯实施了供应链绩效管理（SCPM）的创新策略。这一策略强调以周期性的方式识别问题、明确根本原因、采取正确行动，并持续监控和改进供应链的各个方面。

弗莱克斯首先明确了关键绩效指标（KPI），并建立了异常条件触发器。这些触发器能够在邮政汇票信息中发现异常情况，如供应商非战略性或订单价格高于合同价格等。一旦触发，系统便会提醒相关人员采取相应行动，如重新谈判价格、考虑备选资源或调整业务需求。

为了加速供应链绩效管理，弗莱克斯采用了基于 Web 的软件系统。该系统能够实时更新和调整数据、流程和行动，确保供应链的高效运行。此外，弗莱克斯还定期对数据、流程和行动的有效性进行确认，以确保供应链绩效的持续改进。

通过实施供应链绩效管理创新策略，弗莱克斯在短短 8 个月内节约了几百亿美元的成本，并在第一年实现了巨大的投资回报。这一成功案例证明了供应链绩效管理作为基础性概念和实践在供应链管理中的重要性。

弗莱克斯的成功得益于其对供应链绩效管理的深入理解和有效实施。通过定义 KPI、建立异常条件触发器、采用基于 Web 的软件系统、持续监控和改进供应链的各个方面，弗莱克斯成功实现了供应链的高效、稳定和盈利。

弗莱克斯的案例展示了供应链绩效管理在现代企业管理中的重要性和作用。通过创新的供应链绩效管理策略，企业可以克服传统方法的局限性，实现供应链的持续优化和盈利增长。这一案例对于其他企业而言具有重要的借鉴和启示意义。

弗莱克斯面临的境遇不是罕见的。事实上，许多其他行业的公司在供应链中面临着同样的问题。很多发发可危的问题存在于供应链的方方面面——采购、制造、分销、物流、设计、融资，等等。

思考题

1. 在供应链管理中，为什么绩效评价和激励机制至关重要？
2. 一个有效的供应链绩效评价和激励机制应该包含哪些关键要素？

9.1　供应链绩效评价的理论基础

9.1.1　供应链绩效评价概述

1）供应链绩效评价的定义

供应链绩效评价是指围绕供应链的目标，对供应链整体及其各个环节（特别是核心企业的运营状况和各环节之间的运营关系等）进行的事前、事中和事后的分析评价。它是对整个供应链的整体运行绩效、供应链节点企业及供应链上的节点企业之间的合作关系所做的评价。

（1）供应链绩效评价的特点

① 目标性。供应链绩效评价始终围绕供应链的目标展开，确保评价活动与供应链的战略目标保持一致。

② 整体性。评价范围覆盖供应链的各个环节，包括采购、生产、物流、销售等，以及这些环节之间的协调与合作关系。

③ 动态性。评价活动贯穿供应链的整个运营过程，包括事前规划、事中控制和事后评估，确保对供应链绩效的全面监控。

④ 多维度性。评价内容涵盖多个方面，如质量、成本、服务、可靠性、订货提前期等，以及供应链战略绩效和管理绩效的评价。

从价值角度给出的供应链绩效的定义为：供应链各成员通过信息协调和共享，在供应链基础设施、人力资源和技术开发等内外资源的支持下，通过物流管理、生产操作、市场营销、客户服务、信息开发等活动增加和创造的价值总和。

供应链绩效评价是供应链管理的重要内容，对于衡量供应链目标的实现程度及提供经营决策支持都具有十分重要的意义。它能够帮助企业了解供应链的运营状况，发现存在的问题和瓶颈，从而制定有效的改进措施，提升供应链的竞争力和效率。

（2）供应链绩效评价与现行企业绩效评价的比较

供应链绩效评价与现行企业绩效评价在多个方面存在显著的差异，以下是这些差异的具体比较。

① 评价对象与范围。

a. 供应链绩效评价：评价的对象是整个供应链，包括供应商、制造商、分销商直至最终用户，它涵盖了供应链整体和各环节的运营状况，特别是核心企业运营状况和各环节之间的运营关系。

b. 现行企业绩效评价：评价的对象侧重于单个企业，具体为企业内部的职能部门或者职工个人。其数据来源于财务结果，主要评价的是企业内部职能部门的工作完成情况。

② 评价内容。

a. 供应链绩效评价：能够恰当地反映供应链整体运营状况和上下节点企业之间的运营关系，而不是孤立地评价某一供应商的运营情况。它基于业务流程的绩效评价指标，包括产销率、平均产销绝对偏差、产需率、供应链产品出产（或投产）循环期或节拍、供应链总运营成本、供应链核心企业产品成本、供应链产品质量等多个方面。

b. 现行企业绩效评价：侧重于财务结果，时间上略微滞后，不能反映供应链动态运营情况。同时，它主要评价的是企业职能部门的工作完成情况，不能对企业业务流程进行评价。

③ 评价方法与时机。

a．供应链绩效评价：包括事前、事中和事后的分析与评价，具有动态性和前瞻性。

b．现行企业绩效评价：侧重于事后分析，缺乏对供应链业务流程的实时评价和分析。

④ 评价指标的复杂性。

a．供应链绩效评价：更加复杂，基于供应链业务流程的绩效评价指标，描述了规划、设计、构建与优化供应链的途径和方法，突出了价值链社会化的增值能力。

b．现行企业绩效评价：相对简单，主要侧重于财务数据和内部职能部门的工作完成情况。

⑤ 评价目的。

a．供应链绩效评价：旨在优化整个供应链的运行效果，提升供应链的竞争力和效率。

b．现行企业绩效评价：主要是为了了解企业内部职能部门或职工个人的工作绩效，为制定晋升或工资方案提供依据。

供应链绩效评价与现行企业绩效评价在评价对象、范围、内容、方法、时机和目的等方面都存在显著的差异。供应链绩效评价更加关注整个供应链的运行效果和业务流程，而现行企业绩效评价则主要关注单个企业的内部职能部门或职工个人的工作绩效，如图 9-1 所示。

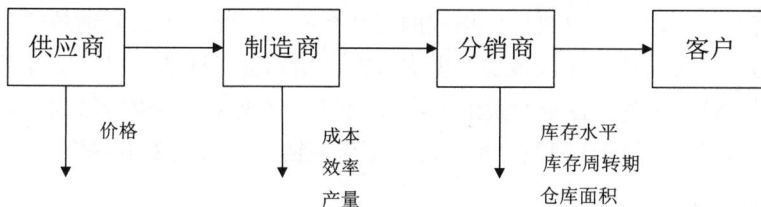

图9-1　现行企业绩效评价示意图

供应链绩效评价是基于业务流程的绩效评价，如图 9-2 所示。对比图 9-1 与图 9-2，就能看出它们之间的异同。

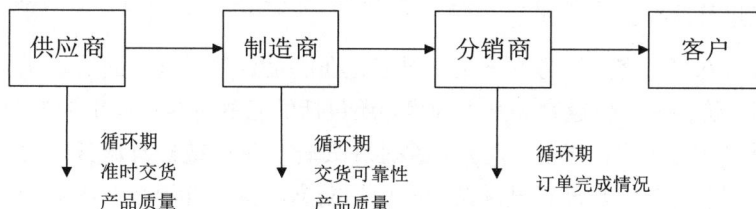

图9-2　供应链绩效评价示意图

2）供应链绩效评价的主要作用

供应链绩效评价应该全面反映整个供应链的运营状况和各个节点企业之间的协作关系，而不仅仅是针对单个供应商的运营情况进行评价。这些指标应该基于业务流程，综合考虑供应链内部的各个环节，以全局视角评估供应链的整体绩效。

（1）对整个供应链的绩效进行评估。评价指标应全面考量供应链内各个节点企业之间的协作关系，以及整体运营状况，而非仅仅关注单个供应商的表现。它的目的在于为供应链在市场中的生存、发展、运营和调整提供客观依据，帮助决策者了解供应链的整体运行状况，发现问题并及时采取纠正措施。

（2）对供应链上各成员企业的绩效进行评估。评价指标应考虑供应链对各成员企业的激励作用，吸引新企业加入，淘汰不良企业。通过对各成员企业的绩效评估可以促进企业间的竞争与合作，提高整个供应链的效率和竞争力。

（3）对企业间合作伙伴关系进行评价。评价指标主要关注上游企业向下游企业提供的产品和服务质量，以客户满意度为角度评估企业间合作伙伴关系，促进企业互信、共赢，改善整个供应链的协同效应和绩效表现。

（4）激励作用。评价指标不仅可以用于评估企业运作绩效，还可以作为激励机制，包括核心企业对非核心企业的激励，以及各节点企业之间的相互激励。通过绩效评价的激励作用，可以激发企业的积极性和创新性，推动整个供应链体系的持续改进和发展。

9.1.2 供应链绩效评价的内容

由于供应链是一个由多个组成部分构成的复杂系统，因此对供应链绩效的评价不应仅仅从单一指标出发得出好坏结论，而应该综合考虑多方面指标进行评估。供应链绩效评价的内容包括内部绩效度量（对供应链内各企业做出评价）、外部绩效度量（对供应链内企业之间的合作伙伴关系做出评价）、供应链综合绩效度量（对整个供应链运作效果做出评价）。

1）内部绩效度量

（1）成本管理。最直接反映内部绩效的是完成特定的运作目标发生的实际成本。由于成本绩效是以每项职能所花费的总额作为评价指标的，因此，常常需要对具体的物流职能，如存储、运输和订单处理等的成本数据进行监控。企业也常常需要对成本占销售额的百分比或每个单位产品的成本消耗进行监控。

（2）客户服务水平。客户服务水平是指供应链在满足客户需求方面的表现和能力。这不仅包括产品的质量、价格和交付速度等基本因素，还包括供应链对客户需求的响应速度、灵活性，以及能否按照承诺满足客户需求等。客户服务水平是评价供应链自身服务能力的指标，而非客户的感受指标，因此它与客户满意度是两个不同的概念。供应链的客户服务水平是指在客户需求方面，供应链对自己承诺的兑现能力，即满足的是供应链与客户约定的或承诺的要货需求，而不是无条件地满足客户的所有要货需求。为了量化和评估客户服务水平，供应链管理者通常采用一些具体的指标，如订单履行率、交货准时率、订单准确率、退货率和客户投诉解决率等。这些指标有助于供应链管理者了解供应链在满足客户需求方面的表现，并及时调整策略以提高客户服务水平。

（3）质量。评估质量绩效时，常用的方法包括分析损坏率，即通过损坏货物数量与总货物数量的比值来衡量。此外，信息质量同样是衡量质量绩效的关键因素。许多企业高度重视对自身信息提供能力的评估，特别是在无法及时提供客户所需信息的情况下，会高度重视自身的应急响应能力和信息补充机制。对于信息不准确的问题，企业会实施严格的追踪措施，以确保问题得到及时纠正，并防止类似事件的再次发生。这些措施有助于提升供应链整体的质量管理水平，保障业务的顺畅进行。

（4）生产率。生产率是通过比率或指数来衡量供应链的一种效率指标，它反映了在生产过程中产出的货物、完成的工作量或提供的服务量与所投入的资源数量之间的关系。然而，在实际应用中，对生产率的评估面临诸多挑战。例如，在某些情况下，很难准确测量特定时间段内的产量。同时，投入的资源与产出的产量之间可能难以形成直接对应关系。此外，投入与产出的类型可能存在多样性，且可能随着时间的推移发生变化，这使得数据的获取和比较变得复杂。这些因素都增加了对生产率进行准确评估的难度。

（5）资产管理。资产管理的重点在于优化资本在物流设施、机械设备和库存上的运用效率。物流设施、机械设备和库存往往构成了企业资产的重要组成部分。对于设施与设备，通常通过其总容量的利用比率来衡量其运营效率，从而判断资本、资产投资的有效性。同时，库存管理也是资产管理的重要环节，库存周转率是评估库存绩效的常用指标，它能够反映企业在存货管理方面的运营效率。

2）外部绩效度量

（1）客户满意度。客户满意度的评价在供应链绩效评价中占据着至关重要的地位，它能够将评价体系提升至更高层次。这种评价通常由企业内部或行业协会通过精心设计的调查问卷或系统化的订单跟踪机制来实施，旨在深入了解客户对供应链企业服务表现的真实感受和评价。在调查内容上，重点关注客户对供应链企业在多个关键绩效维度上的表现的感受，包括但不限于服务的可靠性、订单的履行周期、信息透明度及客户支持服务等。通过这些细致入微的问题，可以全面评估物流服务在满足客户需求、提供高效解决方案及维护良好客户关系方面的表现。此外，客户满意度评价还可以揭示供应链企业在市场竞争中的优劣势，为企业改进服务质量、优化运营策略提供有力依据。通过定期收集和分析客户反馈，企业能够及时发现潜在问题，采取相应措施，从而不断提升客户满意度，实现供应链绩效的持续改进。

（2）最佳实施基准。最佳实施基准是供应链绩效评价的一个重要方面，它是衡量和比较组织绩效的关键工具。最佳实施基准的核心在于对标组织内部的 KPI 和操作流程，确保各项标准与行业最佳实践保持一致。越来越多的供应链企业开始采用这种方法，将其作为衡量自身运营效率和市场竞争力的重要技术手段。在实践中，供应链企业通过建立和应用最佳实施基准，不仅能够与同行业的其他企业进行有效比较，还能够跨越行业界限与非相关行业的领先企业进行比较。这种跨行业的比较有助于企业发现自身的不足，学习借鉴行业内外的优秀经验，从而实现持续改进和创新。特别是对于那些在战略领域扮演核心角色的企业来说，最佳实施基准更是不可或缺的工具。它们通过定期运用最佳实施基准来检验供应链的运作效率，确保在关键业务领域保持竞争优势。

3）供应链综合绩效度量

（1）供应链总运营成本。供应链总运营成本不是单一企业成本的简单累加，而是整个供应链体系内所有成员企业成本的总和。这一理念对于实施高效供应链管理至关重要，它要求供应链管理者从全局视角出发，全面考量和优化整个供应链的成本结构，以实现整体成本效益的最大化。供应链总运营成本越低，反映在供应链产品中的成本也就越低，那么供应链产品的利润率就越高，从而说明供应链的运营更有效率，企业在供应链之间的竞争中更具有竞争力。

（2）供应链响应时间。供应链响应时间是指从客户下单到产品交付所需的全部时间，这个时间跨度涵盖了从原材料采购、生产加工、仓储运输到最终用户接收的整个流程。供应链响应时间的快慢直接影响客户满意度和企业的市场竞争力。

9.1.3　供应链绩效评价的原则

基于供应链管理的供应链绩效评价具有独特性，评价内容更加全面和广泛。对于供应链管理而言，更重要的是提出方法来评估整个供应链系统是否具备适应竞争环境变化和满足客户需求的能力。在实际操作中，供应链绩效评价应遵循以下原则。

（1）全面性原则。评价指标应该全面反映整个供应链的运营情况，包括供应商管理、生产制造、物流配送、库存管理等多个环节，以确保全面了解供应链的整体绩效表现。

（2）指标衔接原则。评价指标应该相互关联、相互衔接，确保评价体系能够全面反映供应链内部各个环节之间的协作和影响关系。

（3）目标导向原则。评价指标应该与供应链的整体目标和战略一致，确保评价过程能够有效地促进供应链的发展和保持长期竞争优势。

（4）实时性原则。评价过程应该是持续的、实时的，以便及时发现问题并采取纠正措施，确保供应链运作及时、高效。

（5）可比性原则。评价指标应该具有可比性，能够对不同时间段、不同企业、不同供应链进行比较，以便识别最佳实践和发现改进空间。

（6）激励性原则。评价指标应该具有激励作用，能够激发企业的积极性和创新性，推动供应链各成员企业持续改进和提升绩效水平。

9.2　供应链绩效评价指标体系

在供应链绩效评价指标方面，国内外学者提出了各种见解，比如供应链研究的权威机构PRTM提出了衡量供应链绩效的11项指标，包括交货情况、订货满足情况、完美的订货满足情况、供应链响应时间、生产柔性、总物流管理成本、附加值生产率、担保成本、现金流周转时间、供应周转的库存天数、资产周转率等。拉默斯（1997）等在描述制订战略供应链计划的七个步骤的同时，从供应、过程管理、交货运送、需求管理四个方面列举了供应链绩效的主要考核指标。罗格（1999）教授认为客户服务质量是评价供应链整体绩效的最重要手段，他从有形体的外在绩效、可靠性、响应速度、能力、服务态度、可信性、安全性、可接近性、沟通能力、理解客户能力十个方面进行评价。马士华教授从内部绩效度量、外部绩效度量、供应链综合绩效度量三个维度评价供应链绩效，并提出了供应链绩效评价的一般性统计指标，包括客户服务、生产与质量、资产管理、成本四个方面。从上述指标的选取来看，大都是以成本和客户满意为基础的，实际上同时还要考虑产品质量、发展潜力、环境保护、社会责任等指标。

9.2.1　反映整个供应链的绩效评价指标

整个供应链是指从最初供应商开始直至最终用户为止的整条供应链。对于反映整个供应链的绩效评价指标，目前国内外的相关研究很少，本书综合考虑了指标评价的客观性和实际可操作性，提出了如下的评价指标。

1）产销率指标

产销率是指在一定时期内已销售出去的产品和已生产的产品数量的比值，又可分为如下三个具体的指标。

（1）供应链节点企业的产销率。该指标反映供应链节点企业在一定时间内的经营状况。

（2）供应链核心企业的产销率。该指标反映供应链核心企业在一定时间内的经营状况。

（3）供应链产销率。该指标反映供应链在一定时间内的经营状况，可以反映供应链资源（包括人、财、物、信息等）的有效利用程度和供应链库存水平。指标值越接近于1，说明供应链节点的资源利用程度越高、成品库存越小。

2）产需率指标

产需率是指在一定时期内，供应链各节点已生产的产品数（或提供的服务）与其下游节点（或客户）对该产品（或服务）的需求量的比值。

该指标反映供应链各节点间的供需关系。产需率越接近于1，说明上下游节点间的供需关系越协调，准时交货率越高，反之则说明上下游节点间的准时交货率越低或综合管理水平越低。

3）产品（或服务）出产循环期指标

产品（或服务）出产循环期是指供应链各节点产品（或服务）的出产节拍或出产间隔时间，该指标可反映各节点对其下游节点需求的响应程度。循环期越短，说明该节点对其下游节点的快速响应性越好。在实际评价中，以各节点的循环期总值或循环期最长的节点指标值作为整个供应链的产品（或服务）出产循环期。

4）产品出产（或投产）循环期或节拍指标

当供应链节点企业生产的产品为单一品种时，产品出产循环期是指产品的出产节拍；当供应链节点企业生产的产品品种较多时，产品出产循环期是指混流生产线上同一种产品的出产间隔期。由于供应链管理是在市场需求多样化经营环境中产生的一种新的管理模式，其节点企业（包括核心企业）生产的产品品种较多，因此，产品出产循环期一般是指节点企业混流生产线上同一种产品的出产间隔期。它可以分为以下两个具体的指标。

（1）节点企业（或供应商）产品出产循环期。该指标反映了节点企业库存水平和它们对其上层节点企业需求的响应程度。该循环期越短，说明该节点企业对其上层节点企业需求的快速响应性越好。

（2）核心企业产品出产循环期。该指标反映了整个供应链的在制品库存水平和成品库存水平，同时也反映了整个供应链对市场或客户需求的快速响应能力。核心企业产品出产循环期决定着各节点企业产品出产循环期，即各节点企业产品出产循环期必须与核心企业产品出产循环期合拍。该循环期越短，说明整个供应链的在制品库存量和成品库存量越少，总的库存费用越低，也说明供应链管理水平比较高，能快速响应市场需求，并具有较强的市场竞争能力。缩短核心企业产品出产循环期，应采取如下措施：第一，使供应链各节点企业产品出产循环期与核心企业产品出产循环期合拍，而核心企业产品出产循环期与客户需求合拍；第二，可采用优化产品投产顺序和计划或投入高效生产设备或加班加点等方式。其中，优化产品投产顺序和计划是既不需要增加投资又不需要增加人力和物力的好方法，而且见效快，值得推广。这种方法在一般生产与运作管理的书中比较常见。

5）供应链总运营成本指标

供应链总运营成本包括供应链通信成本、供应链总库存费用及各节点企业外部运输总费用。

供应链总运营成本=供应链通信成本+供应链总库存费用+各节点企业外部运输总费用

该指标反映供应链运营的效率。供应链通信成本包括各节点企业之间的通信费用，如供应链信息系统开发和维护费；供应链总库存费用包括各节点企业在制品库存和成品库存费用、各节点企业之间的在途库存费用；各节点企业外部运输总费用等于供应链所有节点企业之间的运输费用总和。

6）供应链核心企业产品成本指标

供应链核心企业产品成本是供应链管理水平的综合体现。该指标是指根据核心企业产品在市场上的价格确定该产品的目标成本，再向上游追溯到各供应商，确定相应的原材料、配套件的目标成本。只有当目标成本小于市场价格时，各个企业才能获得利润，供应链才能得到发展。

7）供应链产品质量指标

供应链产品质量是指供应链各节点企业（包括核心企业）生产的产品或零部件的质量，该指标主要包括合格率、废品率、退货率、破损率、破损物价值等指标。

9.2.2　反映供应链上下节点企业之间关系的绩效评价指标

1）供应链层次结构模型

反映供应链上下节点企业之间关系的绩效评价指标是以供应链层次结构模型为基础的。根据供应链层次结构模型，对每一层供应商逐个进行评价，从而发现问题，解决问题，以优化整个供应链的管理。在该结构模型中，可将供应链看作由不同层次供应商组成的递阶层次结构，其中上层供应商即下层供应商的客户。

2）相邻层供应商评价法

供应链是由若干个节点企业组成的一种网络结构，如何选择供应商、如何评价供应商的绩效，以及由谁来评价等问题是必须明确的。根据供应链层次结构模型，这里提出了相邻层供应商评价法，可以较好地解决这些问题。相邻层供应商评价法的基本原则是由上层供应商来评价下层供应商。由于上层供应商可以被看成下层供应商的客户，因此通过上层供应商来评价和选择与其业务相关的下层供应商更直接、更客观，以此递推，即可对整个供应链的绩效进行有效的评价。供应链上下节点企业之间关系的绩效评价指标主要体现为满意度指标，即在一定时间内，上层供应商对其相邻下层供应商的综合满意度。

满意度指标可由准时交货率、成本利润率、产品质量合格率度量。

（1）准时交货率。准时交货率是指下层供应商在一定时间内准时交货的次数占其总交货次数的百分比，公式如下：

准时交货率=（下层供应商在一定时间内准时交货的次数/总交货次数）×100%

供应商的准时交货率低，说明其协作配套的生产能力达不到要求，或者是对生产过程的组织管理跟不上供应链运行的要求；反之，说明其生产能力强，生产管理水平高。

（2）成本利润率。成本利润率是指单位产品净利润占单位产品总成本的百分比，公式如下：

成本利润率=（单位产品净利润/单位产品总成本）×100%

在市场经济条件下，产品价格是由市场决定的，因此，在市场供需关系基本平衡的情况下，供应商生产的产品的价格可以被看成一个不变的量。按成本加成定价的基本思想，产品价格等于成本加利润，因此产品的成本利润率越高，说明供应商的盈利能力越强，企业的综合管理水平越高。在这种情况下，由于供应商在市场价格水平下能获得较高利润，其合作积极性必然增强，必然对企业的有关设施或设备进行投资和改造，以提高生产效率。

（3）产品质量合格率。供应链各节点在销售产品或提供服务后，应对客户反映的产品的质量进行调查与评估。在竞争激烈的市场环境下，质量是留住客户、挖掘客户潜在需求的主要手段。质量的评价指标主要有：客户售后服务响应时间、一定时期内客户访问次数、产品（服务）返修率、客户抱怨或投诉次数等。

在满意度指标中，权数的取值可以随着上层供应商的不同而不同。但是对于同一个上层供应商，在计算与其相邻的所有下层供应商的满意度指标时，其权数均取相同值，这样，通过满意度指标就能评价不同供应商的运营绩效和这些不同的运营绩效对其上层供应商的影响。满意度指标值低，说明该供应商的运营绩效差，生产能力和管理水平都比较低，并且影响了其上层供应商的正常运营，从而会影响整个供应链的正常运营。因此，对满意度指标值较低的供应商的管理应作为供应链管理的重点，要么进行全面整改，要么重新选择供应商。在整个供应链中，若每层供应商满意度指标的权数都取相同值，则得出的满意度指标可以反映整个上层供应商对其相邻的整个下层供应商的满意度。同样，对于满意度指标值低的供应商，应当进行整改或更换。

供应链最后一层为最终用户层，最终用户对供应链产品的满意度指标是供应链绩效评价的一个最终标准，可按如下公式进行计算：

满意度=零售商准时交货率+产品质量合格率+（实际的产品价格/用户期望的产品价格）×100%

9.2.3　供应链创新与学习能力评价指标

在竞争越来越激烈的全球性经济环境中，对企业供应链创新与学习能力的评价显得越来越重要。企业应当在传统的经验和技术的基础上进行创新，包括探索新产品、新技术和新工艺等。企业的创新能力与学习能力可以通过新技术采用率、研究开发投资率、新产品收入比率来反映。

（1）新技术采用率。新技术采用率是指新技术产品产值与企业总产值之间的比率。该指标反映了新技术对企业产品总值的贡献，比值越高，新技术对企业的贡献越大，公式如下：

新技术采用率=（新技术产品产值/企业总产值）×100%

（2）研究开发投资率。研究开发投资率指的是研究开发费占总销售额的比率。该指标反映了企业对研究开发的投入程度，而资金的投入是企业创新能力提高的基础，公式如下：

研究开发投资率=（研究开发费/总销售额）×100%

（3）新产品收入比率。新产品收入比率是指企业在一定时期内由于提供新型产品或服务所获得的收入占总收入的百分比。该指标反映企业的产品研发创新能力，比率越大，说明企业的新产品设计开发能力越强，公式如下：

新产品收入比率=（新产品销售额/总销售额）×100%

9.2.4　供应链各子系统的绩效评价

对于一个供应链来说，一般会经历组建期、运行期和解体期，以下仅对运行期的供应链各子系统的绩效评价进行分析。

（1）供应商子系统绩效评价体系。该绩效评价体系包括产品角度、组织角度、信息共享角度三个方面，如图9-3所示。

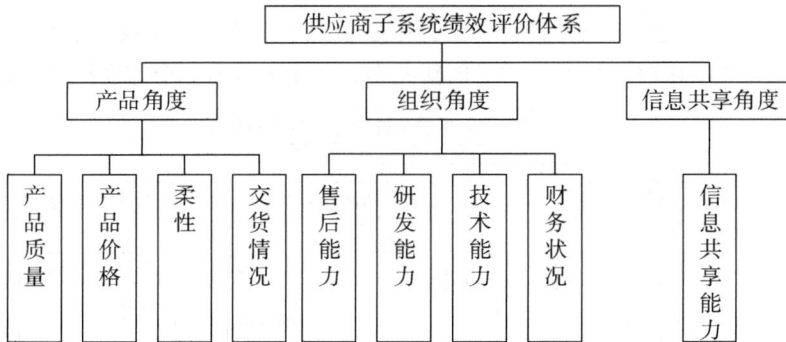

图9-3　供应商子系统绩效评价体系

从产品角度来说，产品质量分析可以从产品合格率和产品退货率两个方面进行。另外，产品的交货情况也比较重要，可以从订单完成率和准时交货率两个方面进行度量。从组织角度来说，供应商的售后能力、研发能力、技术能力、财务状况对于绩效的度量都有很大的意义。从信息共享角度来说，供应链中的信息之所以出现不能及时共享的现象，原因在于信息设备软硬件不完善，以及双方有意隐藏信息。企业可以通过以下四个指标度量供应商的信息共享能力：信息的准确性、及时性、有效性、先进性。

（2）销售商子系统绩效评价体系。该绩效评价体系包括内部绩效和外部服务绩效两个方面，如图 9-4 所示，其中内部绩效包括财务状况、柔性、交货可靠性、信息共享。对于交货可靠性，可以用交货准确率、交货及时率、交货有效率来度量。交货有效率的计算公式如下：

交货有效率=（一定时期内该销售商有效交货次数/一定时期内该销售商总交货次数）×100%

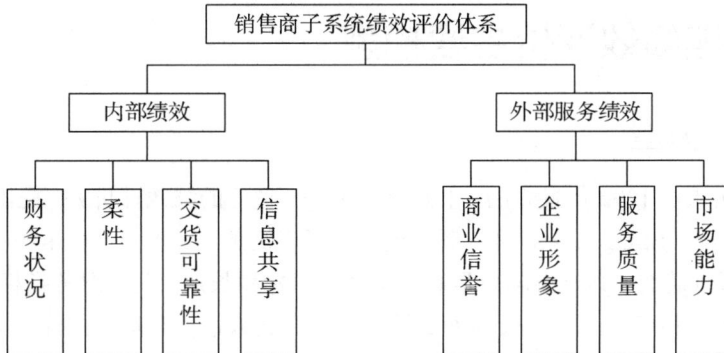

图9-4　销售商子系统绩效评价体系

外部服务绩效包括商业信誉、企业形象、服务质量、市场能力。其中服务质量可以用客户满意度和投诉率来度量，市场能力可以用市场占有率等指标来度量。市场占有率的计算公式如下：

市场占有率=（一定时期内该销售商出售某产品的数量/一定时期内该产品的总销售量）×100%

（3）核心企业子系统内部绩效评价体系。核心企业子系统内部绩效是企业持续发展的前提条件，其评价指标主要由财务状况、学习创新能力、产品竞争力三个方面组成，如图9-5所示。

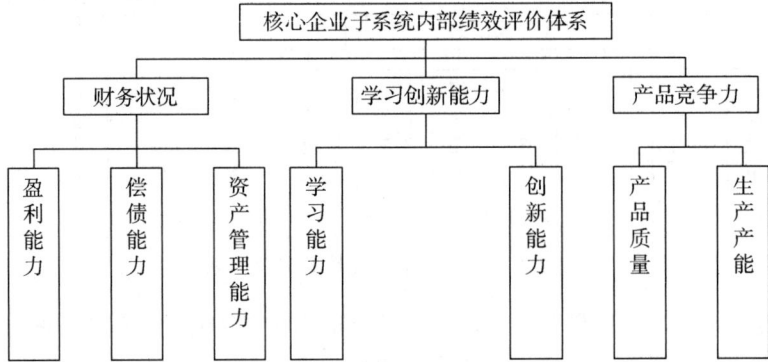

图9-5　核心企业子系统内部绩效评价体系

财务状况可以通过盈利能力、偿债能力、资产管理能力来度量。其中度量盈利能力的最重要指标是销售利润率，计算公式如下：

$$销售利润率=（销售利润/总销售额）×100\%$$

偿债能力反映了企业以资产偿还债务的能力，其最重要的指标是资产负债率，计算公式如下：

$$资产负债率=（负债总额/资产总额）×100\%$$

对于产品竞争力，可以从产品质量和生产产能两个方面来度量。

9.3　供应链绩效评价主要模型

9.3.1　BSC 模型

自卡普兰和诺顿在1992年发表的《平衡计分卡——良好的绩效评价》中提出"平衡计分卡"（Balanced Score Card，BSC）以来，这一概念便引起了广泛关注。平衡计分卡不仅是一种评价体系，而且是一种管理思想。其核心思想是通过将短期目标和长期目标、财务指标和非财务指标、滞后型指标和领先型指标、内部绩效和外部绩效等结合起来，使管理者的注意力从实现短期的目标转向兼顾长远战略目标。它的最大特点是集评价、管理、沟通于一体。

BSC模型分别从财务角度、客户角度、内部业务角度、学习和创新角度建立评价体系，同时将整个组织的目标分解成组织每一层次的目标，如图9-6所示。

（1）财务角度。BSC模型将财务方面作为所有目标评价的焦点。企业经营的直接目的和结果是为股东创造价值。尽管由于企业战略的不同，企业对于利润的长期要求和短期要求会有所差异，但是毫无疑问，从长期角度来看，利润始终是企业追求的最终目标。供应链的财务方面概括了整个供应链已经采取的行动的经济结果，属于滞后指标，它反映了供应链的资本效益状况、资本运营状况、偿债能力状况、发展能力状况。财务指标包括销售额、利润额、资产利用率等。

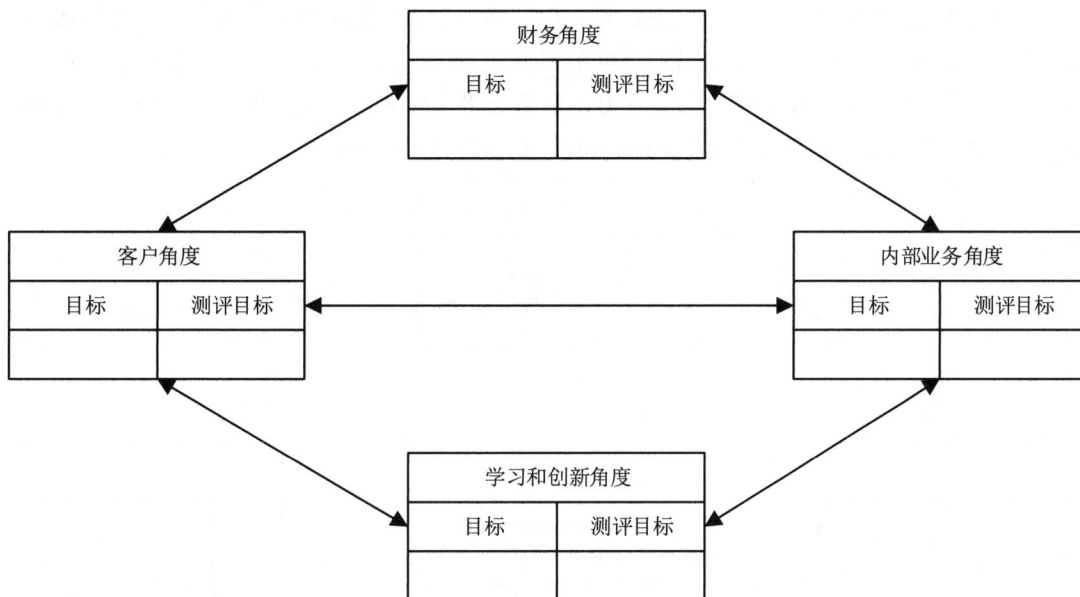

图9-6　BSC模型的目标分解

（2）客户角度。在现今这个客户至上的年代，如何向客户提供所需的产品和服务以满足其需要、提高企业竞争力，已经成为企业实现可持续发展的关键。客户角度正是从质量、性能、服务等方面考察企业的表现。客户指标包括客户满意度、对客户的挽留度、招揽新的客户量、获利能力、在市场中所占的份额等。

（3）内部业务角度。企业注重通过内部流程改善经营绩效，而客户满意度、股东价值的实现都要从内部业务流程中获得支持。BSC 模型从满足投资者和客户需要的角度出发，致力于创造对客户有价值的产品或服务。内部业务指标主要有生产率、产品合格率、生产周期、成本、新产品开发速度等。

（4）学习和创新角度。BSC 模型的实施目的和特点之一是避免短期行为，强调未来投资的重要性。它注重对员工系统和业务流程的投资，注重分析现有能力和满足需求的能力的差距，将注意力集中在内部技能和能力上，通过员工培训、技术改造、产品服务来弥补差距。供应链的学习和创新能力主要有三个来源：员工状况、信息系统、企业文化。员工状况指标包括员工满意度、员工忠诚度、员工能力；信息系统指标包括系统软硬件优势、信息处理速度优势、信息失真度；企业文化指标包括战略观念先进性、管理兼容性、企业文化兼容。

BSC 模型打破了传统的只注重财务指标的业绩管理方法。传统的财务会计模式只能衡量过去发生的事情，但是无法评估和组织前瞻性的投资。在信息社会里，组织必须通过在客户、供应商、员工、组织流程、技术和革新等方面的投资获得持续发展的动力。BSC 模型既包括了成本、利润等短期指标，又包括了客户满意度、员工满意度、员工培训次数等长期指标。它不仅是控制行为和评估历史业绩的工具，而且可以用来阐明和传播企业战略，帮助衔接个人、组织及部门间的计划，以实现共同目标。BSC 模型已经成为关联长期战略目标与短期行为的桥梁。BSC 模型既强调了绩效管理与企业战略之间的紧密关系，又提出了一套具体的指标框架体系，能够将部门绩效与企业、组织整体绩效很好地联系起来，使各部门工作的努力方向与企业战略目标的实现联系起来。BSC 模型远景与战略的关系如图 9-7 所示。

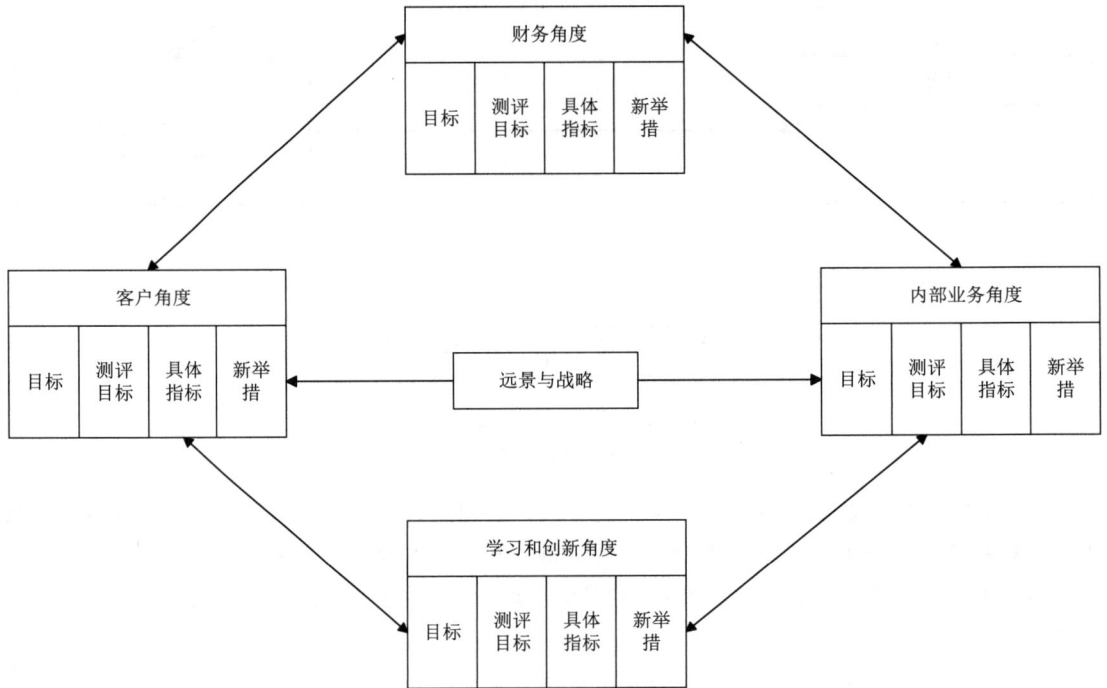

图9-7　BSC模型远景与战略的关系

9.3.2　SCOR 模型

1）SCOR 模型的定义

SCOR（Supply Chain Operations Reference，供应链运作参考）模型是第一个标准的供应链流程参考模型，是供应链的诊断工具，它涵盖了所有行业。SCOR 模型使企业间能够准确地交流供应链问题、客观地测评其性能、确定性能改进的目标，并影响供应链管理软件的开发。流程参考模型通常包括一整套流程定义、测量指标和比较基准，以帮助企业开发流程改进的策略。SCOR 模型不是第一个流程参考模型，却是第一个标准的供应链流程参考模型。SCOR 模型主要由四个部分组成：供应链管理流程的一般定义、对应于流程性能的指标基准、供应链最佳实施的描述、选择供应链软件产品的信息。

SCOR 模型把业务流程重组、标杆比较和流程评测等著名的概念集成到一个跨功能的框架之中。作为行业标准，SCOR 模型帮助管理者关注企业内部供应链，用于描述、度量、评价供应链配置。规范的 SCOR 模型实际上允许被任何供应链配置；规范的 SCOR 标准能促进供应链绩效和标杆的良性比较；SCOR 模型的供应链配置可以被评估，以支持连续的改进和战略计划编制。

2）SCOR 模型的结构

SCOR 模型按流程定义可分为三个层次，每一层次都可用于分析企业供应链的运作。在第三层次以下还可以有第四、五、六层次等更详细的属于各企业特有的流程描述层次，但第三层次以下的层次中的流程定义不包括在 SCOR 模型中。

SCOR 模型的第一层次描述了五个基本流程：计划、采购、生产、配送、退货，如图 9-8 所示。它定义了 SCOR 模型的范围和内容并确定了企业竞争性能目标的基础。企业可通过对 SCOR 模型第一层次的分析，根据供应链运作性能指标做出基本的战略决策。

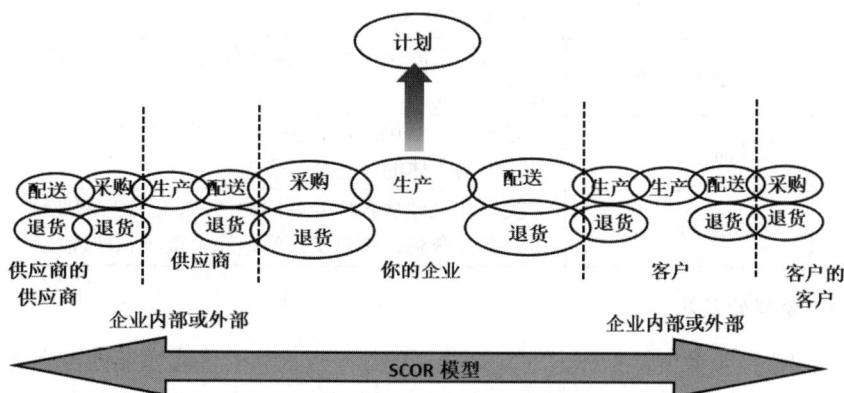

图9-8 SCOR模型的第一层次

SCOR 模型建立在五个不同的基本流程之上，如表 9-1 所示。

表 9-1 SCOR 模型管理流程

基 本 流 程	流 程 分 解	流 程 内 容
计划	需求计划	评估企业整体生产能力、总体需求计划，以及针对产品分销渠道进行库存计划、分销计划、生产计划、物料及生产能力的计划
	供应计划	制造或采购决策的制定、供应链结构设计、长期生产能力与资源规划、企业计划、产品生命周期的决定、生产正常运营的过渡期管理、产品衰退期的管理与产品线的管理等
采购	寻找供应商/物料收取	获得、接收、检验、拒收与发送物料；供应商评估、采购运输管理、采购品质管理、采购合约管理、进货运费条件管理、采购零部件的规格管理
	原材料仓储管理	仓库布局、产品分类管理、盘点等
	原材料运送和安装管理	运输管理、付款条件管理及安装进度管理
	采购支持业务	采购业务规则管理、原材料存货管理

基 本 流 程	流 程 分 解	流 程 内 容
生产	生产运作	申请及领取物料、产品制造和测试、包装出货等；工程变更、生产状况掌握、产品质量管理、现场生产进度确定、短期生产能力计划与现场设备管理；在制品运输
	生产支持业务	制造业务规格管理、在制品库存管理
配送	订单管理	订单输入、报价、客户资料维护、订单分配、产品价格资料维护、应收账款管理、授信、收款与开立发票等
	产品库存管理	存储、拣货、按包装明细将产品装箱、制作客户特殊要求的包装与标签、整理确认订单、运送货物
	产品运输安装管理	运输方式安排、出货运费管理、货品安装进度安排、产品安装与试运行
	配送支持业务	配送渠道的决策制定、配送存货管理、配送品质的掌握和产品的进出口业务
退货	原料退回	退还原料给供应商，包括与商业伙伴的沟通、准备好文件资料、物料实体的返还及运送
	产品退回	接收并处理从客户处返回的产品，包括与商业伙伴的沟通、准备好文件资料、物料实体的返还及接收和处理

3）SCOR 模型的层次

（1）第一层次：绩效度量指标。SCOR 模型的第一层次就对供应链绩效指标进行了标准化规范，反映供应链性能特征，如可靠性、响应性、灵活性、成本、资产等。高层次的绩效度量可能涵盖了多个不同层次的 SCOR 流程。度量供应链的表现与理解其运作都是必要的，需要做到以下几点。

① 度量工作必须结合企业目标。

② 度量工作要有可重复性。

③ 度量工作必须能对更有效地管理供应链提出见解。

④ 度量工作一定要适用于所评测的流程活动。

（2）第二层次：配置层。配置层由 26 种核心流程组成。企业可选用该层中定义的标准流程单元构建它们的供应链。每一种产品或产品型号都可以有它自己的供应链。

每一个 SCOR 流程都分三种流程元素进行详细描述。

① 计划流程元素。调整预期的资源以满足预期需求量。计划流程要达到总需求平衡并覆盖整个规划周期。定期编制计划流程有利于缩短供应链的反应时间。计划流程元素有供应链计划、采购计划、制造计划、交付计划、退货计划等。

② 执行流程元素。由于计划或实际的需求引起产品形式变化，此后需要执行的流程包括：进度和先后顺序的排定，原材料及服务的转变及产品搬运。执行流程元素有采购库存产品、采

购 MTO（订货型生产）产品、采购 ETO（按订单设计）产品、MTS（备货型生产）按库存生产、MTO 按订单生产、ETO 按订单加工、交付库存产品、交付 MTO 产品、交付 ETO 产品、退还次品、退还 MRO（维护、维修和运行）产品、退还过量产品等。

③ 支持元素。计划和执行过程依赖信息和内外联系的准备、维护与管理。支持元素流程有建立并管理规则、测评绩效、管理数据、管理库存、管理资产、管理运输、管理供应链结构、管理法规的灵活性、流程特殊元素（和 SC/财务、供应商协议一致）等。

（3）第三层次：流程元素层。流程元素层对第二层次的 26 种核心流程进行定义，显示了输入、流程元素和输出。另外，对每个流程元素的绩效测评进行了定义。

4）SCOR 模型的应用意义

SCOR 模型的应用具有深远的意义。它提供了一个全面的框架，将所有流程元素整合定义，包括流程的循环周期、成本、服务/质量和资金性能。这些性能属性被赋予相应的评估尺度，同时软件特性需求也得到了明确。重要的是，SCOR 模型并非单纯针对软件设计，而是业务流程管理的基石，对供应链管理软件开发者同样具有参考价值。

实际上，SCOR 模型常常通过改变管理流程来推动企业提升业绩，而非依赖软件开发。许多企业在应用 SCOR 模型时从第二层次的供应链构建开始，这常常揭示出现有流程的不足，进而推动必要的流程重组。这可能包括减少供应商、优化工厂和配送中心，甚至剔除不必要的环节。完成流程重组后，企业可以聚焦于性能指标的评估与业绩优化。

企业持续追求供应链管理效率的提升，通过提高自身运营效率，与供应商和客户建立战略合作伙伴关系，从而实现供应链的协同效应。SCOR 模型作为首个标准的供应链流程参考模型，是供应链问题的诊断工具，适用于所有行业。它促进了企业间对供应链问题的准确交流，客观衡量性能，设定改进目标，并对供应链管理软件的未来发展产生影响。

在中国，随着国外企业在中国分公司应用 SCOR 模型的成功经验，SCOR 模型逐渐受到本土大型企业的关注，成为中国企业优化供应链管理的重要工具。

9.4　供应链激励机制

9.4.1　供应链激励机制的概念

激励机制在组织行为学中被广泛探讨，并在委托-代理理论中得到进一步研究。然而，在供应链管理的背景下，激励的概念被扩展到涵盖整个供应链及其相关企业，从更广阔的视角来探究在供应链管理环境中如何建立有效的激励机制。

虽然激励起源于心理学领域，并且在管理学中主要关注个人行为，供应链管理却将激励的研究扩展到了包括团队（如供应链和企业）和个人（如管理层和员工）在内的更广范围。这种扩展不仅覆盖了个体心理层面的需求与动机，还包含了集体心理或所谓的社会心理的动态。

供应链作为一个复杂的社会结构，具有独特的社会性质。同时，它作为一个整体也表现出个体心理的一些通用特征，比如基于需求的动机形成，进而激发行动以实现目标。但是供应链的社会心理也有其特殊性，因为它必须处理涉及多个企业和组织的复杂互动。

在供应链系统中，各成员企业可能面临积极性不足、缺乏创新精神、满足现状或因外部竞争压力大而失去动力等问题。因此，确保供应链的有效激励成为一项关键任务。供应链激励机制不仅要考虑组织层面（即供应链本身），还要关注企业层和车间层等多个维度，旨在激发包括供应链本身、成员企业及其中的管理层和员工在内的各方参与者的积极性。

9.4.2　供应链激励机制的特征

（1）灵活性。供应链激励机制需要具备灵活性，能够根据不同成员企业的需求和特点进行定制化设计。灵活的激励机制可以更好地适应供应链环境的变化，确保激励措施的有效性和适用性。

（2）多样性。供应链激励机制应当具有多样性，包括物质激励和非物质激励。多样化的激励方式可以满足不同成员企业和个体的激励需求，激发他们的积极性和创新能力。

（3）长期性。供应链激励机制需要具有长期性，不能仅仅停留在短期效果上。长期的激励机制能够持续激发成员企业的积极性，促进长期合作伙伴关系的建立和发展。

（4）公平性。供应链激励机制应当公正合理，不偏袒任何一方。公平的激励机制能够维护供应链中各成员企业的合作伙伴关系，营造信任和共赢的合作氛围。

（5）可持续性。供应链激励机制需要具有可持续性，能够适应不同阶段的供应链发展需求。可持续的激励机制可以持续推动供应链合作伙伴关系的稳定发展，实现供应链管理的整体目标和效益最大化。

9.4.3　供应链激励机制的内容

1）厘清激励的主体与客体

在供应链激励机制中，主体通常是指发起激励措施的一方，而客体则是指接受激励或受激励影响的对象。在供应链中，主体和客体的角色可以根据激励的具体情况而变化。

（1）主体。主体可以是供应链管理者或核心企业，它们通常是发起并执行供应链激励机制的一方。主体可能为了激励供应链中的其他参与者而采取行动，以促进供应链的协同合作和优化。主体也可以是供应链中的某个环节或参与者，比如供应商、制造商或分销商。这些参与者可能通过提供激励来吸引其他参与者的合作，以实现共同的供应链目标。

（2）客体。客体通常是供应链中的其他参与者或环节，它们是激励措施的接受者或受益者。客体可以是供应商、制造商、分销商等，也可以是供应链中的特定部分，比如某个产品线、某个流程环节或某个地区的供应链参与者。针对这些特定客体的激励措施可能需要有针对性地制定和实施。

2）设定明确的激励目标

供应链的激励目标是指通过某些激励措施调动委托人和代理人的积极性，兼顾合作双方的共同利益，消除由于信息不对称和道德行为带来的风险，使供应链的运作更加顺畅，实现供应链企业的总体目标。供应链的激励目标可以大致分为以下五个部分。

（1）提高供应链效益。通过激励机制，可以促使供应链中的各个环节更加高效地运作，从而提高整个供应链的效率。

（2）促进供应链协同。通过激励机制，可以鼓励供应链中的各个环节更好地协同工作，以实现共同的目标。

（3）提升供应链绩效。通过设定明确的绩效指标，可以推动供应链中的各个环节努力提升自身的绩效，以实现更高的标准。

（4）增强供应链稳定性。激励机制可以帮助企业增强供应链的稳定性，降低因各种因素导致的供应链中断的风险。

（5）促进供应链创新。通过激励机制，可以鼓励供应链中的各个环节进行创新，以适应不断变化的市场需求和环境。

3）采用有效的激励措施

在供应链管理的背景下，从激励理论的角度可以将激励措施概括为正激励和负激励两个广泛类别。所谓正激励，是指以积极强化的方式，即通过正面的鼓励手段，促使人们进行某种行为，它在被激励对象与目标之间建立一种推动力，从而引导被激励者朝着设定的目标前进。负激励则涉及通常所说的消极强化，包括限制和惩罚措施，其作用是制止某些行为的产生，对被激励对象而言，它只留下一个向目标发展的可能性，以此方式确保被激励者最终朝向既定目标努力。在现实的管理操作中，激励措施具体可采取三种不同的模式：第一种是物质激励模式，比如使用金钱、奖品等有形的物资作为奖励，来激发员工或合作伙伴的工作热情；第二种是精神激励模式，这种模式侧重于提供表扬、荣誉或者职业成长的机会，以此满足个人的精神需求和自我实现的欲望；第三种是感情激励模式，这种模式强调建立情感联系和互信，通过关心、尊重、认可等方式增强团队凝聚力和归属感，进而提升工作动力。总的来说，无论是正激励还是负激励，它们都是管理过程中用于驱动和指导个体或团队行为的重要工具。而在实际操作中，物质激励、精神激励、感情激励这三种激励模式往往需要相互配合，共同作用于被激励对象，以达到最佳的激励效果。

建立供应链激励机制的目的是让代理人在追求自身利益最大化的同时实现供应链整体绩效的最优化，从而实现委托人和代理人的共赢。具体有以下几种激励措施。

（1）价格激励

在供应链管理环境中，虽然各个参与企业在战略层面形成了合作伙伴关系，但是每个企业的经济利益依然需要被充分重视。在供应链中，企业之间利益分配的核心通常体现在定价策略上。价格机制是供应链利润分配的关键，它不仅反映了整个供应链中额外收益或成本节约的分配情况，还体现了由于供应链优化而产生的任何附加盈利或损失在各企业之间的均衡分担。通常情况下，由特定企业承担由此产生的大部分额外收益或损失。确定具体责任企业并非易事，有时会出现责任归属错误的情况，这时就需要通过价格调整来实现公平的利益均衡。然而，采用价格激励有着潜在的风险，尤其是所谓的逆向选择问题。这是指在挑选供应商的过程中，制造商可能因为过分追求低价而倾向于选择报价最低的企业，从而有可能排除掉那些整体表现更加出色的供应商，这种选择的后果往往是产品质量和交货时间等方面受影响。尽管对即时利益的关注可能是导致这一问题的一个因素，但是根本原因在于企业在签订合同之前对供应商了解不足，没有意识到较低的报价可能意味着更高的违约风险。因此，在应用价格激励时，必须慎重考虑，不能单纯追求低成本，以免忽视长远的合作质量和稳定性。

（2）订单激励

在供应链管理的领域内，制造商经常面对许多提供同质化产品的供应商，这种情形自然而然地催生了供应链中的竞争动力。当供应商在产品质量、交货时间、提供的服务等方面表现出色时，作为需求方的制造商除了可以通过其他多种方式进行奖励和激励，还可以选择增加对这些表现优异的供应商的订单量。对于供应商来说，能够赢得更多的订单不仅意味着利润的增加，同时也反映了其在需求方眼中地位的提升和可信任度的增加。美国先进制造研究中心的一项研究数据显示，那些拥有超过80%完美订单率的企业，其盈利能力可以达到只有60%完美订单率企业的三倍之多。所谓完美订单，是指一份在各方面均达到客户要求的订单：包括订单的完整性、准时交付、货物无损毁、随货附带准确的发货单据。因此，对于供应商而言，提高完美订单的比例无疑是一个强有力的措施，它不仅能迅速提升企业在客户心目中的形象，还能显著增强企业的市场竞争力。

（3）信息激励

在信息化时代，企业掌握的信息技术和数据资源量往往与其发展潜力直接相关，信息的掌握与利用在供应链管理中扮演着至关重要的角色。信息激励在本质上是一种间接的激励措施，尽管其看似不如直接的物质或财务激励那么明显，但是其影响力还是极其深远的。为了更有效地获得和利用信息，供应链中的企业通常会投资于信息技术，建立一个信息共享的平台，这不仅提高了数据的透明性，也提高了决策的效率。供应链各参与方对获取及时、准确信息的需求是持续存在的，因为信息能够帮助企业在竞争中保持先机，优化决策过程，并最终实现成本节约和效率提升。因此，当企业通过信息技术手段实现信息资源的共享和流通时，这种对信息资源的掌握和应用实际上成了一种强大的激励力量，它激发了供应链参与者之间的协作精神，并推动了整个供应链向更高效、响应更快的方向发展。

（4）商誉激励

商誉作为一种无形的资产，对企业的长远发展至关重要。商誉主要源于供应链中其他企业的评价，以及企业在公众心目中建立的名声，它反映了企业在社会、经济、政治和文化层面的地位。商誉作为企业无形资产的一部分，不仅反映了企业在行业内的地位和形象，同时也是衡量企业过去行为和业务表现的重要指标。根据委托-代理理论，在一个竞争性的市场环境中，代理人的业务量是基于他们过往业务处理的质量和合作的程度而定的，业务量会直接影响其收入水平。长期而言，代理人必须完全承担自己行为的后果。因此，哪怕缺乏明确的激励契约，代理人仍有动力全力以赴地工作，因为通过这样的努力来提升他们在代理市场中的商誉，能够为他们在未来带来更多的收入机会。

（5）淘汰激励

自然界中普遍存在的优胜劣汰规律同样适用于供应链管理领域。为了将供应链的整体竞争力维持在一个较高的水准，非常有必要对成员企业实施淘汰激励，同时，供应链本身也面临着被市场淘汰的风险。市场的自然选择机制在于淘汰表现不佳的企业，这对于企业和整个供应链而言都是一股推动力。对于那些表现出色的企业或供应链来说，这种机制能够助力它们取得更卓越的业绩；对于那些业绩较差的企业或供应链而言，为了避免被淘汰，它们必须努力提升自身的表现。淘汰激励是在供应链体系中形成一种持续的紧迫感和动力，促使所有合作企业产生一种持续的危机意识。在这种环境下，各企业为了在供应链体系中保持群体优势，也为了自身的持续发展，不得不承担相应的责任和义务。对于自己承担的供应任务，企业需要在成本、质量、交货时间等多个方面全面负责。这种做法有效防止了只注重短期利益的行为和一次性交易给供应链整体带来的不稳定性及潜在风险。

（6）新产品或新技术共同研发激励

在供应链管理的优秀实践中，企业往往将供应商、分销商乃至消费者纳入新产品和新技术的共同研发过程中，采取团队合作的方式实现全面协作。在此合作模式下，参与企业成为产品开发过程的重要组成部分，其成功与否不仅会对制造商产生影响，同样会对供应商与分销商的利益产生影响。因此，所有参与方都会积极关注产品的开发进展，这种共同的参与和关注形成了一种内生的激励机制，对所有涉及供应链的企业产生激励效应。

（7）组织激励

在供应链结构中，核心企业处于中心位置，周围是由多个成员企业形成的横向一体化团队。确保这些成员企业能够充分发挥他们的团队作用，是核心企业不可推卸的职责。借鉴赫兹伯格的双因素激励理论，比如成就感、尊重与认可、工作的本质、责任感及个人发展等因素，均能对成员企业产生积极的激励效果。在供应链管理领域，核心企业应持续地表达对成员企业贡献的尊重和认可，并邀请它们参与供应链战略规划、新产品及新技术的研发等关键过程。通过这种方式，不仅能满足成员企业对于成就和成长的需求，还能极大地激发它们的积极性，从而提升整个供应链的性能和竞争力。

9.4.4 SCP

为了有效地评估供应链中的表现，需要一个精确的规则来区分表现良好和表现不佳的实体。供应链协议（SCP）就是这一规则的体现。它为供应链管理提供了一种系统化、标准化和规范化的方法，并为评价供应链绩效和实施供应链激励机制提供了一个基础平台。

SCP 是将供应链管理工作进行程序化、标准化和规范化的协定。SCP 为激励目标的确立、供应链绩效测评和激励方式的确定提供基本依据。激励目标要与激励对象的需要密切联系，同时要反映激励主体的意图和符合 SCP。激励方式视绩效评价结果和激励对象的需要具体而定。

供应链的运作因快速、高效、敏捷等特点而具有竞争优势，兼容并蓄了许多先进管理方法，如 JIT、MRPⅡ、CIMS、FMS 等。但是，供应链在运作时存在的安全性、协商时间、供应链优化、主动性限制、供应链淘汰机制等现实问题制约了供应链功能的发挥。针对这些问题，SCP 应运而生，以规范对供应链运作的管理。SCP 旨在根据供应链产品生产模式的特点，融合 GATT（《关税及贸易总协定》）、ISO9000、EDI、TCP/IP 等多方面知识，将供应链管理工作程序化、标准化和规范化，以保障供应链系统的有效控制、良好运作及功能充分发挥。简单地讲，SCP 文本就是在一系列标准（SCP 标准）支持下的拥有许多条目的文本，并且这些文本固化于一个网络系统（供应链协议网络系统，简称 SCPNet）中。SCP 强调供应链的实用性和供应链管理的可操作性，重视完全信息化和快速响应的实现。

SCP 的内容分为三个部分：SCP 文本、SCP 标准、SCPNet。SCP 文本是供应链管理规范化、文本化、程序化的主体，包括十个部分：①定义；②语法规范；③文本规范；④供应链的组建和撤销；⑤企业加入供应链的条件、享受权利、应担风险及应尽义务；⑥供应关系的确立与解除；⑦信息的传递、收集、共享与发布；⑧供应、分销与生产的操作；⑨资金结算；⑩纠纷仲裁与责任追究。SCP 标准包括产品标准、零配件标准、质量标准、标准合同、标准表（格）单（据）、标准指令、标准数据、标准文本及 SCPNet 标准等。SCPNet 分为硬件和软件两部分，硬件为 Internet/Intranet/Extranet、客户机、工作站、网管中心等，软件为数据库、网络系统、SCPNet 支撑软件等。

在 SCP 环境下，企业以期货形式在 SCPNet 上发布订单或接受订单，寻求供应商或销售商。在这种灵活机制下保持企业的主动性，并将不能适应的企业从供应链上淘汰。企业以接受 SCP 文本某某条款的形式在供应链中运作，极大地减少加入、组建供应链所需花费的较长谈判时间。供应链通过网管中心来协调由于供应链的优化而带来的利益问题。网管中心一般设在核心企业，并由核心企业负责管理。在经济活动中，供应链由于有 SCP 的严格规定而存在，并广泛地形成供应链与供应链间的竞争。

案例思考：IBM 欧洲市场 PC 产品的供应链管理

1）背景介绍

IBM（国际商业机器公司）作为全球知名的科技公司，其产品线十分广泛，包括 PC（个人计算机）产品。在欧洲市场，IBM 的 PC 产品一直以高品质和出色的性能受到客户的青睐。为了维持这一市场地位，IBM 对其供应链管理进行了精细化的运作，以确保产品质量、控制成本并满足市场需求。

2）供应链管理策略

（1）供应商选择与管理。IBM 对其供应商进行严格的筛选和评估，确保供应商具备高质量的生产能力和稳定的供货能力。同时，通过与供应商建立长期合作关系，保证原材料的稳定供应和成本控制。

（2）库存管理。为了避免库存积压和缺货风险，IBM 采用了先进的库存管理系统，实时监控库存水平，并根据市场需求和销售预测进行动态调整。此外，通过采用先进的物流技术，如 RFID 技术，提高了库存管理的准确性和效率。

（3）生产与分销协同。IBM 的生产部门和分销部门紧密合作，确保生产计划与市场需求相匹配。通过共享实时销售数据和库存信息，生产部门能够及时调整生产计划，以适应市场需求的变化。

（4）物流配送。IBM 与多家物流企业合作，建立了高效的物流配送网络。通过优化配送路线和提高装载效率，降低了物流成本，并确保了产品能够及时送到客户手中。

（5）信息技术支持。IBM 利用先进的信息技术系统支持其供应链管理。例如，使用 ERP 系统整合供应链各环节的信息，提高决策的准确性和时效性。同时，通过大数据分析预测市场需求，为供应链管理提供有力支持。

IBM 欧洲市场 PC 产品的供应链流程如图 9-9 所示。

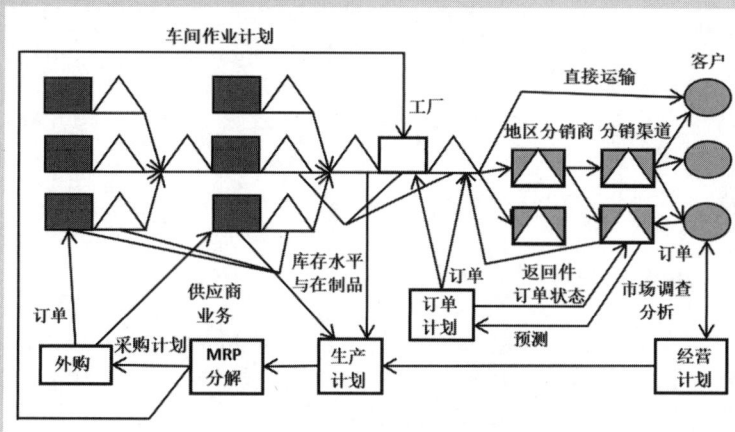

图9-9　IBM欧洲市场PC产品的供应链流程

3）成果与挑战

通过实施上述供应链管理策略，IBM 在欧洲市场的 PC 产品供应链上取得了显著成果。产品质量得到了有效保障，缺货现象大幅度减少，客户满意度得到了显著提升。同时，通过优化物流成本，提高了公司的盈利能力。

然而，随着市场竞争的不断加剧和客户需求的多样化，IBM 仍面临着诸多挑战。例如，如何进一步提高供应链的灵活性和响应速度，以适应市场的快速变化；如何降低库存成本，同时保证产品的及时供应等。

4）结论

IBM 通过精细化的供应链管理策略在欧洲市场的 PC 产品领域取得了显著成果。然而，面对不断变化的市场环境和客户需求，IBM 仍需不断创新和优化其供应链管理，并积极探索新的技术和方法，以保持其市场领先地位。通过持续的技术投入和流程改进，IBM 有望进一步提升其供应链管理的效率和灵活性，从而更好地满足客户需求并提升市场竞争力。

思考题

请运用 SCOR 模型分析 IBM 欧洲市场 PC 产品的供应链业务流程。

第10章

前沿物流专题

本章学习目标

1. 掌握物流自动化与智能化的关键技术。
2. 了解供应链可视化的定义、目的、关键技术和应用，以及数据分析在物流中的应用。
3. 了解绿色物流的定义、发展趋势及实施策略。
4. 熟悉应急物流的概念、特点与运作机制。

案例导入：京东智能物流——引领前沿物流的数字化转型

随着电子商务的蓬勃发展，物流行业面临着前所未有的挑战和机遇。为了满足消费者对快速、准确、便捷物流服务的需求，京东作为中国领先的电商平台，积极推动物流技术的创新和应用，打造了一套高效、智能的物流体系。京东智能物流不仅提升了京东自身的竞争力，也为整个物流行业树立了标杆。

1）京东智能物流的核心技术与应用

（1）智能调度系统

京东通过引入人工智能技术开发了智能调度系统。该系统能够根据订单量、货物种类、配送路线等因素自动优化调度方案，实现资源的合理配置。智能调度系统的应用提高了京东的配送效率，降低了配送成本。

（2）路径规划优化

京东利用大数据分析技术对历史订单数据进行深度挖掘，建立了完善的路径规划模型。通过该模型，京东能够快速确定最佳配送路径，缩短配送时间和里程。同时，京东还开发了一种高效的路径规划算法，能够根据实时交通状况和配送需求自动选择最佳路径。这一技术的应用大大提高了京东的配送准时率。

（3）自动化仓储系统

京东建设了自动化仓储系统，利用机器人和物流设备实现了货物的高效存储和搬运。该系统能够自动识别货物并进行分类、分拣，提高了仓储效率和准确性。其中，京东自主研发的天狼系统就是自动化仓储系统的典型代表。天狼系统的行走速度和加速度都达到国内领先水平，穿梭车行走速度可达 4m/s，加速度为 2m/s²；提升机升降速度为 5m/s，加速度为 7m/s²。天狼系统的应用提升了京东的仓储效率，降低了人力成本。

（4）无人机配送

为了进一步提升配送效率，京东引入了无人机技术。无人机能够在短时间内将货物从仓库送达目的地，特别适用于紧急快递和偏远地区配送。目前，京东已经在部分地区进行了无人机配送的试点，取得了显著成效。

2）京东智能物流的成效与影响

京东智能物流的应用不仅提升了京东自身的竞争力，也推动了整个物流行业的数字化转型。京东通过技术创新提高了物流效率和服务质量，降低了运营成本。同时，京东智能物流的成功实践也为其他企业提供了有益的借鉴和启示。越来越多的企业开始关注物流技术的创新和应用，从而推动物流行业的持续进步和发展。

京东智能物流案例展示了物流行业在数字化转型方面的前沿探索和实践。通过引入人工智能、大数据、自动化等先进技术，京东实现了物流体系的智能化、高效化、精准化。这些成功不仅为京东自身带来了巨大的商业价值，也为整个物流行业树立了标杆和榜样。未来，随着技术的不断进步和创新，物流行业将迎来更加广阔的发展空间和机遇。

思考题

1. 京东智能物流使用了哪些高新技术？

2. 物流智能化面临哪些主要挑战？

10.1 物流自动化与智能化

物流自动化与智能化技术是指利用先进的信息技术、人工智能技术和自动化设备实现物流运作的自动化和智能化，提高物流运作效率和降低成本的技术。物流自动化与智能化是在未来可见的时期内非常重要的趋势，会从根本上改变物流运营的成本结构，并且会将人的影响降到最低，使物流这项环节众多、参与者众多且充满变数的供应链职能变得更加可控和可预测。

10.1.1　自动化仓储系统

1）自动化仓储系统的概念

自动化仓储系统，又称自动立体仓库（Automatic Storage and Retrieval System，AS/RS），是一种高度先进的物料管理系统，它能够在不需要人工直接干预的情况下自动完成货物的存储和取出操作。这一系统的核心在于能够通过集成的软件和硬件组件实现物料流转的完全自动化，从而显著提升物流效率和准确性。自动化仓储系统通常由高层货架、堆垛机或机器人、传送系统、控制系统、自动识别系统等关键部分组成。

自动化仓储系统的发展共分为五个阶段，依次为：人工仓储阶段、机械化仓储阶段、自动化仓储阶段、集成自动化仓储阶段、智能自动化仓储阶段。各阶段的特征见表 10-1。

表 10-1　自动化仓储系统发展的五个阶段

阶　　段	特　　征
人工仓储阶段	仓库中物资的输送、存储、管理和控制主要靠人工实现
机械化仓储阶段	在仓库中，物料通过各种传送带、工业输送车、吊车等设备进行移动和搬运，使用货架、托盘和可移动货架进行物料存储，人工操作机械存取设备，利用限位开关、机械监视器等仪器监控和控制设备的运行
自动化仓储阶段	在这个阶段，自动化技术对仓储技术的发展起到了重要的推动作用，涌现出了自动导引车（Automated Guided Vehicle，AGV）、自动货架、自动存取机器人等设备。随着仓储管理的要求越来越实时、协调和一体化，计算机技术和信息技术在仓储领域得到了广泛应用
集成自动化仓储阶段	在集成自动化仓储系统中，自动存取系统、输送系统、自动识别系统等不再是独立运作的系统，而是通过计算机技术和信息技术等手段进行有效的整合，形成一个有机的整体
智能自动化仓储阶段	随着人工智能技术的不断发展，自动化技术正朝着智能化方向迈进。目前，智能自动化仓储技术仍处于初级阶段，但前景广阔

2）自动化仓储系统的分类

按照货架的形式对自动化仓储系统进行分类，可以大致分为三类：单元式货架仓库、贯通式货架仓库、循环货架仓库。

（1）单元式货架仓库。单元式货架仓库因其广泛的适用性和强大的通用性成为当前仓储领域的主流选择。这种货架布局以仓库的宽度为基准，划分为若干排，每两排之间设有专门的巷道，便于堆垛机和其他仓储设备顺畅通行。每排货架进一步延伸至仓库的长度方向，形成多列结构，并在垂直方向上划分出多个层级，从而构筑起庞大的存储网络。每个节点即一个货格，专门用于放置标准化的货物单元，如托盘或货箱。在实际操作中，大部分货格仅存放单一货物单元，但是对于体积较小的货物，可灵活调整，使一个货格容纳两到三个货物单元，以此提升货架空间利用率，降低仓储成本。

（2）贯通式货架仓库。为了更高效地利用仓库空间，可以采取取消巷道、合并货架的策略，实现货物单元在同一层、同一列的连续存放，形成可连续存取多个货物单元的通道结构。这种设计由专门的起重机完成货物的提取和出库。贯通式货架仓库根据货物单元移动方式的差异，可细分为重力式货架仓库和梭式小车式货架仓库两种类型。重力式货架仓库依靠货物自重实现在通道内的流动，适用于货物种类较少但数量众多的场景。梭式小车式货架仓库则依赖梭式小车在通道内来回穿梭完成货物的搬运任务。

（3）循环货架仓库。循环货架仓库是一种自动化仓储系统，通过使用旋转式货架来提高存储和拣选效率。这种系统常用于高密度存储和快速拣选的场景，广泛应用于电商、制造业、医药、零售等行业。循环货架仓库可分为水平循环货架仓库和垂直循环货架仓库。水平循环货架仓库依赖于铺设在地面上的环形输送机来实现货物在同一层面上的连续移动和存取。垂直循环货架仓库则采用垂直提升机来完成货物在垂直方向上的快速搬运和定位。这两种类型的循环货架仓库分别针对水平空间和垂直空间，提供了高效、有序的货物管理解决方案。

水平循环货架仓库的设计巧妙地将多个独立的货柜串联成一组，通过一条链式输送机实现整体的水平移动。每个货柜底部配备支撑滚轮，顶部安装导向滚轮，确保在输送机运行时货柜能够平稳且准确地按照输送路径移动。操作人员通过控制面板轻松下达指令，触发指定货架组的启动。一旦装载目标货物的货柜到达拣选口位置，货架即刻停止运行，便于工作人员迅速完成拣选任务。这种仓库布局不仅大幅提升了小件物品的拣选效率，还有效地利用了有限空间资源，且对建筑物的要求不那么苛刻，非常适合那些对作业频率有一定弹性需求的应用场景。

垂直循环货架仓库的设计理念源于水平循环货架仓库，关键区别在于运作机制的垂直化。在这种系统中，货架本身充当垂直提升机的角色，通过两个分支上的货格来实现货物的垂直运输。操作人员通过发送指令控制提升机进行正向或反向旋转，从而将所需货物精准地移动至指定的取货位置。此种设计特别适合储存各类长卷状货物，如地毯、地板革、胶卷及电缆卷等，同时也能有效地处理小件物品的存储需求。垂直循环货架仓库的优势在于其对空间的高效利用，以及对作业频率的高适应性，在对建筑物要求不高的环境中的表现尤其出色。

3）自动化仓储系统的功能和优点

（1）自动化仓储系统的功能

① 储存和保管功能。自动化仓储系统的核心职能在于确保存储物品的完好无损及其品质稳定。为此，仓库必须根据不同物品的特性配置相应的环境控制设备，比如通风系统、空调装置、温度调控设施等，以打造适宜的存储环境。此外，仓库在日常运营过程中应持续优化搬运工具和操作流程，避免在搬运和堆放过程中对物品造成损伤，从而确保仓库的储存与保管功能得到有效发挥。

② 调节供需功能。现代化生产形式是多样的，有些是均衡的，有些是不均衡的，消费需求却是在持续且均衡地产生中。由于供需之间存在着不均衡性，需要自动化仓储系统在其中起调节作用，避免生产和消费脱节。

③ 调节运输能力的功能。不同运输工具的运输能力存在显著差异，比如船舶可实现万吨级

的大宗货物运输，汽车的运输能力则相对较小，通常为 4～10 吨。在弥补这种巨大的运输能力差距方面，自动化仓储系统扮演着至关重要的角色，它通过高效的物流调度和货物转运，实现了不同运输工具之间的无缝对接，确保了整个供应链的顺畅运作。

④ 流通配送加工功能。随着时代的进步，现代仓库的功能定位已从单一的储存转变为集多种服务于一体的流通销售中心。除了保留传统的仓储设备，现代仓库还引入了先进的分拣、配送、包装及加工等一系列增值服务设施。这些设施的整合不仅极大地提升了仓库的整体运营效率，更拓宽了仓库的业务范畴，使其成为连接生产与消费、实现商品快速流转的关键节点。

（2）自动化仓储系统的优点

① 空间利用率高。自动化仓储系统通过采用高层货架系统进行货物存储，实现了存储空间的立体拓展，极大地提升了仓库的空间利用率。这种布局不仅有效节约了地面空间，还显著提高了仓库的容纳能力，使得有限的仓库资源得到了最大化的应用。

② 劳动生产率高。自动化仓储系统借助先进的机械设备和自动化技术显著提升了作业处理的速度和效率。同时，它能够针对特殊货物（如易燃、易爆品）提供符合其特殊存储需求（如黑暗、低温环境）的解决方案。这一创新不仅极大提高了劳动生产率，而且有效减轻了操作人员的工作负担，实现了安全、高效的仓储管理。

③ 作业准确率高。借助计算机控制系统的强大功能，自动化仓储系统实现了对各类信息的精准存储与高效管理，从而显著减少了货物处理及信息处理环节的错误，进一步提升了仓储管理的整体水平。这种智能化的管理方式为仓库运营带来了更高的准确性和可靠性。

4）自动化仓储系统的构成

自动化仓储系统一般由货物仓储系统、货物存取系统、货物输送系统、控制和管理系统四个部分组成。

（1）货物仓储系统。作为自动化仓储系统的核心组成部分，货物仓储系统承载着存放货物的重要任务，其主体结构由立体货架上的货格构成，这些货格可采用托盘或货箱形式进行适配。货架的机械结构设计灵活多样，主要分为分离式、整体式、柜式三种类型，以适应不同的储存需求。通过合理的排、列、层组合，这些货架共同构建起仓库的完整储存体系，为自动化存取作业提供了有力支持。

（2）货物存取系统。在自动化仓储系统中，货物存取系统扮演着至关重要的角色，它们不仅需要具备高效完成高空存储作业的能力，而且必须确保操作过程的安全性与精确性。货物存取系统既能够实现自动化的作业流程，也支持远程控制操作，以适应多样化的物流需求。目前市场上常见的货物存取装置包括吊车、叉车和堆垛机等。近年来，随着技术的不断进步，一些国家的自动化仓储系统开始广泛采用新型的货物存取系统。这种系统以单一的装卸机械为核心，配备先进的识别技术和控制系统，形成了一套高效、专用的货物存取单元，极大地提升了仓库的整体作业效率和管理水平。

（3）货物输送系统。自动化仓储系统在选择货物输送装置时，必须综合考虑货物特性、运输要求及仓库布局等多个因素。目前，自动化仓储系统中常见的货物输送装置包括传送带、多种类型的流动小车和 AGV 等，对于较短距离的物料搬运，机器人也是一种有效的选择。随着自动化技术的不断发展，输送装置正逐步向智能化、系统化方向演进。现代自动输送系统主要由各类搬运车辆或机器人组成，并整合了统计计量装置、自动识别技术及复杂的控制系统。这种系统不仅能够独立高效地完成各类输送任务，还能根据实际情况自动优化输送路径和速度，实现对货物的智能堆码和捆包，从而极大地提升整个仓库的运作效率和智能化水平。

（4）控制和管理系统。高级自动化仓储系统的控制系统采用分布式控制，即由管理计算机、中央控制计算机、直接控制堆垛机、出入库输送机等现场设备的可编程控制器组成控制系统。管理计算机是自动化仓储系统的管理中心，中央控制计算机是自动化仓储系统的控制中心。

10.1.2　自动识别系统

1）自动识别技术的概念

自动识别技术指的是应用某种识别装置，通过被识别物品和识别装置在一定距离内的接近，由识别装置自动获取被识别物品的相关信息，并将信息提供给后台计算机处理系统的技术，包括条码、射频识别、通信、磁条、语音和视觉系统、光学字符识别、生物统计等。根据目前国际上通用的定义，自动识别技术包括自动识别、数据采集、移动计算三个方面。所谓自动识别，就是对字符、影像、条码、声音等记录数据的载体进行机器自动辨识；数据采集是指对识别后的数据进行存储和传递；移动计算是指依靠通信技术实时或准时地传递识别后的数据。可见，自动识别技术是依赖信息技术的多学科结合的边缘技术，是以计算机技术和通信技术的发展为基础的综合性科学技术。

自动识别技术无须通过键盘，即可直接将数据输入计算机系统、可编程控制器或其他微处理器中，解决了人工输入数据速度慢、错误率高、劳动强度大、效率低等问题。因此，作为快速、准确、有效的数据采集输入手段，自动识别技术正迅速被大众接受。自动识别系统包括识别装置、中间件和应用系统软件、接口三个部分，通过接口将数据传输给后端处理，实现信息的高效利用。识别装置完成数据的采集和存储工作，中间件和应用系统软件对自动识别系统采集的数据进行处理，中间件或应用程序的接口提供自动识别系统和应用系统软件之间的通信接口，将自动识别系统采集的数据信息转换成应用系统软件可以识别和利用的信息，并进行数据传递。

一般来说，自动识别系统由标签、标签生成设备、识读器及计算机等设备组成。其中，标签是信息的载体，识读器可获取标签装载的信息，并将其自动转换为与计算机兼容的数据传入计算机，实现信息的自动识别和信息系统的自动数据采集。

2）常用的自动识别技术

（1）光学字符识别技术。光学字符识别（Optical Character Recognition，OCR）技术的优点是人眼可视读、可扫描，但是输入速度和可靠性不如条码，数据格式有限，通常要用接触式扫描器。目前，光学字符识别技术广泛应用于货物管理、邮政编码、身份证号码、车牌号码、印刷字体的识别等领域。同时，光学字符识别技术也可以被应用在图片中文字的识别、手写汉字识别、文字翻译等方面。

（2）磁条技术。磁条是一层薄薄的由定向排列的铁性氧化粒子组成的材料（也称为颜料），用树脂黏合剂严密地黏合在一起，并固定到纸或塑料等非磁基片媒介上。磁条从本质意义上讲和计算机用的磁带或磁盘是一样的，它可以用来记载字母、字符及数字信息。磁条技术应用了物理学和磁力学的基本原理，优点是数据存储量能满足大多数需求，便于使用，成本低廉，还具有一定的数据安全性，且能黏附于许多不同规格和形式的材料上。这些优点使它在很多领域得到广泛应用，如信用卡、机票、会员卡等。磁条不能折叠、撕裂。

（3）IC 卡识别技术。IC 卡是 1970 年由法国人罗兰·莫雷诺发明的，他第一次将可编程设置的 IC 芯片放于卡片中，使卡片具有更多功能。通常说的 IC 卡多数是指接触式 IC 卡。IC 卡的优点是安全性高，存储容量大，便于应用，方便保管，防磁，防一定强度的静电，抗干扰能力强，使用寿命长，一般可重复读写 10 万次以上。但是由于 IC 卡的触点暴露在外面，有可能因人为操作或静电而损坏。在日常生活中，IC 卡的应用也很广泛，如手机 SIM 卡、IC 电话卡、购电（气）卡等。

（4）生物识别技术。生物识别技术是指通过计算机对人体生理或行为特征进行身份认定的技术，广泛应用于指纹识别、视网膜和虹膜扫描、手掌几何学、声音识别、面部识别等领域。这种技术的原理是以数字测量特定人的人体特征，然后与这个人资料中的相同特征信息进行比较，从而用来识别。生物识别技术所依据的特征主要分为两类：生理特征（如指纹、静脉、掌纹、视网膜、虹膜、人体气味、脸型、DNA、骨骼，甚至血管等）和行为特征（如签名、语音、行走步态等）。

所有的生物识别工作基本按照四个步骤进行：原始数据获取、抽取特征、比较、匹配。当生物识别系统捕捉到样品的生物特征时，会提取唯一的特征并将其转化为数字符号，接着这些符号被用作个人的特征模板，并被存储于数据库、智能卡或条码中。当人们与生物识别系统交互时，系统会根据匹配结果来确定人们的身份。

由于人体特征具有不可复制的特性，因此依靠人体特征进行身份识别的技术的安全性较传统意义上的身份验证机制有显著提升。生物识别技术适用于所有需要安全性防范的场合和领域，包括金融证券、公安、海关等行业。

3）自动识别技术的优点

与手工作业相比，自动识别技术的优点在于以下三点。

（1）数据成本低。自动识别技术的应用大幅度缩短了数据的输入时间，降低了数据的输入成本，同时可收集到非常详细的数据。

（2）信息价值大。自动识别技术提供了全面的活动信息，从而加快了与信息相关的业务流程。例如，配送中心在卸车、理货、发货装车时需要明确包装箱属于哪个采购订单，是按照标准运输步骤发货还是需要特别处理，需要发向何地。如果没有应用自动识别技术，货物只能处于静止状态并等待确认上述信息。应用了自动识别技术后，就可以及时向中央计算机系统报告到达的货物的信息，大多数情况下可以将货物直接装车，不需要额外的存储空间，减少了经过仓库的货物总量。

（3）工作准确度高。自动识别技术的应用提高了工作效率，加快了业务进度，有助于减少员工人数并提升工作吞吐量，还可以提高工作的准确度和质量，进而保证企业与关键客户的良好合作关系。

4）自动识别技术的应用

自动识别技术解决的主要问题是实物与信息之间的匹配关系。企业通过应用自动识别与数据采集技术，可以将实物的运输、仓储过程及时地反映到信息网络环境中，使操作者能够迅速了解物流的全部过程（尤其是在途的情况），从而提高物流过程的作业效率及货物数量的准确性。自动识别技术主要应用在以下几大模块中。

（1）初始信息采集。首先根据企业信息系统中的数据库进行分析，对每个产品设定条码，并使用条码打印机打印条码，从而产生条码序列号标签。每个条码中应包含产品的相关信息，如产品的品名、规格、数量、条码序列号、入库日期和出库日期等。

（2）采购管理。在采购入库时，用户首先需要使用条码打印机打印这批产品的条码序列号标签，完成初始信息采集，然后在系统的入库收货单中的序列号一栏，直接使用扫描枪扫描其条码序列号标签。当此入库收货单被保存的时候，相应产品的系统库存将自动增加。

（3）仓储管理。在系统的仓储管理中，首先完成的是初始库存管理（初始信息采集）。采购收货后，系统库存自动增加；销售出库后，系统库存自动减少，且管理员可以随时查询特定型号的库存。

（4）销售管理。当销售出库的时候，管理员使用扫描枪直接扫描出库单上的序列号一栏，在保存出库单的时候，系统库存自动减少。通过数据采集器及时将数据输入计算机，可避免发生错误。

10.1.3　自动分拣系统

1）分拣概述

分拣是指将很多货物按品种、配送地点和客户的订货要求，从其储位迅速而准确地拣取后，按一定方式分类、集中并分配到指定位置，等待装车送货的过程。分拣是配送作业系统的核心，也是物流中心业务流程中的一个重要环节。据统计，分拣作业所需人力占物流中心人力资源的50%以上，分拣作业所需时间占物流中心作业时间的40%，分拣作业的成本占物流中心总成本的15%～20%。可见，分拣作业是决定一个物流中心能否高效运作的关键因素。从各国的物流实践来看，分拣的对象多为多品种、小体积、小批量货物，这增加了分拣工作的难度，使分拣作业的工艺变得特别复杂。特别是对于客户多、货物品种多、需求批量小、需求频率高、送达时间要求准的配送服务，分拣作业的速度和质量直接影响整个配送中心的效益和信誉。按分拣手段的不同，分拣被分为人工分拣、机械分拣、自动分拣三类，如表 10-2 所示。

表 10-2　分拣的种类

种　类	定　　义	特　点
人工分拣	主要靠人力搬运，或利用最简单的器具和手推车等把所需的货物分门别类地送到指定的地点	劳动强度大，效率最低
机械分拣	以机械为主要输送工具，还要靠人工进行拣选，这种分拣方式用得最多的工具是输送机	投资不多，可以减轻劳动强度，提高分拣效率
自动分拣	从货物进入分拣系统到运送到指定的分配位置为止，都是按照人们的指令靠自动装置完成的	分拣处理能力较强，分拣分类数量也较大

2）自动分拣系统的作业过程

自动分拣系统是第二次世界大战后在美国、日本和欧洲的物流配送中心广泛应用的一种分拣系统，目前已经成为各国大中型物流中心不可缺少的一部分。该系统的作业过程如图 10-1 所示。

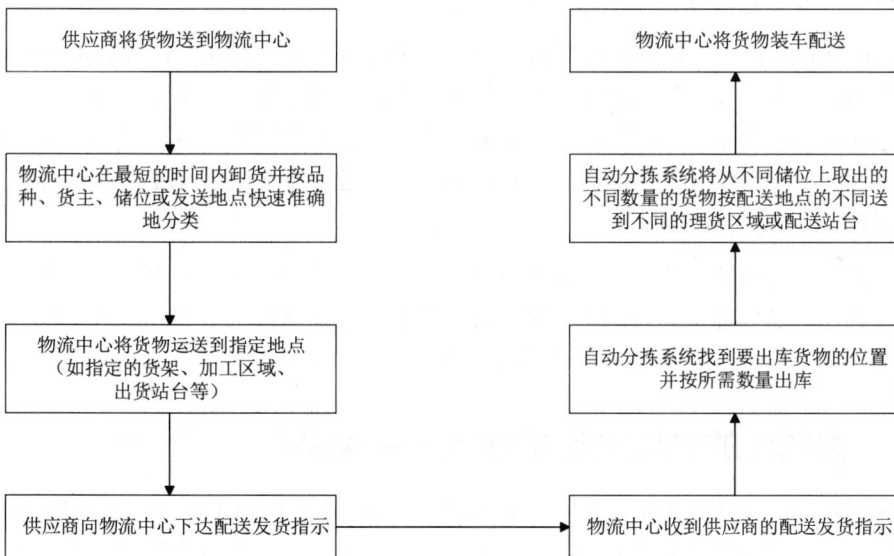

图 10-1　自动分拣系统的作业过程

3）自动分拣系统的组成

自动分拣系统一般由识别装置及控制装置、分类装置、输送装置、分拣道口组成，需要自动存取系统的支持。

（1）识别装置通过条码扫描、色码扫描、重量检测、语音识别、高度检测及形状识别等方式将分拣要求传给控制装置。控制装置接收和处理分拣信号，控制分类装置、输送装置的动作，根据货物品种、货物送达地点或货物的类别对货物进行自动分类，并决定其进入哪个分拣道口。

（2）分类装置的作用是，当具有相同分拣信号或与分拣信息匹配的货物经过该装置时，该装置根据控制装置发出的分拣指示自动改变货物在输送装置上的运行方向，进入其他输送机或分拣道口。分类装置的种类有很多，一般有推出式、浮出式、倾斜式、分支式几种，不同的分类装置对分拣货物的包装材料、包装质量、包装物底面的平滑程度等有不完全相同的要求。

（3）输送装置的主要组成部分是输送机或传送带，其主要作用是使待分拣货物通过控制装置、分类装置。在输送装置的两侧，一般要连接若干个分拣道口，使分好类的货物滑下主输送机（或主传送带），进行后续作业。

（4）分拣道口是已分拣货物脱离主输送机（或主传送带）进入集货区域的通道，一般由钢带、皮带、滚筒等组成滑道，使货物从主输送装置滑向集货站台。在那里，工作人员将该道口的所有货物集中后入库储存，或者组配装车进行配装作业。

以上四个部分装置通过计算机网络连接在一起，配合人工控制及相应的人工处理环节构成一个完整的自动分拣系统。

4）自动分拣系统的适用条件

在建设自动分拣系统时，一定要考虑以下条件。

（1）一次性投资巨大。自动分拣系统本身需要建设短则 40～50m，长则 150～200m 的机械传输线、配套的机电一体化控制系统、计算机网络及通信系统等，这需要上万平方米的占地面积。此外，自动分拣系统一般建在自动化仓储系统中，这样就要建 3～4 层楼高的立体仓库，仓库内还需要配备各种自动化的搬运设施。这丝毫不亚于建立一个现代化工厂，这种额外的先期投入可能要花 10～20 年才能收回。

（2）对货物外包装要求高。自动分拣机只适用于分拣底部平坦、具有刚性且包装规则的货物。袋装货物，包装底部柔软且凹凸不平、容易变形、容易破损的货物，超长、超薄、超重、超高、不能倾覆的货物，均不能使用普通的自动分拣机进行分拣。

10.1.4　智能化的物流搬运机器人——AGV

装卸搬运是物流的功能要素之一，在物流系统中发生的频率很高，并占据物流费用的一大部分。国内外一直在寻求机械化和智能化的搬运技术与装备。AGV（自动导引车）是一种柔性化和智能化的物流搬运机器人，于 20 世纪 50 年代在仓储业中开始使用，目前已经在制造业、港口、码头等领域得到普遍应用。

1）AGV 的特点

AGV 的显著特点是无人驾驶，AGV 上装有自动导向系统，可以保障系统在不需要人工引导的情况下沿预定的路线自动行驶，自动地将货物或物料从起始点运送到目的地。AGV 的另一个特点是柔性好、自动化程度高和智能化水平高，它的行驶路径可以根据仓储货位要求、生产工艺流程等的改变而灵活改变，并且改变行驶路径的费用与传统的输送带和刚性的传送线相比非常低廉。AGV 一般配备有装卸机构，可以与其他物流设备自动对接，实现货物和物料装卸与搬运全过程自动化。此外，AGV 还具有清洁生产的特点，其依靠自带的蓄电池提供动力，运行过程中无噪声、无污染，可以应用在许多工作环境要求清洁的场所。

2）AGV 的种类

AGV 从发明至今已经有 50 年以上的历史，随着应用领域的扩展，其种类和形式变得多种多样。通常根据 AGV 自动行驶过程中的导航方式将 AGV 分为以下几种类型。

（1）电磁感应引导式 AGV。在地面上沿预先设定的行驶路径埋设电线，当高频电流流经导线时，导线周围产生电磁场，AGV 上左右对称安装的两个电磁感应器接收的电磁信号的强度差异可以反映 AGV 偏离路径的程度。AGV 的自动控制系统根据这种偏差来控制车辆的转向，连续的动态闭环控制能够保证 AGV 对路径的稳定自动跟踪。这种电磁感应引导式导航方式目前在绝大多数商业化的 AGV 上使用，尤其适用于大中型的 AGV。

（2）激光引导式 AGV。这种 AGV 上安装有可旋转的激光扫描器，运行路径沿途的墙壁或支柱上安装有高反光性的定位标志，AGV 依靠激光扫描器发射激光束，接收由四周定位标志反射回的激光束。车载计算机计算出车辆当前的位置及运动的方向，与内置的数字地图进行对比来校正方位，从而实现自动行驶。

（3）视觉引导式 AGV。视觉引导式 AGV 是正在快速发展和成熟的 AGV，这种 AGV 上装有 CCD 摄像机和传感器，在车载计算机中设置有 AGV 计划行驶路径周围环境的图像数据库。AGV 行驶过程中，摄像机动态获取车辆周围环境图像信息并与图像数据库进行比较，从而确定当前位置，并对下一步行驶做出决策。

除了以上几种类型，还有铁磁陀螺惯性引导式 AGV、光学引导式 AGV 等。

3）AGV 的应用

（1）仓储业。仓储业是 AGV 最早应用的领域。1954 年世界上首台 AGV 在美国南卡罗来纳州一家公司的仓库内投入运营，用于实现出入库货物的自动搬运。近年来，AGV 行业在全球范围内展现出迅猛的增长态势。据统计，2022 年全球 AGV 市场规模已达 2 亿美元，预计至 2030 年将增至 3 亿美元，复合年增长率（CAGR）为 8%。

（2）制造业。AGV 在制造业的生产线中大显身手，可以高效、准确、灵活地完成货物的搬运任务，并且可由多台 AGV 组成柔性的物流搬运系统。搬运路线可以随着生产工艺流程的调整而及时调整，使一条生产线上能够制造出十几种产品，大大提高了生产的柔性和企业的竞争力。近年来，作为 CIMS 的基础搬运工具，AGV 的应用深入到机械加工、家电生产、微电子制造等多个行业，生产加工成为 AGV 应用最广泛的领域。

（3）邮局、图书馆、港口码头和机场。在邮局、图书馆、港口码头和机场等场所，货物的运送存在作业量变化大、动态性强、作业流程经常调整及搬运作业过程单一等特点，AGV 的并行作业、自动化、智能化和柔性化的特性能够很好地满足上述场合的搬运要求。

（4）烟草、医药、食品、化工。对于搬运作业有清洁、安全、无排放污染等特殊要求的烟草、医药、食品、化工等行业，AGV 的应用也受到重视。国内的许多卷烟企业，如青岛颐中集团、玉溪红塔集团、红河卷烟厂、淮阴卷烟厂，都是用激光引导式 AGV 来完成托盘货物的搬运工作的。

（5）危险场所和特种行业。在军事上，以 AGV 的自动驾驶为基础集成其他探测和拆卸设备，可用于战场排雷和阵地侦察，英国军方研制的 MINDER Recce 是一辆具有地雷探测、销毁及航路验证能力的自动型侦察车。在钢铁厂，AGV 用于炉料运送，降低了工人的劳动强度。在核电站和利用核辐射进行保鲜储存的场所，AGV 用于货物的运送，避免了危险的核辐射对人体的影响。在胶卷和胶片仓库，AGV 可以在黑暗的环境中准确、可靠地运送货物。

4）AGV 的路径与调度方法

AGV 应用中的路径优化和实时调度是当前 AGV 领域的一个研究热点。实践中，人们采用的调度方法主要有以下三种。

（1）数学规划方法。为 AGV 选择最佳的任务及最佳路径，可以归纳为一个任务调度问题。数学规划方法是求解调度问题最优解的传统方法，该方法的求解过程实际上是一个资源限制下的寻优过程。实践中的方法主要有整数规划、动态规划、Pet 网方法等。在小规模调度情况下，这类方法可以得到较好的结果。

（2）仿真方法。仿真方法是指通过对实际的调度环境建模，从而对 AGV 的调度方案的实施进行计算机的模拟仿真。用户和研究人员可以使用仿真手段对某些调度方案进行测试、比较、监控，从而改变和挑选调度策略。实践中的方法有离散事件仿真方法、面向对象的仿真方法、三维仿真技术，有许多软件可以用于 AGV 的调度仿真，其中，Lanner 集团的 Witness 软件可以快速建立仿真模型，实现仿真过程三维演示和结果的分析处理。

（3）人工智能方法。人工智能方法把 AGV 的调度过程描述成一个在满足约束的解集搜索最优解的过程。它利用知识表示技术将人的知识包括进去，同时使用各种搜索技术力求给出一个令人满意的解。具体的方法有神经网络算法、遗传算法、专家系统方法、启发式算法。其中，专家系统方法较多被采用，它将调度专家的经验抽象成系统可以理解和执行的调度规则，并且采用冲突消解技术来解决大规模 AGV 调度中的规则膨胀和冲突问题。

神经网络算法具有并行运算、知识分布存储、自适应性强等优点，因此，它成为求解大规模 AGV 调度问题的一个很有希望的方法。目前，人们用神经网络算法成功地求解了 TSP-NP 问题。

遗传算法是模拟自然界生物进化过程中的遗传和变异而形成的一种优化求解方法。遗传算法在求解 AGV 调度问题时，首先通过编码将一定数量的可能调度方案表示成适当的染色体，并计算每个染色体的适应度（如运行路径最短），通过重复进行复制、交叉、变异等方式寻找适应度大的染色体，即 AGV 调度问题的最优解。

单独用一种方法来求解 AGV 调度问题往往存在一定的缺陷。目前，将多种方法进行融合来求解 AGV 调度问题是一个研究热点，比如将专家系统方法和遗传算法融合，将专家的知识融入初始染色体群的形成之中，以加快求解速度并提升质量。

10.2　供应链可视化

10.2.1　供应链可视化概述

1）供应链可视化的定义和目的

（1）供应链可视化的定义

供应链可视化是一种创新的管理策略，它通过集成和分析来自供应链各个环节的实时数据，创建一幅全面、直观且动态的供应链全景图。这种技术的核心在于利用先进的信息技术工具，如物联网（IoT）、云计算、大数据分析和人工智能（AI），来实现对供应链活动的实时监控和智能分析。

（2）供应链可视化的目的

供应链可视化的目的在于提供一个透明、高效且响应迅速的供应链管理环境。供应链可视化有助于企业实时掌握原材料的采购情况、生产进度、库存水平、物流运输状态及最终产品的交付情况，更有助于企业快速识别并解决供应链中的瓶颈问题，从而提高整体运营效率。

此外，供应链可视化还有助于降低运营风险。通过实时监控供应链中的各种风险因素，如供应中断、需求波动、价格变动等，企业可以及时采取预防措施，减少潜在的负面影响。这种风险管理策略不仅有助于保护企业免受突发事件的冲击，还能提高客户对企业的信任度。

供应链可视化还致力于提升客户满意度。通过提供更准确的交货时间预测和更灵活的服务选项，企业能够更好地满足客户的需求。这种客户导向的服务模式有助于建立长期的客户关系，促进客户忠诚度的提升。

2）供应链可视化的关键技术和应用

（1）供应链可视化的关键技术

供应链可视化作为一种革命性的管理工具，依赖于一系列先进的关键技术，它们共同构成了供应链可视化的基石。其中，地理信息系统（GIS）和全球定位系统（GPS）无疑是两大核心技术。GIS 如同供应链的"大脑"，具备强大的数据处理能力，能够收集、存储和处理海量的空间信息。借助 GIS 的分析功能，企业可以轻松绘制出供应链的地理分布图，直观地展示原材料的来源地、生产工厂的位置、仓库的分布及产品的流向，从而对整个供应链有一个清晰的认识。这种空间信息的可视化呈现使得企业能够迅速识别供应链中的瓶颈和潜在问题，为决策提供有力支持。GPS 则如同供应链的"眼睛"，能够实时反映任何时间和地点的位置信息。通过在货物上安装 GPS 跟踪设备，企业可以精确追踪货物的位置和状态，无论货物处于运输途中还是存放于仓库之中。这种实时追踪的能力不仅提高了供应链的透明度，还使得企业能够在出现问题时迅速做出反应，如调整运输路线、优化库存管理等，从而有效降低库存积压和缺货风险。除了

GIS 和 GPS，供应链可视化还整合了 IoT、云计算、大数据分析和 AI 等前沿技术。IoT 技术通过连接供应链中的各种设备和传感器实现了数据的实时采集与传输。云计算技术提供了强大的数据存储和计算能力，使得供应链数据能够被快速处理和分析。大数据分析技术能够从海量的供应链数据中提取有价值的信息，为企业提供深度的洞察和预测。机器学习和自然语言处理等 AI 技术则进一步提升了供应链可视化的智能化水平，使得企业能够更准确地预测市场需求、优化库存结构和提高运营效率。

（2）供应链可视化的应用

供应链可视化可以有效地应用于以下多个领域。

① 实时监控与预警。通过实时追踪库存水平，企业可以及时补货，避免发生断货情况，同时降低过度库存带来的资金压力；使用 GPS 和 IoT 技术，企业可以精确掌握货物的当前位置，预测到达时间，从而更好地规划物流资源；分析供应链中的潜在风险因素，如天气变化、交通状况等，提前发出预警，使企业能够迅速采取应对措施。

② 供应链协同。通过共享供应链数据，企业可以与供应商更紧密地合作，实现信息的透明化，共同优化供应链性能；供应链可视化打破了部门间的信息壁垒，促进了销售、生产、采购等部门之间的协同工作。

③ 成本控制。通过分析不同运输方式的成本效益，企业可以选择最经济的运输方案，降低物流成本；通过减少过度库存，企业可以降低仓储成本，同时提高资金周转率。

④ 提升客户满意度。利用供应链数据，企业可以更好地理解客户需求，提供个性化的产品和服务；通过优化供应链，确保产品按时到达客户手中，提高客户满意度和忠诚度。

⑤ 战略决策支持。通过分析历史销售数据和市场趋势，企业可以预测未来的市场需求，指导生产和销售策略；基于可视化的数据分析，企业可以重新设计供应链布局，以适应市场变化和业务增长。

3）供应链可视化的未来发展趋势

随着技术的不断进步和应用场景的不断拓展，供应链可视化将呈现以下发展趋势。

（1）技术融合与创新

未来，人工智能和机器学习将在供应链可视化中扮演更加重要的角色。通过智能算法，企业可以对供应链数据进行更深入的分析，实现更精准的预测和决策支持。例如，通过预测分析技术，企业可以预测市场需求的变化趋势，从而提前调整生产计划和库存策略。

区块链的透明性和不可篡改性为供应链可视化提供了新的可能性。通过区块链技术，企业可以实现供应链数据的实时共享和验证，确保数据的真实性和一致性。这将有助于提高供应链的信任度，降低交易成本，并加强供应链的合规性管理。

随着物联网设备的普及，供应链中的货物将被赋予更多的智能功能。这些设备可以实时收集和传输数据，为供应链可视化提供更丰富、更准确的信息。例如，通过温度传感器和位置跟踪器，企业可以实时监控货物的状态和位置，确保其质量并及时交付。

（2）数据驱动的决策制定

大数据技术的应用将使供应链可视化的数据分析更加深入和全面。企业可以利用大数据平台对供应链数据进行实时处理和分析，发现隐藏的模式和趋势。这将有助于企业做出更明智的决策，优化供应链性能。

通过对历史数据的深入挖掘和模型建立，企业可以实现对未来市场需求和供应链风险的预测。这种预测能力将使企业能够更好地应对市场变化，提前采取措施规避风险。

（3）可持续性与透明度

随着环保意识的提升，企业将更加重视供应链的环境影响。通过供应链可视化，企业可以更准确地评估其运营对环境的影响，并采取措施减少碳足迹和废弃物的产生。

供应链可视化有助于企业更好地了解其供应链中的劳工条件和社会责任问题。通过提高供应链透明度，企业可以加强与供应商的合作，共同改善劳动条件，提升供应链的社会责任水平。

10.2.2　数据分析在物流中的应用

数据分析在物流中的应用已经成为推动物流行业发展的关键力量。它通过挖掘和分析海量数据为物流企业提供前所未有的洞察力和决策支持，从而实现了物流效率的显著提升和成本的有效控制。

1）路线优化

在路线优化层面，数据分析的应用已经深入物流的各个环节。物流企业可以利用历史运输数据、路况信息、天气预报等多种数据源进行实时的路线优化。例如，通过分析历史数据，物流企业可以发现某些路段在特定时间段内容易出现交通拥堵，从而提前规避这些路段，选择更加顺畅的替代路线。此外，结合实时的路况信息，物流企业可以动态调整配送计划，确保货物能够按时到达目的地。这种精细化的路线优化不仅可以规避交通拥堵和减少等待时间，还可以避免不必要的里程和能源浪费，从而提高配送效率，降低配送成本。

2）库存管理

在库存管理层面，数据分析的应用也发挥了重要作用。物流企业可以通过对历史销售数据、市场趋势、季节性需求等数据的综合分析预测未来的需求变化。这种预测能力使得物流企业可以提前做好库存规划，合理调整库存水平，避免过度库存或缺货现象的发生。同时，通过对销售数据的深入分析，物流企业还可以发现销售热点和潜在的市场机会，从而及时调整产品结构和营销策略，提高市场竞争力。此外，数据分析还可以帮助物流企业优化补货策略，根据实际销售情况和库存状况制订合理的补货计划，确保库存的持续稳定供应。

3）风险管理与预警

在风险管理与预警层面，数据分析的应用为物流企业提供了强大的风险防范能力。通过对供应链中可能出现的各种风险进行分析和预测，物流企业可以提前做好准备，采取相应的措施来降低风险的影响。例如，通过分析供应商的交货记录和信用状况，物流企业可以评估供应商的可靠性。

4）客户服务

在客户服务层面，客户服务已经成为物流企业赢得客户忠诚度和市场份额的关键因素。数据分析作为一种强大的工具，为物流企业提供了前所未有的洞察力，使其能够更好地满足客户需求，为客户提供个性化的服务体验。物流企业通过数据分析可对客户的购买行为、偏好和历史互动信息进行深入挖掘，从而理解客户的真实需求。例如，通过分析客户的购物历史，物流企业可以识别出哪些客户更倾向于快速配送，哪些客户更看重价格。这种洞察力使物流企业能够为不同类型的客户提供定制化的服务，如为追求速度的客户提供加急配送选项，为对价格敏感的客户提供经济实惠的运输方案。

10.3 绿色物流

10.3.1 绿色物流概述

随着社会生产力的突飞猛进，地球环境的不断恶化和资源的过度消耗给人类的生存环境与经济运行提出了更严峻的挑战。在联合国的倡议和引导下，世界各国的可持续发展战略已逐步得到有效实施，全球绿色消费逐渐形成，一场"绿色革命"正在如火如荼地展开。现代物流发展必然受到生态保护、可持续发展因素的制约。未来物流的发展要求从环境保护的角度对物流体系进行改造，改变过去经济发展与物流、消费生活与物流之间的单向作用关系，在抑制物流危害环境的同时形成一种能促进经济和消费生活健康发展的现代物流系统，即向绿色物流、循环型物流转变。

1）绿色物流的定义

绿色物流是近些年才被提出的一个新概念，目前还没有完全成熟的定义。但是在国际上，绿色物流已作为继绿色制造、绿色消费之后的又一个新的绿色热点，受到广泛的关注。布鲁尔、巴顿和亨舍尔合著的《供应链管理和物流手册》一书认为由"绿色"（Green）、"物流"（Logistics）组合在一起的"绿色物流"（Green Logistics）一词，代表着与环境相协调的高效运输配送系统。

以可持续发展的原则为指导，根据现代物流的内涵，本书给出"绿色物流"的概念：绿色物流是指以降低环境污染、减少资源消耗为目标，利用先进物流技术规划和实施的运输、储存、包装、装卸、流通加工等物流活动。绿色物流的行为主体是专业物流企业，同时也涉及有关生产企业和消费者。

根据中华人民共和国国家标准《物流术语》（GB/T 18354—2021），绿色物流的定义是：通过充分利用物流资源、采用先进的物流技术，合理规划和实施运输、储存、装卸、搬运、包装、流通加工、配送、信息处理等物流活动，降低物流活动对环境影响的过程。

2）绿色物流的构成

一般来讲，运输、储存、包装、装卸、搬运、配送、流通加工、信息处理是物流系统的基本功能要素，也是物流系统绿色化的基本内容。其中，运输、储存、包装、流通加工对环境的影响较大，因此，绿色物流系统的功能要素主要由绿色包装、绿色运输、绿色流通加工、绿色仓储构成。

（1）绿色包装

所谓绿色包装指的是以节约资源、降低废弃物排放为目的的一切包装方式。按照包装的构成，绿色包装可进一步分为包装材料的绿色化、包装方式的绿色化、包装作业过程的绿色化三个方面。包装方式的绿色化可以从减量化的、可重复利用的途径实施，包括了绿色包装设计、包装生产过程的绿色化、包装使用的绿色化及包装废弃物的回收再利用等。

（2）绿色运输

绿色运输指的是以节约能源、减少废气排放为特征的运输。绿色运输是绿色物流的一项重要内容。根据运输环节对环境影响的特点，绿色运输的关键原则就是降低卡车在道路上的行驶总里程。围绕这一原则的绿色运输主要有如下几种。

① 绿色运输方式。即结合其他集中运输方式（如复合一贯制运输方式），尽量使用铁路、海运等环保运输方式，降低公路运输的比例。

② 环保型运输工具。主要是指货运汽车，采用节能型的或以清洁燃料为动力的汽车。

③ 绿色物流网络。即合理配置配送中心，构建路程最短的、最合理的物流运输网络，以便减少无效运输。

④ 绿色货运组织模式。主要是指在城市货运体系中，通过组织模式的创新（如共同配送），制订合理的配送计划，提高运输效率，降低火车出动次数、行驶里程、周转量和货损量，去除多余的交错运输等。

（3）绿色流通加工

流通加工具有较强的生产特性，对环境的不良影响主要表现在分散进行的流通加工过程的能源利用率低、产生的边角余料、排放的废气和废弃物等污染周边环境、二次污染等。归根结底，流通加工对环境产生不良影响的关键原因有两点：一是分散进行；二是流通加工中心的选址不合理。因此绿色流通加工的实施途径主要有以下两条。

第一，专业化集中式流通加工。以规模作业方式提高资源利用率，如饮食服务业对食品进行集中加工，以减少烹调带来的能源消耗和空气污染。

第二，流通加工废料的集中处理。与废弃物物流顺畅对接，降低废弃物污染及废弃物物流过程的污染。

（4）绿色仓储

绿色仓储是指要求仓库布局合理，以减少运输里程、节约运输成本。如果仓库布局过于密集，会增加运输的次数，从而增加能源消耗和污染物排放；如果仓库布局过于松散，则会降低运输的效率，增加空载率。此外，仓库建设前还应当进行相应的环境影响评估，充分考虑仓库建设和运营对所在地的环境影响。例如，易燃、易爆商品的仓库不应设置在居民区附近，有害物质的仓库不应设置在水源地附近等。

3）绿色物流与传统物流的异同

传统物流的主要功能和内容是使产品实现"空间转移"和"时间推移"，克服生产与消费在时间和空间上的差异，实现一般产品流通的功能。绿色物流在实现一般产品流通功能的同时还需具备诸如支持绿色生产和绿色产品经营、促进绿色消费、回收废弃物等以环境保护为目的的特殊功能。

传统物流在现实实践中表现出多重目标，如实现流通活动主体的盈利，满足客户对产品和服务的需求，以及扩大生产和流通企业的市场占有率等，但是这些目标均有一个共同点，即实现某一经济主体的经济利益，实现利润最大化。绿色物流的目标则在上述各种经济利益目标之外，加上了节约资源、保护环境这个既具有经济属性又具有社会属性的目标。尽量从宏观角度和长远利益看，节约资源、保护环境与经济利益的目标是一致的，但是对特定的物流行业来说，则往往是矛盾的，表现为社会利益、环境利益与企业利益之间的矛盾。物流活动中社会利益与企业利益的矛盾也是绿色物流要解决的一个核心问题。

绿色物流还需要解决零部件回收、物流回收、废弃物回收等问题。从系统论的角度来看，降低废弃物物流成本，需要实现产品回收处理后的再使用，即资源的再利用；报废或不再使用的产品在处理后转化为新原材料，即废物的再利用。为此，应当建立起生产、流通、消费的循环往复系统，即废弃物回收利用的逆向物流系统。这就需要从整个物流供应链的视野来组织物流，而且随着供应链管理的进一步发展，还必须考虑废弃物的循环物流。在将来的物流管理中，物流控制的对象应包含生产商、批发商、零售商和消费者全体，并且物流流程不再是从上到下，信息流程也不再是从下到上，而是不断循环往复。

4）发展绿色物流的意义

（1）发展绿色物流对可持续发展具有重要意义

可持续发展理论认为，在经济社会发展过程中，既要考虑满足当代人的需要，又要考虑对后代人满足其需要的能力不构成危害。人们所从事的物流活动和物流作业不可避免地会消耗能源，对环境产生污染，因此，现代物流的发展必须同自然环境和社会环境相适应，物流设施的建设应与资源、环境相协调，使物流发展保持良性循环。

要保持现代物流长期稳定、健康、持续地发展，就必须采取各种措施和方法维护和保持环境不受到污染。现代物流坚持了可持续发展理论，形成了物流与环境之间相辅相成的推动和制约关系，进而促进了现代物流的发展，实现了现代物流与环境的共生和统一，推动了经济社会的可持续发展。

（2）发展绿色物流是参与全球物流业竞争的重要条件

随着全球经济一体化的发展，一些传统的关税和非关税壁垒逐渐淡化，环境壁垒逐渐兴起。加入 WTO 后，中国在物流服务方面取消了大部分外国股权限制。国内企业要参与国际物流市场竞争，需要加快物流的绿色化建设。

（3）绿色物流代表着 21 世纪物流管理发展的新趋势

绿色物流不仅是一般物流的节约和降低成本，更重要的是绿色化和由此带来的节能、高效、低污染。它对生产经营成本的节省可以说是不可估量的。从环境的角度对物流体系进行改进，将有效利用资源和保护环境放在发展的首位，建立全新的从生产到废弃全过程效率化的、信息流与物流循环化的绿色物流系统，代表了 21 世纪物流管理发展的新趋势。

10.3.2　绿色物流在国内外的发展

1）全球绿色物流的发展概况

目前，世界各国都在尽力推广绿色物流，积极开展绿色物流的专项技术研究。例如，在物流系统和物流活动的规划与决策中尽量采用对环境污染小的方案；采用排放量小的货车、近距离配送、夜间运货，以规避交通阻塞、节省燃料和降低排放等；促进新材料的广泛应用和开发，进行回收物流的理论和实践研讨，以及积极出台相应的绿色物流政策和法规，努力为物流的绿色化和可持续发展奠定基础。

2）我国绿色物流的发展现状

近年来，我国政府出台了一系列政策推动绿色物流发展，比如《深入推进快递包装绿色转型行动方案》，明确了绿色物流的目标和措施。2023 年 8 月 1 日，我国正式实施《物流企业绿色物流评估指标》，加快推动我国物流行业绿色化、规范化发展。目前，我国通过应用可循环包装、新能源车等在智能物流、物流企业实践方面取得了一定的成绩，但在自动化仓储及智能配送等技术水平、政策执行力度、环保意识和充电站、回收站点等基础设施方面仍有待加强。

现在跨国物流企业纷纷进入中国市场。中国经济已经成为全球经济的重要部分，因此，我国必须加快物流的绿色化建设，物流企业必须加快调整和整合，否则就会失去竞争力。可以说，发展绿色物流是中国企业参与全球物流业竞争的重要基础。

因此，大力加强绿色物流的政策和理论体系的建立与完善，对物流系统目标、物流设施设备和物流活动组织等进行改进与调整，实现物流系统的整体最优化和对环境的最低损害，将有利于我国物流管理水平的提高。环境保护和可持续发展政策对于我国经济的发展意义重大。

10.3.3　我国发展绿色物流的策略

1）树立绿色物流全新运作理念

政府需加强环保宣传，突出其重要性和紧迫性，唤醒企业、社会组织和公众的危机意识，为绿色物流的实施营造良好的舆论氛围和社会环境；引导工商企业打破其物流活动主要依靠企业内部的自我服务来完成的经营组织模式，鼓励企业实行物流外包，发展第三方物流，以提高物流资源的使用效率。

2）制定规范的现代绿色物流产业发展政策

绿色物流的发展离不开强有力的政策保障，因此，政府需建立一套完善的法律法规和政策体系来有效地规范、监督和激励物流企业的行为。一方面，通过环境立法、排污收费制度、许可证制度和绿色物流标准来约束、干预物流活动的外部不经济性；另一方面，通过制定绿色补贴政策、税收扶持政策、贷款优惠政策等激励和引导物流主体的行为，促进绿色物流健康发展。

3）加快绿色物流公共基础设施规划与建设

政府需重点推进以下工作：

首先，重视现有物流基础设施的利用和改造，通过对其规模、布局、功能进行科学的整合，提升现有设施的使用效率和综合效能。其次，加强对新建物流基础设施的宏观协调和功能整合，从整体战略的高度协调物流相关规划，理顺各种规划的关系，使物流规划、不同运输方式的场站建设规划、工业及商贸物流行业的仓储设施规划能够有机衔接和配合，防止重复建设，避免土地资源的浪费。再次，继续扩大交通基础设施投资规模，加大公路运输、铁路运输、水路运输、航空运输、管道运输和城市配送等设施的建设力度。对于基础性、公益性设施，要增加投入；对于经营性设施，应按照市场经济规律扩大投融资渠道，鼓励企业经营。最后，注重加强各种运输方式的衔接，加快完善综合交通运输网络，大力发展多式联运。

4）加强物流信息系统发展和标准化建设

完善的物流信息系统是发展绿色物流的重要基础，它有助于提高物流资源的利用率和经济性。首先，政府应引导企业利用先进的信息技术全面提高企业信息管理水平。其次，政府应大力支持建设公共网络信息平台，加快构筑全国和区域性物流网络，实现不同物流部门、物流企业的资源共享、数据共用、信息互通，为物流信息交流的畅通和高效创造条件。物流标准化是资源整合的重要基础工作。针对中国当前物流标准化存在的问题和国际物流标准化的发展方向，政府应加强对物流标准化工作的重视：一方面要在物流术语、计量标准、技术标准、数据传输标准、物流运作模式与管理标准等方面做好基础工作；另一方面要加强标准化的组织协调工作。

5）重视物流人才培养和科研工作

绿色物流属于新生事物，高素质人才的培养也将是发展绿色物流业的重要因素。在物流人才培养方面，多层次、多样化物流教育体系是保证物流产业形成合理人才结构、提高物流管理水平的决定性因素。首先，政府应鼓励高等院校开设现代物流专业课程，包括与绿色物流相关的环境科学，开展学士、硕士、博士等多层次学历教育，为现代绿色物流培养高级管理人才和专业人才。其次，加快推进职业资格培训认证工作。通过对在职人员的培训与认证，从根本上提升中国物流从业人员的整体素质与管理水平，满足国内市场对各类物流人才的需求。最后，优化物流教育师资力量，提高物流教育质量。

10.4　应急物流

10.4.1　应急物流概述

1）应急物流的概念

学术界一般从应急物流的目的（目标）、起因、预警等不同角度给应急物流下定义。学者们普遍认为，应急物流是指以提供突发性自然灾害、突发性公共卫生事件等突发性事件所需应急物资为目的，以追求事件效益最大化和灾害损失最小化为目标的特种物流活动。可见，虽然应急物流和普通物流一样，都是由流体、载体、流向、流量、流程、流速等基本要素构成的，都具有空间效用和时间效用，但是应急物流和普通物流在意义上存在一定区别，普通物流既强调物流的效率又强调物流的效益，而应急物流更专注于效率。也就是说，在许多情况下，由于自身的特殊需要，应急物流会通过物流效率来实现其物流效益。

所以，从"应急"与"物流"两个层面着手，应急物流的概念可以归结为以下四个方面的要素：主要应用于偶发性、突发性事件；属于非常规的特殊物流活动；必须以最快的速度实现必需物资的流动和转移；目的在于实现物流的高效率。所以，应急物流可以定义为"在面对突发事件时，通过快速识别和动态确定危机级别，对应急物资调配、人员救助等活动进行有效计划、组织、领导、控制，以追求时间效益最大化和损失最小化的一种特殊物流活动"。

2）应急物流的特征

（1）突发性和不可预知性。这是应急物流区别于一般物流的一个最明显的特征。一般情况下，人们很难预测会出现什么突发情况。突发性的特点使得日常的物流运行机制不能完全适应应急情况下的需要，必须有一套应急的物流机制参与组织和协调以满足应急需求。

（2）应急物流需求的随机性。应急物流针对的是突发事件的物流需求，应急物流需求的随机性主要是由突发事件的不确定性造成的。这种不确定性主要来自人们无法准确地估计突发事件的持续时间、影响范围、强度大小等各种不可预知的因素，因此，其物流需求也变得不确定。

（3）时间约束的紧迫性。在突发事件发生的时候，短时间内需要大量的物资，如救灾设备、医疗设备、通信设备和生活用品等。有些突发事件发生时，比如地震，最佳的救援时间只有 3 天。因此，时间约束的紧迫性要求尽快保证应急物资的快速到达。

（4）峰值性。峰值性是指应急物资在短时间内的需求急剧上升，呈现剧变性。例如，2003 年"非典"及 2020 年新冠疫情肆虐的时候，深圳、上海、成都、杭州、北京等地的酒精、口罩等应急物资被抢购一空，这些应急物资的需求在短时间内急剧上升，市场价格变化很大。

（5）弱经济性。普通物流既强调物流的效率，又强调物流的效益，而应急物流在许多情况下是通过物流效率来实现物流效益的，因此，经济性不再是应急物流的核心目标。

（6）非常规性。应急物流不同于一般物流，许多平时的中间环节将被省略，物流运作过程中将采取非常规的手段以保证快速进行。例如，在1998年抗洪的过程中，庐山站作为九江地区抗洪最前沿的卸载站，承担了324个列车的卸载任务，列车卸载最短时间仅为20分钟，相比该站以往的卸载能力高出一倍。类似行为可能是由专业化的应急物流组织进行的。

（7）政府与市场的共同参与性。在应急物流中，政府与市场都要发挥重要的作用，政府在指挥协调中起关键的作用，而作为执行主体的市场中的企业同样需要积极参与。

3）应急物流的分类

应急物流作为一种特殊的物流活动，大体上划分为以下几类。

（1）按照规模可分为企业级应急物流、区域级应急物流、国家级应急物流、国际级应急物流四个层次。

（2）按照起因可分为自然灾害应急物流、事故疾病应急物流、军事应急物流等。

（3）按照是否有军队参与可以分为地方应急物流、军队应急物流、军队地方联合参与应急物流。

（4）按照应急发生起因的数量可以分为单一型应急物流、综合型应急物流。

（5）按照应急物流的层次可以分为微观应急物流、中观应急物流、宏观应急物流。

10.4.2　应急物流系统的概念和特点

1）应急物流系统的概念

应急物流系统是为了完成突发性的物流需求，由各种物流元素、物流环节、物流实体组成的相互联系、相互协调、相互作用的有机整体。它是一般物流系统的一个特例。时间是应急物流系统的特有要素。

应急物流系统的主体是直接参与或专门从事应急物流的组织，包括突发事件发生地的应急指挥机构、应急物资的储备及生产供给单位和储运企业等。物流主体是供应链渠道的起点和终点的联系者，在整个应急物流系统活动过程中起着主导和决定性的作用。应急物流系统的客体即物流对象，是一切在物流主体之间定向循环运动的物质实体。物流客体为应急物资、生活必需品和应急处置装备等。应急物流系统的载体是保证应急物流活动有序、协调进行的基础条件，它涉及应急通信网、应急公路运输网、铁路、民航和各级人民政府建立的应急物资、生活必需品和应急处置装备储备仓库等基础设施和条件。应急物流系统的完善程度和先进程度是应急物流发展水平的重要标志。

根据系统和应急物流系统化的发展过程，可以把应急物流系统描述为"由相互作用和相互依赖的物流实体要素组成的，具有应急物流服务功能的有机整体，而这个整体又是构成更大的应急系统的组成部分"。应急物流系统是一般物流系统的一个特例，除了具有一般物流系统的六个要素，即流体、载体、流向、流量、流程、流速，应急物流系统还具有特有的要素——时间。应急物流的突发性特征，即应急物流需求发生的时间具有极大的不确定性和紧迫性，决定了在应急物流系统中，"时间"是一个重要的系统要素。因此，应急物流系统必须具备七个要素，即流体、载体、流向、流量、流程、流速、时间。与普通物流系统相比，应急物流系统除了多了时间要素，在其他六个要素方面也存在较大差别，二者的比较如表 10-3 所示。

表 10-3　普通物流系统要素与应急物流系统要素比较

要　素	普通物流系统	应急物流系统
流体	常规货物	救灾物资、紧急医疗用品等
载体	运输工具（车辆、船舶、飞机等）	紧急运输工具（如直升机、救援车辆等）
流向	根据市场需求和供应链规划确定	指向受灾地区或紧急需求点
流量	根据市场需求和供应链管理能力调节	根据灾情和紧急需求快速调节
流程	常规采购、存储、运输、配送等流程	快速响应、紧急采购、快速配送等流程
流速	根据市场需求和成本效益原则确定	强调快速响应和高效流转
时间	常规时间管理和安排	紧急时间管理和响应，时间敏感性高

2）应急物流系统的特点

（1）政府主导性。应急物流的体系和机制的建立是一个系统工程，除了完善应急物流的基础保障，还涉及应急物资的筹措与采购、储备与调度、运输与配送等方面，这些工作需要一个机构来组织协调才能顺利完成。应急物流系统建设的经济效益并不明显，不可能由市场经济条件下的企业主导，而是应由政府主导，协调机构只能由各地政府根据应急方案从各单位紧急抽调人员临时组成。

（2）全民参与性。应急物流系统的建设虽然以政府为主导，但是这并不意味着国家的其他公民、企业不参与。历史经验表明，应急物流是整个社会功能的体现，往往需要全民参与，比如"非典"、新冠疫情和雪灾时期的相互救助，都需要全民参与才能取得最后胜利。

（3）快速反应性。应急物流的突发性和不可预知性、应急物流需求的随机性决定了应急物流系统应具有快速反应能力。

（4）效率性强于效益性。应急物流系统不同于一般的物流系统，其特有的要素是"时间"。所以，应急物流系统的建设往往更强调应急物流需求的效率性，也就是强调在最短的时间内将一些紧急物资运输到目的地，而不是像一般物流系统建设那样，将更多的注意力放在投入与产出对比下的效益性上。

（5）开放性和可扩展性。应急物流需求和供给在突发事件发生前是不确定的，在突发事件发生之后又必须将其纳入应急物流系统中。因此，应急物流系统的设计应具有开放性和可扩展性。

10.4.3　应急物流管理机制的设计

应急物流的实施往往需要紧急调动大量应急物资，只有保证应急物流的流体充裕、载体畅通、流向正确、流程简洁、流速快捷，才能使应急物资快速、及时、准确地到达事发地，这就要求建立应急物流管理机制，满足应急物流实施的必要条件。具体包括以下内容。

1）基础设施保障机制

物流基础设施的发展水平对保障应急物流的顺利实施起着关键的作用。物流基础设施包括通信系统、交通运输网络、物资储备设施和物流信息网络等。通信系统可以在灾害发生前及时预警，使人们提前做好准备。坚固且发达的交通运输网络和物资储备设施可以保证救援物资迅速抵达任何有需要的地区。建立高效的物流信息网络，对于应急物流的实施也是必要的，可以依托政府公共信息平台建立应急物流信息网络，及时发布灾害情况、运输及仓储的最新信息。一个快速反应和广泛覆盖的物流体系可以大幅提高应急物流的实施效率并减少损失。

2）政府协调机制

应急物流是社会功能的体现，往往需要整个社会的参与。突发性自然灾害和公共卫生事件的发生必然要求政府建立相应的指挥机构和运作系统，对各种国内外资源进行有效的协调和调用；及时提出解决应急事件的措施或发出指示，组织筹措、调拨应急物资和应急救灾款项；根据需要，紧急动员相关生产单位生产应急救灾物资；采取一切措施协调、疏导或消除不利于灾害处理的人为因素和非人为障碍。

3）法律保障机制

在应对突发性自然灾害和公共卫生事件时，国家的法律法规扮演着至关重要的角色。应急物流领域的法律保障机制不仅是一种保障机制，也是一种动员机制。例如，在危机情况下，政府有权有偿或无偿征用民用建筑、车辆、物资等，以应对紧急情况。各国都已制定相应的法律法规，如美国的《国家紧急状态法》、我国的《中华人民共和国防洪法》。

4）应急物流预案保障机制

应急物流的特点要求必须着眼于平时的准备，因此我国应建立全国和省、市一级的应急物流预案保障机制，以确保应急物流的顺利实施。应急物流预案保障机制包括应急物流硬件准备和应急物流软件准备两个方面。应急物流硬件准备主要包括应急物资的储备、应急资金的准备、设施与设备的准备和车船道路的准备等。应急物流软件准备主要包括应急物流的人员准备、信息准备、应急措施的制定和应急场景的演练等。

5）"紧急通道"机制

在发生突发性自然灾害和公共卫生事件的时期，应建立地区间、国家间的"紧急通道"机制，即建立并开通一条或者多条应急保障专用通道，可有效简化作业程序、提高速度，使应急物资迅速通过海关、机场、铁路、地区检查站，让应急物资和抢险救灾人员及时、准确地到达目的地区，从而提高应急物流效率，极大限度地减少生命财产损失。

6）应急物流系统的快速反应机制

在突发事件发生后，应急部门应通过应急物流系统，在尽可能短的时间内评估事件可能造成的危害，确定突发事件需要的应急物资的品种和数量；从应急物流系统的目标出发，制定包括应急物资的包装、存储、运输及配送的整套应急物流方案；根据应急采购机制，通过应急物资信息系统或数据仓库确定应急物资供应商，并实施应急物资采购方案；通过应急物流运载工具信息系统或数据仓库，确定应急物流所需的运载工具并实施租用；通过 GPS/GIS 对应急物资的整个运送过程进行监控与调度。

安徽电力设备产业升级 数字货运平台助力降本增效

作为国内电力设备产业的重要基地，安徽已形成覆盖发电、输电、配电全链条的完整产业体系，主导产品覆盖了高精度变压器、智能开关设备及特种电缆等。到 2024 年年底，安徽从事电能质量治理技术并有一定规模的企业有 200 多家。其中，主要从事过电压保护的生产企业约 130 家，从事无功补偿技术研发的生产企业约 50 家，从事中压开关柜生产和装配的企业约 30 家。在这 200 多家企业中，合肥拥有 140 多家，约占 70%，其余分布在芜湖、马鞍山、蚌埠等地。

电力设备运输依赖电缆，而电缆运输则依赖高效物流，二者相互依存，形成共生关系。创立于 2013 年的运满满则是维持这种关系的关键纽带。目前，运满满是国内首家基于云计算、大数据、移动互联网和人工智能技术开发的货运调度平台，是公路物流领域高新技术综合应用的典型代表。在运满满这个数字货运平台的战略推动下，安徽电力设备产业正加速数字化转型。其中，利用数字货运平台助力物流环节的智能化升级，成为企业突破成本与效率瓶颈的关键。

2024 年，运满满平台数据显示，这一年安徽电力设备发货量在全国排名第七，省内发货量居前列的城市有合肥、滁州、芜湖、宣城、阜阳。从收货地来看，依托长三角一体化战略，安徽电力设备主要销往东部地区，其中江苏、浙江、山东、河南、河北是 2024 年收货量居多的省份，上海、梧州、南京、杭州、无锡则是收货量最多的五个城市。

1）企业样本：物流成本直降超 20%，数字化运力成转型新引擎

走进安徽乐祎电气的电力产品装配车间，公司负责人张宏友通过手机快速匹配到一辆 6.8 米高栏货车，将一批光伏设备发往云南山区。"这批设备必须三天内抵达项目现场，否则会影响整个电站的施工进度。从发布需求到司机接单仅用了半小时，这在过去难以想象。"

张宏友表示，公司成立于 2014 年，2015 年就经介绍引入运满满平台，解决了企业的运输难题，物流成本降低 20%，并且运输时效性显著提升，"尤其是偏远地区的订单，过去找车难、费用高，现在平台全国运力覆盖，成本更可控。"

同样受益的还有合肥伊斯特电气。这家主营精密配电设备的企业，对运输条件要求严苛——防雨、防震、准时缺一不可。"通过平台的司机评价体系，我们能筛选出具有精密仪器运输经验

的、评分高的优质司机，且费用透明，三年来物流成本起码降低了三分之一。"伊斯特物流负责人李君提到，平台的车源响应速度也超出预期，"昨天有趟车要得比较急，下午要发，中午才叫车，半个小时就叫到车了，帮了大忙"，他举例道。据悉，合肥伊斯特公司平均每个月有20趟的发货需求，货运平台都能满足。

2）转型逻辑：从"经验决策"到"数据决策"

对于制造企业而言，物流不仅是运输环节，更是供应链管理能力的体现。数字化运力平台则通过智能报价、全程追踪和司机信用体系，帮助企业实现运力资源的精准调度。在数字经济的当下，众多企业寻求数字化转型，物流作为企业成本的重要成本组成，是转型的重中之重，数字货运平台的出现使得企业可以高效、快捷地完成这一转型需求。

此外，物流数字化对于企业本身业务转型也具有积极意义。以乐祎电气为例，其正在向光伏领域转型，不同于常规电力产品，光伏类产品需频繁发往山区及沿海地区，而平台的跨区域运力池有效支撑了业务扩张需求，"在以前的物流方式下，我们很难快速调整物流线路、支持业务转型，而运满满是全国一张网，我们可以调配车辆去任何地区，不存在'运输枷锁'，可以说数字货运平台给了我们很大的转型底气。"

"未来竞争是供应链的竞争。"张宏友坦言。数字化物流已从"降本工具"升级为"战略资源"，尤其是在订单碎片化、交付周期缩短的当下，高效物流成为企业抢占市场的关键。

"物流数据的背后是产业链的协同效应。"一位行业分析师指出，安徽电力设备企业正从"生产导向"转向"需求导向"，通过数字物流平台实时匹配全国运力，既优化了中间环节成本，又加速了产品流通效率。

3）展望：数字物流如何持续赋能实体经济

值得一提的是，运满满数据显示，安徽不仅是电力设备输出大省，在需求端同样表现强劲，全年电力设备收货量排名全国第六，呈现出"生产-需求"双向驱动的产业特性。未来，随着安徽电力设备产业向高端化、绿色化迈进，对专业化运输的需求将进一步增长。例如，海上风电设备、超高压输电装置等大件货物运输，亟须更精细的运力匹配方案。对此，运满满方面表示，将深化与制造业的数据联动，推动供应链全链条数字化。

"产业升级离不开基础设施的同步迭代。"上述分析师强调，数字物流平台作为新型基础设施，其价值不仅在于短期降本，更在于为实体经济长期转型提供底层支撑。

思考题

运满满是如何助力安徽电力设备产业升级的？有什么值得推广的成功经验？

参考文献

[1] 孙国华. 物流与供应链管理[M]. 北京：清华大学出版社，2023.

[2] 宋华，于亢亢，钱程. 物流与供应链管理[M]. 北京：中国人民大学出版社，2023.

[3] 骆温平. 物流与供应链管理[M]. 北京：电子工业出版社，2022.

[4] 李永飞. 物流与供应链管理[M]. 北京：清华大学出版社，2022.

[5] 洪树权，张佺举，张洪. 物流管理[M]. 北京：北京大学出版社，2023.

[6] 王海军，杜丽敬. 供应链管理[M]. 北京：清华大学出版社，2021.

[7] 王鹏. 供应链管理[M]. 北京：北京理工大学出版社，2022.

[8] 马士华. 供应链管理[M]. 北京：中国人民大学出版社，2023.

[9] 张军，秦小辉，杨玮. 运输管理[M]. 北京：高等教育出版社，2021.

[10] 王道平，李小燕. 供应链库存管理与控制[M]. 北京：北京大学出版社，2023.

[11] 杨春河，白兰. 配送管理[M]. 北京：北京交通大学出版社，2022.

[12] 范学谦，翟树芹. 现代物流管理[M]. 南京：南京大学出版社，2020.

[13] 金玉然，范广辉，赵洁玉. 绿色物流[M]. 北京：清华大学出版社，2023.

[14] 单子丹. 智慧物流[M]. 上海：上海交通大学出版社，2023.

[15] 李文锋. 智慧物流[M]. 武汉：华中科技大学出版社，2022.

[16] 杨伶俐. 智慧物流与智慧供应链[M]. 杭州：浙江大学出版社，2022.

[17] 周扬，吴金云，李强. 5G+智慧物流[M]. 北京：人民邮电出版社，2023.

[18] 郗蒙浩. 应急物流管理[M]. 北京：应急管理出版社，2021.

[19] 冯耕中. 物流信息系统[M]. 北京：机械工业出版社，2021.

[20] 孙国华. 物流系统规划与优化[M]. 北京：经济科学出版社，2023.

[21] 贾扬蕾，阙师鹏. 电子商务物流管理与实践[M]. 北京：冶金工业出版社，2022.

[22] 胡荣，曹杰，陈波. 智慧物流与电子商务[M]. 北京：电子工业出版社，2016.

[23] 白世贞，曲志华. 冷链物流[M]. 北京：中国人民大学出版社，2019.

[24] 汪利虹，冷凯君. 冷链物流管理[M]. 北京：机械工业出版社，2019.